行政管理与费用管控实操一本通

杨光瑶◎编著

中国铁道出版社有限公司
CHINA RAILWAY PUBLISHING HOUSE CO., LTD.

内容简介

这是一本专门介绍企业如何做好行政人事管理和费用管控的书籍，书中详述了行政人事管理中的各项工作内容，为实际工作提供了操作指导。全书共包括9章，主要内容有3个部分。第一部分介绍了如何做一名合格的行政人事管理者；第二部分详细讲解行政管理的各项工作内容，如人事管理、日常办公管理、会议工作管理等；第三部分介绍如何对行政人事管理涉及的各项费用进行管控。

在讲解过程中，采用了“工作流程＋实用模板”的展示方式，书中模板可拿来即用，具有很强的实务性和操作性。

无论你是即将从事行政管理工作的毕业生，还是有一定经验的行政管理从业人员，都可通过对本书的学习，提高行政管理效率，让行政工作简单化、流程化和标准化。

图书在版编目（CIP）数据

行政管理与费用管控实操一本通 / 杨光瑶编著 . —北京：中国铁道出版社有限公司，2021.8

ISBN 978-7-113-27599-0

Ⅰ . ①行… Ⅱ . ①杨… Ⅲ . ①行政管理 - 基本知识 Ⅳ . ① D035

中国版本图书馆 CIP 数据核字（2021）第 088402 号

书　　名：行政管理与费用管控实操一本通
XINGZHENG GUANLI YU FEIYONG GUANKONG SHICAO YIBENTONG
作　　者：杨光瑶

责任编辑：王　佩　**编辑部电话：**(010) 51873022　**邮箱：**505733396@qq.com
封面制作：宿　萌
责任校对：苗　丹
责任印制：赵星辰

出版发行：中国铁道出版社有限公司（100054，北京市西城区右安门西街 8 号）
印　　刷：北京柏力行彩印有限公司
版　　次：2021 年 8 月第 1 版　2021 年 8 月第 1 次印刷
开　　本：700 mm×1 000 mm　1/16　**印张：**16　**字数：**202 千
书　　号：ISBN 978-7-113-27599-0
定　　价：69.80 元

前言

企业行政人事管理广义上包括行政事务管理、办公事务管理和人事管理等相关内容；狭义上指以行政部、人事部为主，负责行政事务、办公事务和人事招聘事务，具体包括相关制度的制定和执行推动、日常办公事务管理、人力资源管理、办公物品管理和文书资料管理等，还涉及出差、财产设备、生活福利和员工绩效等。

无论是行政部门还是人事部门都是企业的中枢部门，具有协调人与人、人与事关系的重要作用。行政人事管理工作具有繁杂、琐碎的特点，企业大大小小的事务都需要行政部门和人事部门来配合完成，如招聘、培训管理、差旅费、招待费等各种费用的管控，因此行政人事管理给人的印象往往是“管家婆”“家庭主妇”“保姆”等。

但在实际的工作中，不少企业并未对行政人事管理引起重视。同时，行政人事管理工作也没有做到标准化、流程化，导致了管理工作没有发挥应有的效用。而复杂的行政层级也使得行政人事工作的效率降低，成本不断攀高，最终影响企业的良性发展。

当前不少企业的行政人事管理还存在规章制度不完善、职责分工不明确和决策执行不科学等问题。所以，完善企业规章制度，让行政人事管理工作规范化，是企业行政人事人员的重要工作之一。为此，本书从行政人事管理的重要环节出发，为行政人事管理工作提供了具有操作性的指导。

本书包括 9 章内容，可分为三部分，各部分的内容如下。

◎ 第一部分：第 1 章

该部分主要介绍了如何做一名合格的行政人事管理者，包括行政管理各岗位的岗位职责、人力资源规划、行政人员应该有的心态以及需要具备的能力等。

◎ 第二部分：第 2 ～ 6 章

该部分从行政管理工作内容和工作流程出发，介绍了招聘与面试管理、培训管理、办公环境管理、办公用品管理、会议工作管理和办公室接待管理等内容。通过该部分内容的学习，可以帮助读者全方位了解行政人员的主要工作，建立起符合企业实际情况的行政管理制度。

◎ 第三部分：第 7 ～ 9 章

这一部分重点讲解降低人事、行政管理费用的办法，对行政管理费用预算、招聘成本、员工开发成本、用工成本、办公费和差旅费等费用的管控进行了介绍，帮助读者掌握提高管理效率、控制行政人事费用的方法。

本书语言简洁精练、通俗易懂，将行政人事管理工作标准化、流程化，以图示的形式展示了行政人事管理工作的具体执行过程，并且以“实用模板”的方式展示行政人事管理工作中涉及的制度、方案、细则和表单，此外还提供了配套的相关表格和制度（见下方二维码和网址），以使从业人员能够拿来即用。

本书适合于各类企业管理人员、行政人员、文秘和高校行政管理相关专业的大学生学习使用。最后，希望所有读者能从本书中获益，帮助您最终成为一名合格的行政管理人员。

由于编者能力有限，对于本书内容不完善的地方希望获得读者的指正。

编　者

2020 年 11 月

网址：（1）http://www.m.crphdm.com/2021/0601/14347.shtml

（2）https://pan.baidu.com/s/1Q2Qk9s4VvQcLHY65II20tA　提取码：7jw3

目录

第 7 章　从全局出发控制行政管理费用

第 8 章　人事管理费用成本控制

模板索引

第 1 章　做一名合格的行政人事管理者

第 2 章　行政人事管理

第3章　行政日常办公管理

第4章　会议、接待和电话管理

第 5 章　档案、文件和印章管理

第 6 章　行政办公其他事务的管理

第 7 章　从全局出发控制行政管理费用

第 8 章　人事管理费用成本控制

第 9 章　行政管理费用精细化控制

第 1 章

做一名合格的行政人事管理者

行政管理体系和人力资源规划是企业的中枢神经，其对于企业的生产、经营和发展等都具有推动作用。行政人事管理的工作范畴涉及的面很广，小到办公用品的支出，大到企业各种制度的建立，因此要做一名合格的行政人事管理者并不容易。

1.1 不再为行政部的工作所困扰

行政管理人员要负责处理公司内外部大大小小的事务，这些千头万绪、纷繁复杂的琐碎事务，常常让行政管理人员忙得不可开交。这些事务虽然很琐碎，但却很重要。如何将这些琐碎的事务进行有序整理，提高工作效率，不为其困扰，是行政管理人员最需要解决的问题。

1.1.1 把“琐事”做好是一门艺术

行政管理工作做起来并不难，但要把这些“琐事”做到位，却是一门艺术。作为一名行政管理人员，首先要对行政管理有一定的理解，这样才能更好地做好这份工作。

（1）如何看待行政部

企业人、财、物的基本管理都需要行政部来负责，比如文件、档案的整理，日常报表的归档，部门关系的协调，以及会议、活动的组织等，因此行政部常被称为“管家婆”。

对企业来说，行政部是为其服务的，它是企业的后勤部门；对员工来说，行政部会帮助自己解决工作上的问题，甚至是生活上的困难，因此也有人称行政部是“保姆”。

企业规章制度的建立以及贯彻执行都需要行政部来把控。规章制度是否合理，是否能得到强有力的执行，都会影响企业的正常运转，因此行政部是规章制度的“执行官”。

（2）对行政工作的理解

部分行政管理人员存在这样的错误认识：认为行政工作只是打杂的，所以做好做坏都没有太大的影响。虽然行政工作不像销售、生产等工作，能直接为企业创造经济效益，但同样不可或缺，它就如企业的助推器，推动企业整体稳定运转。

行政管理人员必须深刻认识到，自身工作对企业发展和目标实现的重要性。行政工作既有“软”的部分，也有“硬”的部分。“软”的部分是指建立和营造企业文化，让企业这个大团队更和谐，充满生机；“硬”的部分是指制定各种规章制度和流程规范。

作为一份服务保障性工作，行政工作的灵活性很高，不管是管理、沟通，还是协调和执行等，都需要一定的智慧，否则可能会出现上下级都不满意的状况。作为一份后勤工作，行政工作还具有“勤”的特点，没有敬业精神和责任意识的人做不好这份工作。而且，行政工作是一个勤快活，它并没有所谓的“淡季”“旺季”，不存在阶段性的特点，做得好不好，其他同事都看在眼里，因此这份工作要求行政管理人员要脚踏实地、以身作则。

1.1.2　行政部岗位职责大揭秘

企业对不同部门的岗位都有岗位职责的要求，行政部也不例外，从业者要清楚自己的职责范围，这样才能做好自己的岗位工作。行政事务复杂多样，因此不同企业设立的岗位会有所不同。总的来说，一般的企业行政部包含但不限于如图 1-1 所示岗位。

图 1-1

表 1-1 和表 1-2 为行政主管和行政专员岗位说明书，可帮助行政管理人员对其岗位职责有一个大致的了解和参考。

表 1-1　行政主管岗位说明书

岗位名称	行政主管	所属部门	行政部
直接上级	行政经理	直接下级	行政专员
任职资格	1. 本科及以上学历，3 年以上行政全模块工作经验。 2. 能独立开展人力资源各项工作，熟悉各项劳动法律法规及操作。 3. 有较强管理能力，能够协调部门沟通，完成领导交办任务的督促跟进。 4. 语言表达、人际交往、应变及沟通协调能力强，亲和力佳，解决问题能力突出		
岗位职责	1. 协助制定、监督和执行公司行政规章制度。 2. 完善招聘体系，拓展招聘渠道，提高效率，保证各部门需求人员的及时到位。 3. 制定培训、绩效和员工关系等人事工作的规划，并做好落实或监督落实工作。 4. 组织行政部各项费用的预算统计，对预算执行进行监督审核。 5. 负责行政部费用分析工作，编制费用分析报告，全面把控公司行政相关的成本费用。 6. 建立健全公司固定资产管理相关流程、制度及标准，并监督执行。 7. 协助行政经理全面评估行政团队组织效能，并帮助提升团队效能和人员发展。 8. 负责公司资质证照管理、印章制作及管理等日常工作		

表 1-2　行政专员岗位说明书

岗位名称	行政专员	所属部门	行政部
直接上级	行政主管	直接下级	—
任职资格	1. 人力资源管理、工商管理或相关专业大专及以上学历。 2. 具备公文写作能力，熟练使用办公软件。 3. 工作有热情、做事有条理，具备良好的协调能力和沟通能力。 4. 条理清晰、工作细致，有较强的责任心		
岗位职责	1. 收集各部门的用人信息，通过多种招聘方式和渠道收集简历，初步筛选应聘人员。 2. 执行人力资源管理各项实务的操作流程和各类规章制度的实施，配合其他业务部门工作。 3. 负责公司各类资产和办公用品的采买、调配、转移和处置等日常管理工作。 4. 各类行政费用申请和报账。 5. 负责公司活动及例会的通知和组织，草拟各类公文。 6. 办公室设备维护与管理，办公环境的卫生和花卉监督。 7. 负责公司其他日常行政工作		

1.1.3　行政人员应有的心态

从事行政管理需要有良好的心态，当行政事务过多、过急和过杂时，良好的心态将帮助行政管理人员有条不紊地处理好手上的工作，具体来看，行政人员应具有以下心态。

◆ 不畏惧事情烦杂的心态

行政工作以杂事居多，比如每天检查门窗、电脑电源，接听来电以及印制名片等，这些工作都是细小且不起眼的。作为行政人员，不能因为事情小就马虎做，或者说不去做。一名合格的行政人员在面对事无巨细的行政工作时，不会抱怨，也不会懈怠。

◆ 敢于承担责任的心态

对于行政工作中出现的错误，不管事情大小，行政人员都要有敢于正视、勇于承担责任的心态，只有这样才能在日常行政工作中尽量做到不出错。行政人员要明白，出现问题并不可怕，可怕的是重复犯同样的错误。

◆ 宽容的心态

做行政工作，难免会遭到其他部门同事的抱怨或不满，面对这些抱怨，行政人员应该以宽容的心态来面对，在同事的抱怨中检查工作中的不足之处，不断完善和改进管理工作，而不是以消极或对抗的态度来面对。

◆ 虚心学习的心态

无论是何种岗位，都需要不断强化自己的职业技能，行政人员要想得到职业上的发展，同样需要提高自己的能力。在日常生活中，可以多看看管理类的书籍，为自己“充电”，对于初入职场的行政人员来说，要多听、多看、多问、多想和多应用，向身边优秀的同事虚心学习。

◆ 冷静平和的心态

当遇到一些突发事件或协调起来比较麻烦的事情时，行政人员首先应保持冷静，明晰事件的原委，找到问题的关键，尽快想出解决方案。在处理矛盾时，要控制情绪，以实事求是、对事不对人的平和心态去解决，尽量做到公平、公正。

1.1.4 行政部如何制订工作计划

为了更好地完成行政部的工作，行政人员还需要制订工作计划。

如下所示为某公司2020年行政部工作计划部分内容。

【实用模板】

2.2 行政工作

2.2.1 各项工作计划描述

1. 员工办公室行为、星级服务、6S。可持续性地对办公室行为规范、星级服务、6S标准执行宣贯和监督，促使新老员工逐步养成良好习惯，自觉主动遵照执行。

2. 证照、劳动年检。按照工商行政、劳动部门的要求，及时有效办理劳动用工和证照的年检、变更、注册办理，并及时建档规范。

3. 通信管理。规范手机公号使用情况，规范每月座机费用定额标准，严格按照集团规章制度，有效控制成本。

4. 物资管理。规范目前物资领用时效，出入库明确化，避免物资积压。按时完成盘点，保持账物相符。

5. 食堂管理。进一步规范公司食堂报餐管理，提升后勤服务质量，保证日常工作顺利开展，提高工作效率，有效杜绝浪费。

6. 网点建设。负责网建的人及时做好选址考察及证照办理，督促相关部门加强管理及人员安置。

7. 奖罚实施。依据清晰，责任明确，有效实施人性化管理。根据集团相关制度，对以上工作开展中遇到违反公司规章制度等现象将结合实际予以相应奖惩，并做系统积分管理，进行上榜公示。

2.2.2 对应计划表

序号	项目	工作内容	计划开始时间	计划完成时间	验收标准	责任人（部门）
1	员工办公室行为、星级服务、6S	加强日常宣传和监督，适时培训	2020.1	全年执行	逐步养成良好习惯，自觉主动遵照执行	各部门
2	证照、劳动年检	按照工商行政、劳动部门的要求，及时有效办理劳动用工、证照的年检、变更、注册办理，并及时建档规范	2020.1	全年执行	在规定时间内完成	各部门
3	通信管理	规范手机卡使用情况，严格按照每月座机费用定额标准	2020.1	全年执行	手机公用卡领用规范，座机成本费用控制	各部门
4	物资管理	规范目前物资领用时效，出入库明确化，避免物资积压	2020.1	全年执行	按时完成盘点，保持账物相符	各部门
5	食堂管理	进一步规范食堂餐饮管理，提升后勤服务质量，保证日常工作顺利开展，提高工作效率	2020.1	全年执行	报餐制度执行有效，有效杜绝浪费	各部门
6	网建、房屋租赁及合同规范	参与网点选址抉择，房屋租赁谈判，合同入档管理，表格建立清晰	2020.1	全年执行	合同有复印件且材料齐全	行政部
7	奖罚实施	根据集团相关制度，结合实际予以相应奖惩，并做系统积分管理，进行上榜公示	2020.1	全年执行	依据清晰，责任明确，有效实施人性化管理	行政部

▲行政部工作计划

上述模板展示了行政部工作计划中关于行政方面的工作内容，其中可以看到对各项行政工作进行了概述，同时列明了具体的计划表。

不同公司行政部的工作内容是不同的，因此在制订工作计划时，具体计划内容也是不同的。公司行政部在制订本部门的工作计划时，可以根据行政部的工作目标以及部门职责来制订，如模板展示的证照、劳动年检、物资管理以及食堂管理等工作内容。一般公司行政部的工作目标包括但不限于以下几方面，行政人员可参考进行工作计划的书写。

1. 进行公司各项决策的制定、执行和监督。

2. 完成日常行政招聘与配置，为公司及时供应人才，提高招聘效率。

3. 负责会议、出差、假务和卫生等日常事务的管理，做好日常的行政和人事管理工作。

4. 培育和传播企业文化，建立良好的沟通机制，为企业发展服务。

行政部工作职责就是对工作目标的细化，比如模板中的食堂管理，细化工作目标是为了进一步规范食堂餐饮管理，提升后勤服务质量，保证日常工作顺利开展，提高工作效率。总的来说，行政部工作计划通常由工作目标＋职责内容＋具体实施方案构成。

1.2 练好行政管理的基本功

行政部是一个综合办事部门，起着辅助、参谋、枢纽和辐射的作用。作为行政人员，应在“办公室工作无小事”思想的指导下，练好自身的基本功，做一名合格的行政管理者。

1.2.1　行政管理从入门到提高

在日常生活中，常常可以听到不少毕业生或在岗人员表示自己希望从事行政管理方面的工作；而对于想要从事行政管理工作的从业者来说，首先需要自测，看自己是否具备从事这一岗位的条件。

性格特征。性格特征虽说没有好坏之分，但事实表明，有的性格特征并不适合从事行政管理这份工作。一般来说，开朗、懂得包容、细心和有耐心的人比较适合这一岗位。

技能条件。对于初入行政岗位的从业者来说，对其专业技能的要求并不是太高，但如果要想得到职位上的提升，就需要一定的职业技能了，不仅要掌握薪酬管理、人事管理等技能，还要做到专而精。

顺利进入企业的行政部后，从业者要做的就是尽快熟悉岗位工作，让自己稳住阵脚。

首先，可以通过多方渠道了解企业的产品、服务、组织架构和人员构成等。

其次，熟悉本部门的工作流程，让自己能快速进入工作状态。进入一个新企业，难免会有不适应之处，可以主动与同事交流沟通，使自己融入企业中。

当从业者能够独自承担岗位工作时，就可以考虑发展自己了。可通过自主学习、参与培训和总结经验来提升自己，比如可以为自己制定一份职业生涯发展规划书，明确职业发展目标。也可以参与交流会，与同行精英进行交流，学习同行的优点，弥补自身的不足。

1.2.2 做行政管理要具备什么能力

行政人员作为企业的“宣传员”、“服务员”和“信息员”，需要具备以下能力。

◆ 专业能力

专业能力是指掌握丰富的行政办公管理技能和相关领域的专业知识。行政人员的岗位职责要求其了解企业的整体运营情况，熟悉各部门的工作流程，对人事工作进行管理。因此行政人员需具备人力资源管理、后勤管理、安全管理以及财务管理方面的专业知识。

◆ 组织能力

组织能力即指开展组织工作的能力，行政部会定期组织修订各项制度，开展会议以及举办员工活动等，这就要求行政管理人员要善于识人、用人，学会合理利用企业的人力资源，使企业的人、财、物合理配置，从而推动计划有效实施。

◆ 协调能力

协调能力是指协调指挥的才能。企业内外部都可能出现摩擦和矛盾，要有效解决这些摩擦和矛盾，就要求行政人员具有一定的协调能力，能从大局出发，实事求是、秉公办事，将大事化小、小事化了，减少各部门的摩擦和内耗。

◆ 沟通能力

沟通能力包括表达能力、倾听能力和谈判能力。行政人员会经常与企业内外部的人打交道，而在不同的场合，对于沟通的要求是不同的，在与同事、上级和客户等沟通时，应采用不同的沟通方式。因此沟通能力是不可或缺的。

◆ 办公自动化能力

现代企业办公都会使用各种办公自动化硬件和软件，这就要求行政人员具有一定的计算机应用能力，比如行政办公中经常会使用的Word、Excel和PPT等，行政人员一定要熟练应用这些基本的工具。

另外，智能移动办公模式已被越来越多的企业接受和采用。因此，行政人员还需具备办公软件的学习能力，让自己尽快熟练运用现代办公工具，并教会其他部门的同事学会使用，帮助大家提高工作效率。

◆ 写作能力

写作能力也是从事行政工作要具备的基本能力。行政工作中会要求书写各种规章制度、文字性函件。除此之外，一些总结、汇报和经验也需要行政人员来撰写。如果行政人员缺乏良好的写作能力，势必会影响行政部各种文案、文宣稿件的发布和执行。

◆ 财务管理能力

虽然大部分企业都拥有各自的财务部门，但行政人员也需具备一定的财务管理能力。为什么这么说呢？因为行政人员也会涉及办公用品的采购、行政管理费用的预算和管控，所以行政人员也很有必要掌握一定的财务管理知识。

行政人员可对照查看自己是否具备以上能力，针对自己薄弱的部分进行提高。比如写作能力较弱，那么可养成勤看书、勤写作的习惯，以提高自身的写作能力。

1.2.3 有效的管理沟通不可少

前面我们已经知道，沟通能力是行政办公人员必备的能力之一，那么如何提高沟通能力呢？在行政管理工作中，以下沟通技巧是比较实用的，掌握这些沟通技巧，可以帮助行政办公人员更好地沟通。

（1）沟通之前先“热身”

这里的“热身”不是指做运动，而是指在沟通前需先了解沟通的对象。了解和你打交道的人有什么交际特点，主要可从内向 / 外向、感性 / 理性这两方面来判断。对待不同特点的人，可采取不同的沟通方式，如图 1-2 所示。

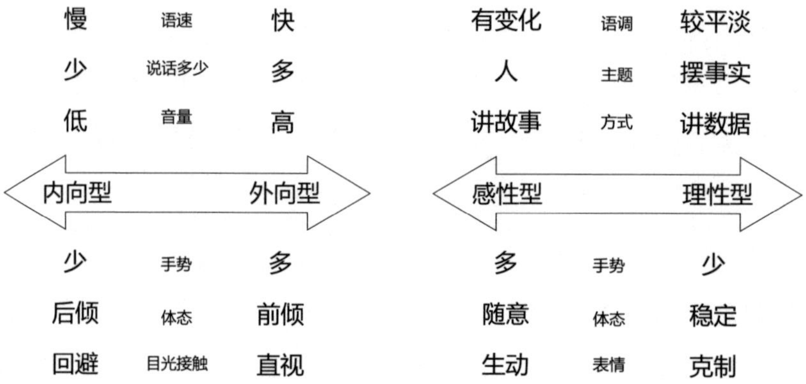

图 1-2

（2）善于倾听

“听”是行政工作最重要的沟通方式，而“听”也是有技巧的。听的时候要表示尊重，并且要认真地聆听，听的过程中要恰如其分地给予反馈。比如可以回应“我明白了”“那么你感觉如何”“那的确很让人生气”等来避免沟通冷场。

另外也可以适当点头表示赞许，或配合面部表情、目光接触，让说话的人知道你对他的谈话有兴趣，以营造良好的氛围。听的过程中要注意不能过早地下评论，等对方说完再发表自己的意见或看法。

（3）如何表达自己的观点

表达观点就是传递信息的过程，在表达观点方面要注意一个误区：能说 = 有效。表达观点前先理清自己的思路，明确自己为什么要表达，希望实现什么样的效果。

实验证明，人们在接受信息时，通常只能记住 5 ~ 9 个数目的词汇，因此在表达时应做到语言简明、条理清晰且重点明确，信息量过多会让人记不住。另外，与人沟通时要注意语言的使用，生硬的直述表达常常会令沟通无效。

一天有人突然拜访公司老总，但老总现在不在公司，行政前台直述表达为“老板不在”或“老板没时间”，这样就会使来访的人产生不满。如何让来访的人高兴地离开，就是行政前台要具备的一项职业技能。其实，行政前台可以询问对方是否有和公司老总提前约好。

若没有，可感性地回答说：“老总本来在公司的，可是有急事外出了，短时间内不会回来，您可以将事情告知我，我帮您转达给老总。”

若有，可回答说：“稍等，我帮您确认一下。”

1.2.4　做一个出色的行政人员

相信每一位从事行政工作的从业者都希望自己能成为一名出色的行政人员。那么如何才能让自己的工作得到公司上下的认同，使自己在这个岗位上实现自我价值呢？

◆ 做好自我管理

行政人员要负责公司的考勤管理，因此在考勤方面就要从自身做起，坚持不迟到、不早退，为公司员工做好表率。可以想象，如果行政人员自身就经常迟到、早退，那么如何让公司的同事信服和认同自己呢？

◆ 不忘小事

在行政人员看来，上级或同事交代的某些事可能只是小事，但对同事来说，可能这件事并不小。比如说，销售部同事请你帮忙寄一下快递，后来你忘了，而这份快递里装的是合作公司的合同资料，结果因为你的遗忘影响了双方业务的开展进度。这件事过后，该名同事恐怕不敢再让你帮忙寄快递了，你也因此失去了同事的信任。由此可见，小事不忘是很重要的。

然而，当行政人员手上的工作较多、比较杂时，很容易忘记一些小事。为了避免自己遗忘需要处理的事情，可以利用纸质便签将要做的事情书写在上面，然后贴在显眼的地方，当自己做完一件事后，就划掉一件事。

◆ 分清做事的顺序

什么事情应先做，什么事情要后做是需要明确的，出色的行政人员总能有条不紊地处理工作事务。在工作中，可以把事务划分为四个层次，根据事务的层次排列优先顺序，具体可按照四象限法则来划分和处理，如图 1-3 所示。

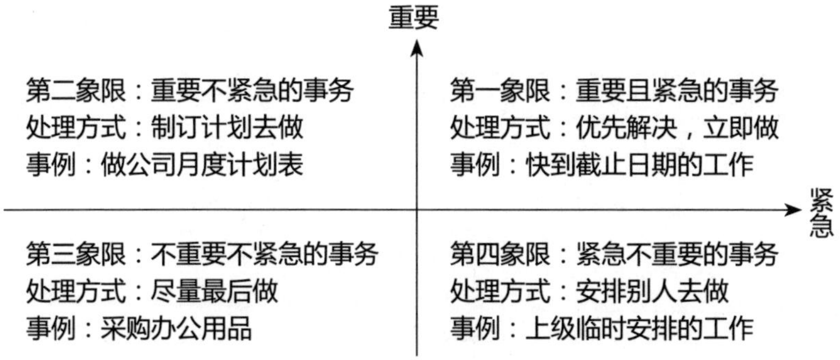

图 1-3

根据上述四象限图把事务按先后顺序记录下来后，可以制定进度表，让自己能从容地处理事务。

在实践中，比较好区分的是第一象限和第三象限；较难区分的是第二象限和第四象限，这两个象限的事务具有迷惑性，很多时候我们往往会优先处理紧急而不重要的事务，但这会耗费大量的精力，导致工作效率不高，实际上优先处理的应该是重要而不紧迫的事情。

区分第二象限和第四象限事务的方法是根据重要程度来判断，而不是紧急程度，很多时候事务的紧急程度往往是由他人来决定的。而在行政工作中要投入精力的应该是第二象限，因为第二象限的事务有充足的时间去准备，去做好，它的回报也是更大的。

1.3 人力资源规划

通过人力资源规划，管理人员能够轻松了解企业的人员结构，以及存在的问题，方便进行改进。在进行人力资源规划之前首先要对企业的人力资源需求进行分析。图 1-4 为人力资源需求预测流程。

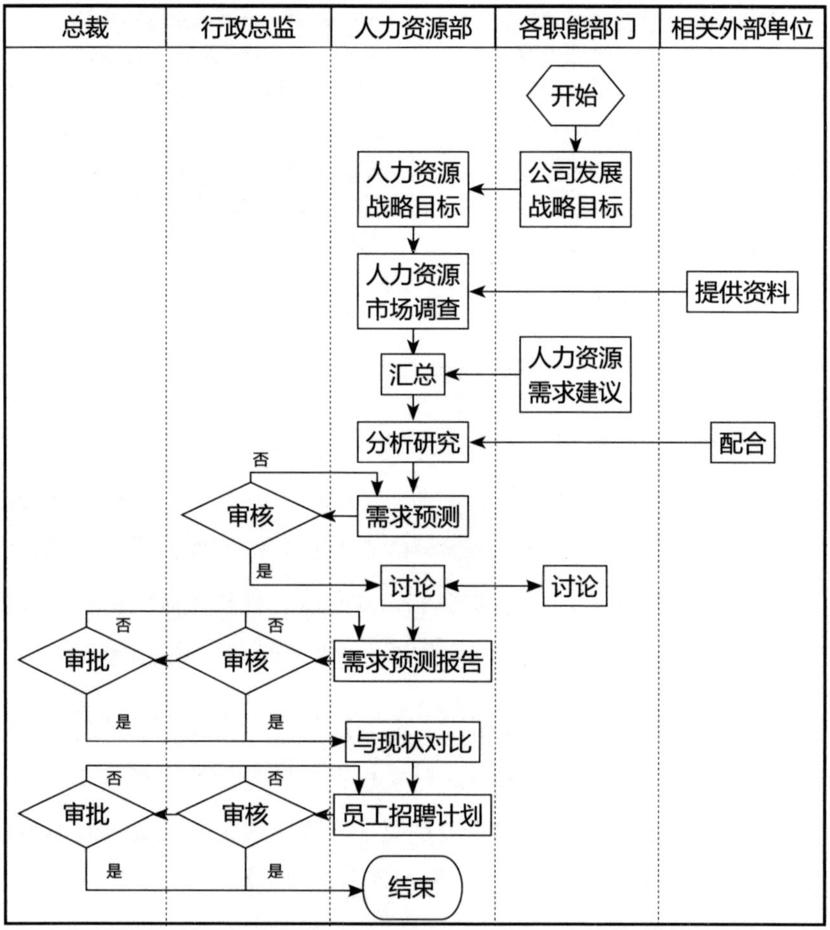

图 1-4

1.3.1 做人力资源分析之前，做好前期准备

在进行人力资源分析之前首先需要做好相应的准备，对人力资源有一定的了解，知道人力资源结构分析包含哪些内容，以及如何高效进行人力资源分析。

人力资源结构分析包括对企业现有人力资源进行调查、分析和审核，只有企业充分利用现有人力资源，才能让人力资源的各项计划更有意义。

（1）人力资源数量分析

对人力资源数量进行分析，目标是研究企业现有人力资源是否能够满足企业当前的业务工作量。在人力资源配置标准的方法运用上，可参考以下几种，如表 1-3 所示。

表 1-3　人力资源数量分析方法及要点

方　法	具体介绍
动作时间研究	指一项操作需要多少时间，这个时间包括正常作业、疲劳、延误、工作环境配合和努力等因素。定出一个标准时间，再根据业务量的多少，核算出人力的标准
业务审查	业务审查是测定工作量与计算人力标准的方法，该方法又包括两种：①通过经验分析出各工作性质所需的工作时间，再判断出人力标准量；②根据人事纪录，研究分析每一个部门的工作负荷，再利用统计学上的平均数、标准差等确定所需人力标准
工作抽样	根据统计学的原理，以随机抽样的方法来测定一个部门在一定时间内，实际从事某项工作所占规定时间的百分率，以此百分率来测定人力通用的效率
相关与回归分析法	相关与回归分析法是利用统计学的相关与回归原理来测量计算的，用于分析各单位的工作负荷与人力数量间的关系

（2）人员类别的分析

通过对企业人员类别分析，可显示一个机构业务的重心所在。主要包括以下两个方面的分析。

工作功能分析。一个机构内人员的工作功能很多，根据不同功能将员工划分成不同类型，归纳起来有4种：业务人员、技术人员、生产人员和管理人员。这4类人员的数量和配置代表了企业内部劳动力市场的结构。

工作性质分析。企业内部工作人员根据工作性质又可分为直接人员和间接人员。这两类人员的配置，也随企业性质不同而有所不同。

（3）工作人员的素质分析

人员素质分析就是分析现有工作人员的受教育程度及所受的培训情况。一般而言，受教育与培训程度的高低可表示其工作能力的高低，任何企业都希望能提高工作人员的素质，以期望人员能对组织做出更大的贡献。

组织中难免出现一部分人能力不足，而一部分人能力有余。要解决这种问题，可以参考以下几种方法。

- 变更职务的工作内容。减少某一职务、职位的工作内容及责任，而转由别的职务人员来承接。
- 改变及强化现职人员。运用培训或协助方式，来强化现职人员的工作能力。
- 改动现职人员的职位。如果上述两种方法仍无法达到期望时，表示现职人员不能胜任此职位，因此应予以调动。

（4）年龄结构分析

分析员工的年龄结构，按年龄段统计全公司人员的年龄分配情况，进而求出全公司的平均年龄。了解年龄结构，旨在了解下列情况。

- 组织人员是年轻化还是日趋老化。
- 组织人员吸收新知识、新技术的能力。

◆ 组织人员工作的体能负荷。

◆ 工作职位或职务的性质与年龄大小的匹配要求。

需要注意的是，企业员工理想的年龄分配应呈金字塔状。顶端代表 50 岁以上的高龄员工；中间部位次多，代表 35 ~ 50 岁的中龄员工；而底部位人数最多，代表 20 ~ 35 岁的低龄员工。

（5）职位结构分析

分析人力结构中主管职位与非主管职位，可以显示组织中管理幅度的大小，以及部门与层次的多少。主管职位与非主管职位应有适当的比例，如果一个组织中，主管职位太多，可能造成不当的后果。

◆ 组织结构不合理，管理控制幅度太狭窄，而且部门与层次太多。

◆ 使工作程序繁杂，增加沟通协调的次数，浪费时间，并容易导致误会和曲解。

◆ 由于本位主义，造成相互牵制，势必降低工作效率。

1.3.2　人力资源供需综合平衡

懂得分析人力资源结构的各个部分还不是人力资源规划的核心步骤，在做好人力资源的需求和预测等各种分析后，还需进行人力资源的综合平衡，这是企业人力资源规划工作的核心和目的所在。

企业人力资源的综合平衡主要从 3 个方面来进行，即人力供给与人力需求的平衡、人力资源规划内部各专项计划之间的平衡和组织需要与个人需要之间的平衡。

（1）人力供给与人力需求的平衡

企业人力资源供给与需求的不平衡有 3 种类型，即人力资源不足、人力资源过剩和两者兼而有之的结构性失衡，具体如表 1–4 所示。

表 1-4　人力供给与人力需求不平衡的 3 种类型

因　　素	具体介绍
人力资源不足	人力资源的供给不足主要表现在企业的经营规模扩张和新的经营领域的开拓时期，因而需要增加新的人员补充。补充的途径有外部招聘、内部晋升、人员接任计划和技术培训计划等
人力资源过剩	绝对的人力资源过剩状况主要发生在企业经营萎缩时期。一般的平衡办法有退休、辞退和工作分享。企业需要有完善的社会保障体系为后盾，提前退休是一种较易被各方面接受的妥协方案
结构性失衡	结构性失衡是企业人力资源供需中较为普遍的一种现象，在企业的稳定发展状态中表现得尤为突出。平衡的办法一般有技术培训计划、人员接任计划、晋升和外部补充计划等

（2）专项人力资源计划间的平衡

企业的人力资源规划包括人员补充计划、培训计划、使用计划、晋升计划和薪资计划等，这些专项人力资源计划之间有着密切的内在联系。因此，在人力资源规划中必须充分注意它们之间的平衡与协调。

例如，通过人员的培训计划，受训人员的素质与技能得到提高后，必须与人员使用计划衔接，将他们安置到适当的岗位。

（3）组织需要与个人需要的平衡

组织的需要和组织成员的个人需要不尽相同，解决这对矛盾是企业人力资源规划的一个重要目的。企业人力资源规划中的各专项人力资源计划就是解决这一矛盾的手段和措施，如表 1–5 所示。

表 1-5　组织与个人的平衡方法

企业需求	员工需求	人力资源规划手段
人员精简	工作保障	培训计划
降低成本	提高待遇	生产率计划
领导的权威	受到尊重	劳动关系计划

【实用模板】

2020 年度行政部工作计划

为配合公司 2020 年度目标的达成，加强人力资源管理和行政管理的计划性，行政人事部现制订 2020 年度工作计划，并遵照计划开展具体工作，更好地协调各部门的运作及支持公司的决策，协助各部门达成公司 2020 年的工作目标。

第一部分　人力资源工作计划

一、人员招聘

（一）思路分析

1. 2020 年是公司快速发展的一年，人力发展将迅速增加，并逐步到位。

2. 利用公司的招聘、薪酬政策和春节后人力流动高峰期的机会，补充基层、中层，尤其是本行业优秀人才，作为人力资源更替、补充和培养储备。

3. 实行内部培养和晋升，提拔和任用有上进心、不断学习和提升的内部员工。

（二）目标概述

公司目前属于发展期，2020 年总体目标首先要考虑满足岗位需求，再考虑人才储备，实现梯队建设。

（三）具体实施方案

1. 熟人推荐：包括员工推荐，在公司工作，且技术熟练程度较高，已通过努力实现个人工资目标，可推荐适合公司的优秀人才共同发展，公司将给予一次性奖励。

2. 网络招聘：继续和××招聘网站合作。

3. 海报招聘：主要面向基层人员招聘。

（四）实施目标注意事项

1. 招聘渠道拓展：竞争对手挖人。

2. 调查了解竞争对手公司薪酬福利等情况。

3. 做好各项准备工作：与用人部门沟通，及时准确了解需求。

4. 进行招聘宣传：制作招聘海报。

二、绩效考核

（一）思路分析

绩效考核有两个关键问题：一是考核指标的科学性；二是一种管理习惯的形成，养成行为习惯，关键在于坚持和制度保障。

（二）目标概述

绩效考核的根本目的，不是处罚未完成工作指标和不尽职尽责的员工，而是有效激励员工，不断改善工作方法和工作品质，建立公平的竞争机制，持续不断地提高组织工作的效率，培养员工工作的计划性和责任心，及时查视工作中的不足并加以调整改善，从而推进工作成果达成。

（三）具体实施方案

1. 继续完善绩效考核配套制度及文件。

2. 补充、修正已有岗位和新增岗位考核指标。

3. 重点对考核结果进行评估，对考核形式、考核项目、考核结果反馈与改进进行跟踪，保证绩效考核工作良性运行。

4. 推行过程是一个贯穿全年的持续工作，行政人事部完成此项工作目标的标准就是建立合理、公平、有效的绩效评价体系。

（四）实施目标注意事项

1. 绩效考核工作牵涉各部门、各职位、各职员的切身利益。因此，在保证绩效考核与薪酬体系链接的基础上，要从正面引导员工用积极的心态对待绩效考核，达到通过绩效考核改善工作、校正目标的目的。

2. 绩效考核工作是一个沟通的工作，也是一个持续改善的过程，在操作过程中要注意纵向、横向沟通，确保绩效考核工作顺利推行。

3. 绩效评价体系并不是行政人事部的单独工作，在操作过程中，应以部门负责人为主导，听取各方面人员的意见和建议，及时调整和改进工作方法。

三、培训发展

（一）思路分析

目前，各公司对员工培训重视度不够、力度不足，培训管理制度约束力不强。

（二）目标概述

1. 员工培训和开发是公司着眼于长期发展战略必须进行的工作之一，也是培养员工忠诚度、凝聚力的方法之一。

2. 通过对员工的培训与开发，员工的工作技能、知识层次和工作效率、工作品质都将进一步提升，增强公司竞争力。

（三）具体实施方案

1. 对现有核心员工，特别是管理人员进行整体素质测评，确定员工整体素质情况，配合岗位素质要求和工作职责，确定其待培训的方面。

2. 重点培训内容：管理知识、工作沟通、公司文化、工作技能、制度培训和新员工培训等。

3. 向员工讲解内部发展渠道：内部职称发展：行政级别发展（普通职员、主管、经理等）；个人薪酬发展（根据级别制订）；内部横向发展（部门、岗位调整）。

▲ 2020 年度行政部工作计划

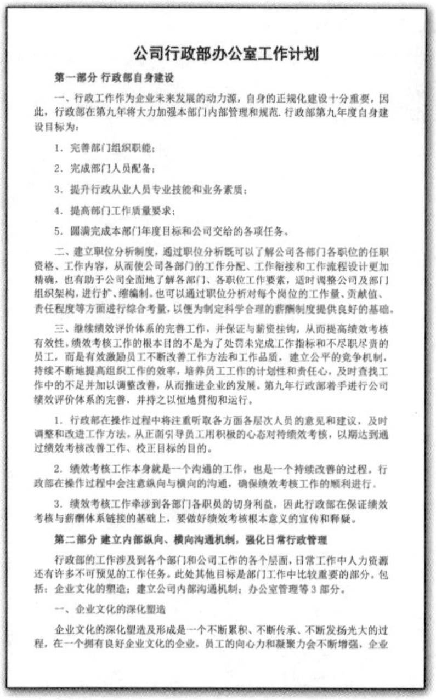

公司行政部办公室工作计划

第一部分 行政部自身建设

一、行政工作作为企业未来发展的动力源，自身的正规化建设十分重要，因此，行政部在第九年将大力加强本部门内部管理和规范. 行政部第九年度自身建设目标为：

1．完善部门组织职能；

2．完成部门人员配备；

3．提升行政从业人员专业技能和业务素质；

4．提高部门工作质量要求；

5．圆满完成本部门年度目标和公司交给的各项任务。

二、建立职位分析制度，通过职位分析既可以了解公司各部门各职位的任职资格、工作内容，从而使公司各部门的工作分配、工作衔接和工作流程设计更加精确，也有助于公司全面地了解各部门、各职位工作要素，适时调整公司及部门组织架构，进行扩、缩编制。也可以通过职位分析对每个岗位的工作量、贡献值、责任程度等方面进行综合考量，以便为制定科学合理的薪酬制度提供良好的基础。

三、继续绩效评价体系的完善工作，并保证与薪资挂钩，从而提高绩效考核有效性。绩效考核工作的根本目的不是为了处罚未完成工作指标和不尽职尽责的员工，而是有效激励员工不断改善工作方法和工作品质，建立公平的竞争机制，持续不断地提高组织工作的效率，培养员工工作的计划性和责任心，及时查找工作中的不足并加以调整改善，从而推进企业的发展。第九年行政部着手进行公司绩效评价体系的完善，并持之以恒地贯彻和运行。

1．行政部在操作过程中将注重听取各方面各层次人员的意见和建议，及时调整和改进工作方法。从正面引导员工用积极的心态对待绩效考核，以期达到通过绩效考核改善工作、校正目标的目的。

2．绩效考核工作本身就是一个沟通的工作，也是一个持续改善的过程。行政部在操作过程中会注意纵向与横向的沟通，确保绩效考核工作的顺利进行。

3．绩效考核工作牵涉到各部门各职员的切身利益，因此行政部在保证绩效考核与薪酬体系链接的基础上，要做好绩效考核根本意义的宣传和释疑。

第二部分 建立内部纵向、横向沟通机制，强化日常行政管理

行政部的工作涉及到各个部门和公司工作的各个层面，日常工作中人力资源还有许多不可预见的工作任务。此处其他目标是部门工作中比较重要的部分。包括：企业文化的塑造；建立公司内部沟通机制；办公室管理等 3 部分。

一、企业文化的深化塑造

企业文化的深化塑造及形成是一个不断累积、不断传承、不断发扬光大的过程，在一个拥有良好企业文化的企业，员工的向心力和凝聚力会不断增强，企业

▲公司行政部办公室工作计划

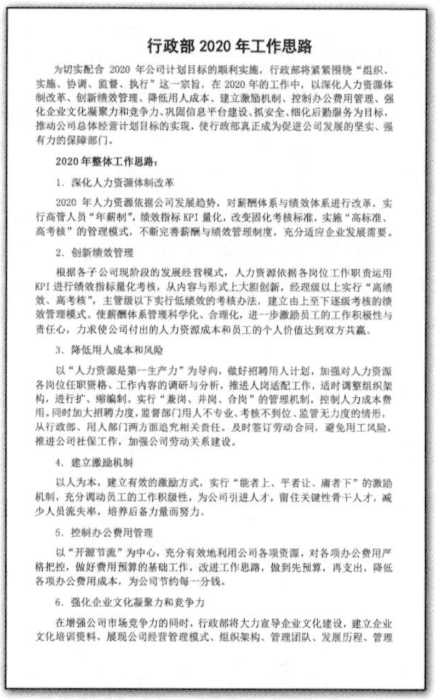

行政部 2020 年工作思路

为切实配合 2020 年公司计划目标的顺利实施，行政部将紧紧围绕“组织、实施、协调、监督、执行”这一宗旨，在 2020 年的工作中，以深化人力资源体制改革、创新绩效管理、降低用人成本、建立激励机制、控制办公费用管理、强化企业文化凝聚力和竞争力、巩固信息平台建设、抓安全、细化后勤服务为目标，推动公司总体经营计划目标的实现，使行政部真正成为促进公司发展的坚实、强有力的保障部门。

2020 年整体工作思路：

1．深化人力资源体制改革

2020 年人力资源依据公司发展趋势，对薪酬体系与绩效体系进行改革，实行高管人员“年薪制”，绩效指标 KPI 量化，改变固化考核标准，实施“高标准、高考核”的管理模式，不断完善薪酬与绩效管理制度，充分适应企业发展需要。

2．创新绩效管理

根据各子公司现阶段的发展经营模式，人力资源依据各岗位工作职责运用 KPI 进行绩效指标量化考核，从内容与形式上大胆创新，经理级以上实行“高绩效、高考核”，主管级以下实行低绩效的考核办法，建立由上至下逐级考核的绩效管理模式。使薪酬体系管理科学化、合理化，进一步激励员工的工作积极性与责任心，力求使公司付出的人力资源成本和员工的个人价值达到双方共赢。

3．降低用人成本和风险

以“人力资源是第一生产力”为导向，做好招聘用人计划，加强对人力资源各岗位任职资格、工作内容的调研与分析，推进人岗适配工作，适时调整组织架构，进行扩、缩编制。实行“兼岗、并岗、合岗”的管理机制，控制人力成本费用。同时加大招聘力度，监督部门用人不专业、考核不到位、监管无力度的情形，从行政部、用人部门两方面追究相关责任。及时签订劳动合同，避免用工风险，推进公司社保工作，加强公司劳动关系建设。

4．建立激励机制

以人为本，建立有效的激励方式，实行“能者上、平者让、庸者下”的激励机制，充分调动员工的工作积级性，为公司引进人才，留住关键性骨干人才，减少人员流失率，培养后备力量而努力。

5．控制办公费用管理

以“开源节流”为中心，充分有效地利用公司各项资源，对各项办公费用严格把控，做好费用预算的基础工作，改进工作思路，做到先预算，再支出，降低各项办公费用成本，为公司节约每一分钱。

6．强化企业文化凝聚力和竞争力

在增强公司市场竞争力的同时，行政部将大力宣导企业文化建设，建立企业文化培训资料，展现公司经营管理模式、组织架构、管理团队、发展历程、管理

▲行政部 2020 年工作思路

第 2 章

行政人事管理

严格来看，行政和人事实际上属于不同的管理范畴。一般来说，大型公司会分别设立行政部和人力资源部两个部门，让行政工作和人事工作独立运作。但大多数中小型公司的做法是将行政部和人事部合二为一，让一个部门负责两大模块的工作。因此，就有了行政人事管理这一范畴。

2.1 员工招聘与面试管理

企业的发展离不开人才，那么人才从哪里来呢？这就需要行政部去挖掘、去发现。为企业招到有用的人才，就是行政部的重要工作内容之一。

2.1.1 人力资源规划，明确人员配置

企业在不同时期，需要招聘的职位、人员数量和资质要求是不同的，为了让招聘有的放矢，使招聘到的人才符合岗位要求，行政部需要对人力资源配置进行规划。

有的行政人员可能会说，缺人就招人，哪儿还需要做什么规划？实则不然。试想一下，如果有员工突然离职，那么是否能及时补充？再者，企业新增了一个部门，面对这种大量人才的需求，不做规划又怎么能做好人才配置呢。另外，瞬息万变的市场也需要行政部做好规划。

在进行人力资源规划时，行政人员要注意几个原则，这样才能保证人力资源规划的有效性和适用性。

与企业发展战略一致。人力资源规划要从企业战略规划和发展目标出发，因为员工是为企业发展目标服务的。

充分考虑内、外部环境的变化。人力资源规划并不是一成不变的，还要考虑内、外部环境的变化。内部环境变化指员工的流动变化，外部环境变化指社会消费市场和人才市场的变化等。在人力资源规划中要预测这些可能出现的异常状况和风险，并提前制定应急策略。

保证人才需求。保证人才需求是指人力资源规划既要保证人力需求的数量，又要保证质量，避免人力过剩或配置不足。

适当的流动性。行政部并不能保证招聘到的每一位员工都能适应岗位，对于那些不符合岗位要求或不思进取的员工，应调岗或者辞退，否则只会浪费公司的资源。

根据以上原则制定人力资源规划时，行政人员可试着思考以下问题来进行人力资源规划的整合，从而形成人力资源规划书。

- 是否需要雇佣更多的员工来竞争未来的市场？
- 目前员工的在岗情况是否能够接受？
- 还需要多少员工，是全职还是兼职？
- 在岗员工是否都做到了人岗匹配，是否都发挥了各自的优势？
- 还需要更多的管理人员吗？

以上问题需要行政人员通过收集内外部信息，经过分析后才能得出结论。总的来看，编制人力资源计划需要4个步骤，包括收集有关信息→预测人力资源需求→预测人力资源供给→编制人力资源计划。具体来看，首先预测年度所需的人力，这可根据过去的经验和在岗员工数量来判断；其次是预测未来的人员变动和供给，包括内部员工的调动、离职等；再次，结合公司计划的开展进行人力需求的调整；最后还需要对所需人才的岗位进行分析，明确其岗位职责。如下所示为某公司人力资源规划方案的部分内容。

【实用模板】

表1　人力资源规划期限与经营环境的关系

短期规划——不确定/不稳定	长期规划——确定/稳定
出现许多新的竞争者	很强的竞争地位
社会、经济、技术条件飞速变化	渐进的社会、政治、技术变化
不稳定的产品/服务需求	稳定的需求
组织规模较小	很有效的管理信息系统
恶化的管理实践	强有力的管理实践

第三章　人力资源规划的编制

第七条 公司要有一套科学的人力资源规划，就必须遵循编制人力资源规划的程序与方法。详见附件一：《人力资源规划程序》。人力资源规划的制定有下列七个步骤：收集分析有关信息资料、预测人力资源需求、预测人力资源供给、确定人员净需求、确定人力资源规划的目标、人力资源方案的制定、对人力资源计划的审核与评估。

第八条 收集分析有关信息资料

收集分析有关信息资料是人力资源规划的基础，对人力资源规划工作影响很大。与人力资源规划有关的信息资料包括：企业的经营战略和目标、组织结构的检查与分析、职务说明书、核查现有人力资源（现有人力资源的数量、质量、结构及分布状况等）

第九条 预测人力资源需求

它主要是根据公司发展战略规划和本公司的内外部条件选择预测技术，然后对人力需求的结构和数量进行预测。人力资源需求预测分为现实人力资源需求预测、未来人力资源需求预测和未来流失人力资源需求预测3部分。具体步骤如下：

（一）根据职务分析的结果，来确定职务编制和人员配置；

（二）进行人力资源盘点，统计出人员的缺编、超编以及是否符合职务资格要求；

（三）将上述统计结论与部门管理者进行讨论，修正统计结论；

（四）该统计结论为现实人力资源需求；

（五）根据企业发展规划，确定各部门的工作量；

（六）根据工作量的增长情况，确定各部门还需增加的职务及人数，并进行汇总统计；

（七）该统计结论为未来人力资源需求；

（八）对预测期内退休的人员进行统计；

（九）根据历史数据，对未来可能发生的离职情况进行预测；

（十）将（八）、（九）两项的统计和预测结果进行汇总，得出未来流失人力资源需求；

（十一）将现实人力资源需求、未来人力资源需求和未来流失人力资源需求汇总，即得到企业整体人力资源需求预测。

第十条 预测人力资源供给

供给预测包括两方面：一是内部人员拥有量预测，即根据现有人力资源及其未来变动情况，预测出规划期内各时间点上的人员拥有量；另一方面是外部供给量预测，即确定在规划期内各时间点上可以从企业外部获得的各类人员的数量。一般情况下，内部人员拥有量是比较透明的，预测的准确度较高；而外部人力资源的供给则有较高的不确定性。公司在进行人力资源供给预测时应把重点放在内部人员拥有量的预测上，外部供给量的预测则应侧重于关键人员，如各类高级人员、技术骨干人员等。其具体步骤如下：

（一）进行人力资源盘点，了解公司员工现状；

（二）分析公司的职务调整政策和员工调整历史数据，统计出员工调整的比例；

（三）向各部门经理了解可能出现的人事调整情况；

（四）将（二）、（三）的情况汇总，得出企业内部人力资源供给预测；

（五）分析影响外部人力资源供给的地域性因素，包括：公司所在地的人力资源整体现状、有效人力资源的供给现状、对人才的吸引程度、公司能够提供的各种福利对人才的吸引程度；

（六）分析影响外部人力资源供给的全国性因素，包括：全国相关专业的大学生毕业人数及分配情况；国家关于就业的法规和政策；

（七）房地产行业全国范围的人才供需状况；全国范围内从业人员的薪酬水平和差异；

（八）根据（五）、（六）的分析，得出公司外部人力资源供给预测；

（九）将企业内部人力资源供给预测和企业外部人力资源供给预测汇总，得出企业人力资源供给预测。

第十一条　确定人员净需求

人员需求和供给预测完成后，就可以将公司的人力资源需求的预测数与在同期内公司内部可供给的人力资源数进行对比分析。从比较分析中可测出各类人员的净需求数。这个净需求数如果是正的，则表明公司需要招聘新的员工或对现有的员工进行有针对性的培训；这个需求数如果是负的，则表明公司这方面的人员是过剩的，应精简或对人员进行调配。这个“净需求”既包括人员数量，又包括人员结构、人员标准，即既要确定“需要多少人”，又要确定“需要什么人”，数量和标准需要对应起来。详见附件二《人力资源净需求评估表》和附件三《按类别的人力资源净需求》。

第十二条　确定人力资源规划的目标

▲某公司人力资源规划方案

上述模板展示了人力资源规划中关于预测人力资源需求、人力资源供给和确定人员净需求的内容，从中可以看出该公司进行人力资源需求预测时的具体步骤。

有了预测的步骤后，在执行这些步骤时还要讲究方法。模板中没有说明预测所用的方法，行政人员在书写人力资源规划时可以添加，这样能让规划更准确。在实践中，对人力资源需求进行预测有多种方法，包括定性预测方法和定量预测方法。定性预测法就是通过归纳、演绎和分析得出结果；定量预测法就是通过函数、算法和公式得出结果。这里重点介绍中小企业常用的定性预测法中的主观判断法。

主观判断法是指由部门经理和行政部一起来预测企业现阶段以及

未来的人力资源需求。这种方法包括自下而上和自上而下两种。自下而上即指部门管理者根据本部门的生产能力和员工流失情况，自行进行人力资源需求预测，再上报给行政部。自上而下是指高层管理者根据公司发展的目标，方向及内外部环境的变化预测人力资源需求。

除了主观判断法外，还有现状预测法、经验预测法和工作研究预测法等，行政人员可根据公司的具体情况选择，预测过程中还可以将这几种方法结合起来使用。

2.1.2　需要的人才从哪里来

确定好需要招聘哪些人才后，在开始正式的招聘工作前，还要根据各渠道的特点选择合适的招聘渠道，以提高招聘效率。现代企业常用的招聘渠道有以下一些。

网络招聘。网络招聘是当前比较流行且企业使用较多的一种招聘方式，方法是将企业要招聘的职位信息发布在各招聘网站上，求职者通过互联网在线投放简历。这种方法的特点是成本低、辐射范围广；缺点是行政人员需要花费较多的时间筛选求职者的简历，然后逐一通知面试。

现场招聘。现场招聘是一种比较传统的招聘方式，指通过定期或不定期的人才招聘会招聘员工。这种方式的优点是能直接与应聘者面对面地交谈，确定录用结果；缺点是人力成本投入较大。

广告招聘。广告招聘是指通过投放广告的方式面向社会招聘，如报纸、杂志和电视媒体等。优点是受众广泛，还可以提升企业知名度；缺点是费用高，针对性不够强。

内部介绍。内部介绍是指内部员工通过推荐外部人才的方式进行招聘。优点是招聘成本较低，缺点是有可能带来不正当竞争。这种方式适合企业招聘需要的特殊或技术型人才。

其他招聘方式。其他招聘方式包括校园招聘、猎头公司等。校园招聘的优点是选择空间广泛，但缺点是员工的流失率较高；猎头公司招聘的效果好，但费用较高。

综合以上招聘方式和特点，投入小产出大的招聘方式有内部介绍、网络招聘；投入大产出少的有现场招聘、广告招聘与猎头。行政人员在选择招聘方式时，可针对内部介绍给予激励，拓展网络招聘平台，利用广告造势，然后根据需要选择现场或猎头招聘。在选择招聘渠道时，行政人员可制作招聘渠道对比分析表，然后选择合适的招聘渠道。

2.1.3 优化招聘流程，提高招聘效率

提高招聘效率，除了要选对招聘渠道外，还要优化招聘的流程，招聘流程各环节能否顺利进行对招聘效果的好坏起着重要的作用。一般来说，企业招聘流程为职位发布→筛选简历→邀请面试→个人面试→员工录用，在这一过程中，有以下方法可提高招聘效率。

◆ 提高简历投放率

在招聘前，行政人员要对所招聘职位有清晰的了解，尽量在网络上对职位进行详细的描述，招聘现场展示的招聘海报要保证内容清晰明了、设计简单大方，这样会给求职者带来正面积极的引导作用，从而提高简历投放率。

◆ 简历及时反馈

对于一些特殊岗位，更需要及时反馈求职者的简历，因为正在求职的人会同时向多家公司投放简历，若该求职者正好是适合本公司的，

此时简历反馈不及时会让求职者认为自己的简历没有通过审核，从而接受其他公司的预约面试甚至被录用。

◆ 电话邀约要得体

邀约面试通常都会通过电话进行。在电话邀约中，话语要带温度，用语客气、专业，语速不要过快，语气应温和。注意不要给候选人留下企业不好的印象，以提高邀约的到场率。

电话邀约面试也有一定的技巧，在邀约前应做好相关职位介绍和公司资料的准备，以避免候选人询问公司性质以及福利待遇时回答不上。对于主动投放简历的人，可以选择在11:00或17:00进行电话沟通，预约好面试时间后，要及时发邮件或短信通知。

对于通过网络搜索简历选择的候选人，可选择在18:00以后进行邀约，因为这样不会打扰到他人，也会有一定的时间和空间向候选人简单介绍公司的基本情况。

◆ 面试流程不宜烦琐

从面试邀约到接待面试的过程不宜太烦琐，比如，招聘一般岗位的员工，就没必要经历初试、笔试和复试了。另外，在面试者即将到来前，行政管理人员要做好面试的准备，避免因个人原因让应聘人员等待过久。

2.1.4 管理人员要做一个好的面试官

怎样面试并挑选出合适的员工，是对面试官的考验。作为公司行政人事的管理者，在面试的环节中要使用正确的方法来衡量应聘者各方面的能力，从而为公司选拔出需要的人才。在面试流程中，一般会经历电话邀约面试和面对面面试。

使用电话进行面试邀约时，面试官也要恪守电话礼仪。首先，要做到不叫错应聘者的名字；其次，要做好应答的准备。电话邀约面试的主要目的是邀请应聘者前来公司面对面面试。下面提供常用的面试术语，以供参考使用。

您好，请问您是 ×× 吗？这里是 ×× 公司行政人事部。（目的是确认对方的身份，同时让对方清楚你的身份）

您现在方便说话吗？（确认对方身份后询问）

我公司在 ×× 招聘网上收到了您的简历，想约您 ×× 月 ×× 日上午 ×× 时来本公司面试，您方便吗？（等待对方确认）

我们的地址是……（主要说明办公的地点在哪儿）

您来的时候请带上……（说明需要携带的相关证件）

如果您临时有特殊情况无法准时到达公司，请尽量提前联系我们。

祝您生活愉快，再见。

面试官可根据实际情况灵活调整。当应聘者依约来到公司后，面试官就要进行面对面面试。面对面面试一般要经历 4 个阶段，如图 2-1 所示。

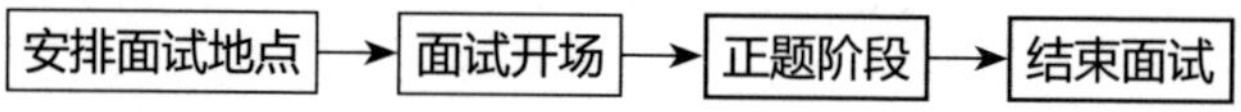

图 2-1

在面试阶段，需要面试官注意的细节会更多。首先，面试地点要选择安静无人打扰的独立空间，面试官与应聘者可面对面坐在桌子的两侧，也可以与应聘者斜对角坐在桌子的相邻两侧。

面试的开场白一般控制在 5 分钟左右，开场白可以询问一些较为轻松的问题，让应聘者消除紧张感，比如可以询问应聘者是乘坐什么交通工具到达的，或让应聘者简单地进行自我介绍等。

进入正题阶段后，面试官就要对自己想要知道的信息进行提问，比如以下问题。

如果通过了这次面试，但工作一段时间发现自己不适合这个职位，你会怎么办？

你是如何看待你应聘的职位的？

你对薪资福利有怎样的要求？

你的朋友是如何评价你的？

在面试提问阶段，要注意不能提一些令人难堪或让应聘者难以回答的问题，此阶段最重要的技巧是倾听，且要求面试官要专注，并从中筛选重要信息。

主要面试问题提问完毕后，可以询问应聘者有没有需要了解或不清楚的地方，然后告知应聘者公司将在多长时间内给予其回复，最后感谢其来公司面试并道别。

2.1.5 面试应获得哪些信息

在面试过程中，需要获得关于应聘者的信息很多。在面试者来到公司后，对于没有网上投递简历的应聘者来说，可以要求其填写应聘人员登记表，以了解应聘者的基本信息。应聘人员登记表的内容一般有应聘职位、姓名、性别、毕业院校、联系电话、工作经历和自我评价等。

【实用模板】

×××有限责任公司
公司网址：http://×××××.com

应聘人员登记表

应聘职位：__________ 填表日期：__________

姓名：	性别：	年龄：	健康状况：	照片
住址：		联系电话：	婚否：	
户口所在地：		到位日期：		
薪资要求：	要求面试时间：			

学历（按照时间顺序，仅填写高中及以上学习经历）				
年月		学校名称	专业	学位/学历
起	止			

工作经历（按照时间顺序填写，不包括兼职经历）				
年月		工作单位名称	职位	薪金
起	止			

1.请描述使用计算机办公软件的经历 和使用水平的自我评价：
2.请描述产品开发经历，以及所使用的软硬件开发工具，使用水平的自我评价：
3.请描述×××产品市场开发推广经历，与客户交流情况，以及销售工作的自我评价：
4.请描述英语阅读、翻译、写作和口语的实践经历和水平：

请应聘者注意：

1. 公司要求应聘者填写所有栏目。应聘者有权拒绝，但会影响招聘工作的安排和结果。
2. 公司会通过此登记表，了解应聘者的行文能力和严谨程度，望慎重对待。
3. 请将此登记表与身份证复印件、最高学历毕业证书（或学位证书）复印件一并提交。书面形式或电子文件形式均可，后者更好。如果您认为必要，也可同时提供个人简历。
4. 在填写前，建议访问公司网页，有关的信息可以帮助您做决定。

▲应聘人员登记表

应聘人员登记表看起来很简单，但对于人力资源管理却有重要意义。从应聘岗位和毕业专业可以看出应聘者是否具备岗位要求的专业知识。从薪资要求栏中，可以了解到应聘者对个人能力和水平的认可程度，比如应聘者的薪资要求是 2 000 元 / 月，那么说明应聘者可能没有一技之长或没有太多的工作经历。

对于薪资要求，也可能出现能力不高的应聘者却填写了很高的薪资要求，这时可以通过工作经历和自我评价栏来了解应聘者是否真的有能力。另外，也可以通过提问的方式来判断应聘者是否有真才实学。看工作经历的起止时间和职位，面试官可以推测出应聘者工作的稳定性和个人性格等。

不同公司想要了解的信息不同，行政管理人员还可以更改应聘人员登记表的内容，从而更好地了解应聘者的信息。

对于在面试中获得的关键信息，在面试结束后，应填写在面试评估表中，作为是否录用员工的依据。

2.1.6　员工录用管理应规范

结束面试后，不管应聘者是否被录用，公司都应该给予应聘者以答复。对于不予录用的应聘者，可以以邮件、短信或电话的方式告知，对于在面试环节就确定不录用的应聘者，可以当面告知。在答复不予录用者时，语气要委婉，说明不予录用的原因。对于予以录用的应聘者，也可先以电话形式通知，随后发送一份书面录用通知书（也可以是新员工入职邀约函）。

在员工录用通知书中，要写明新员工录用的岗位、入职办理的时间和地点，以及个人须准备的入职资料等，可参考以下案例进行录用通知书的制作。

×××先生 / 女士：

通过我司的招聘选拔程序，您已被确定符合×××岗位条件并得到录用。首先欢迎您的加入，其次请您仔细阅读以下内容，按要求备齐相关资料，在指定时间内到我司行政人事部办理入职报到手续。

一、个人须准备及提交的资料

（1）本人近一年相片 8 张（白底一寸）。

（2）本人户口簿、身份证、毕业证、学历证、学位证（如有）、职称证或职业资格证（如有）等有效证件的原件及复印件（行政人事部验证后归还原件并留取复印件）。

……

二、入职办理

1. 入职办理时间：×× 年 ×× 月 ×× 日 ×× 时。

……

在新员工正式入职前，对员工做好职前调查是比较重要的。因为有的求职者可能会为了得到工作机会而提供虚假信息，此类员工若进入企业也可能达不到岗位要求，这就会增加企业的用人成本。因此，在新员工提交入职资料后，行政人事部要对其资料的真实性和准确性进行审核，看其提供的资料与招聘面试提供的资料是否有出入。

为了让公司的员工录用程序更规范，行政人事部还可制定新员工录用及入职管理办法，在管理办法中明确录用和入职办理的流程。

2.2 员工培训管理

现代企业的竞争是人才的竞争，员工的培训与开发是企业持续发展的助推器。为此，行政人事部就要做好员工培训管理，让员工培训工作有效且高效。

2.2.1 事前准备越充分，工作越轻松

在员工培训前，行政人事部首先需要对培训进行需求分析，以确定培训的必要性和内容。同时，培训需求分析也是有效实施培训的前提。进行培训需求分析，可从组织分析、工作分析和人员分析 3 部分入手。

◆ 组织分析

组织分析主要从影响组织目标、环境氛围、效率和资源等因素入手来分析。企业进行的培训活动须与组织目标一致。比如，组织的目标是提高产品产量和质量，那么培训活动也应围绕这两方面来开展。

环境氛围是指组织的文化、资讯传播情况和员工工作状态等。如果分析得出的结论是组织氛围不佳或影响了大部分员工，那么就有必要通过培训来改善或解决。效率是指企业运转的效率，一般用各种指标来衡量，如设备利用率、产品产出量和质量等。对各实际效率指标进行标准的比较后，就可了解到需要培训的方面。资源分析主要对企业的人力资源、财力和物力分析，企业制订的培训计划应确保各类资源能够匹配。

◆ 工作分析

工作分析包括工作的内容和完成工作所需的知识、技能，是培训课程设计的重要资料来源。在分析时，可通过技能考核、观察、调查问卷以及绩效考评分析等手段来获取在职岗位员工的工作现状资料，通过比较来确定培训需求。

◆ 人员分析

人员分析是对员工个体进行的分析，可以绩效考核表、自我评价表以及员工记录分析表等信息资料作为分析依据。通过分析，最终确

定谁需要培训以及需要哪方面的培训。

一般来说，对于工作能力优秀且积极向上的员工，应给予更多的培训机会；对于工作能力一般，但渴望进步的员工，可具体分析其不足之处，有针对性地给予相应的培训；对于能完成本职工作，但工作态度不佳或工作能力不强且懒惰的员工，可以尝试进行职业精神的素质培训，若仍没有改善，那么就不需要再浪费企业的培训资源对其进行培训了。

职场加油站

在进行培训需求分析时，可以采用的方法有很多，包括访谈法、问卷调查法、观察法、关键事件法、绩效分析法以及经验分析法等，分析时可多种方法结合起来使用。

2.2.2 人员分析确定培训类型和方法

根据分析的结果，行政人事部可针对不同的员工，选择合适的培训类型和方法。一般来说，企业的培训可分为 5 种类型。

（1）新员工入职培训

这是针对新员工进行的培训，一般采用老员工带新员工或由专门的培训专员根据工作内容和工作要求对新员工进行培训的方式。新员工培训的目的是让员工尽快适应岗位工作，因此新员工入职培训的内容一般包括企业历史、组织架构、业务培训、产品服务介绍以及企业文化和规章制度的传达等。

（2）在职员工培训

在职员工培训的对象就是企业的在职员工，一般采用直线式培训或参与式培训两种方式，可定期或不定期进行。直线式培训是指单向地向员工传授知识和技能，如部门经理指导、专家讲授等。

参与式培训是指通过部门会议、角色扮演、头脑风暴、岗位轮换情景模拟以及案例分享等方式来培训。这种培训方式的参与性较强，可以发挥员工的主动性。

（3）专业技能培训

专业技能培训的针对性较强，一般分部门或岗位来进行。如针对会计人员进行的会计知识培训；针对销售人员进行的销售能力提高培训；针对程序人员进行的计算机技术培训。专业技能培训的培训周期较长，成本也较高，因此，一般只针对特殊岗位或重要人才。专业技能培训常采用"自学 + 辅导"、讲座或研讨会的方式。

（4）员工素质培训

员工素质培训的目的在于提高员工职业素养，一般包括职业道德、心理素质、职场礼仪和企业文化的培训等。员工素质培训一般采用讲授法和多媒体教学法等方式。

（5）拓展培训

拓展培训是一种团队培训方式，通过精心设计的户外拓展活动，让参与人员体会到团队合作的重要性。这种培训的趣味性较强，但花费的成本也较高。行政人事部在组织拓展培训时要注意选择正规的户外拓展培训机构，若是自行开展，要选择合适的拓展训练项目，同时还要做好安全工作。

2.2.3 规范流程，确保培训高效实施

虽然不同企业的培训类型和培训内容不同，但其基本流程是相似的。作为员工培训的组织者需要明确培训的实施流程，这样才能让培训活动有计划地顺利进行。图 2–2 所示为一般的培训流程。

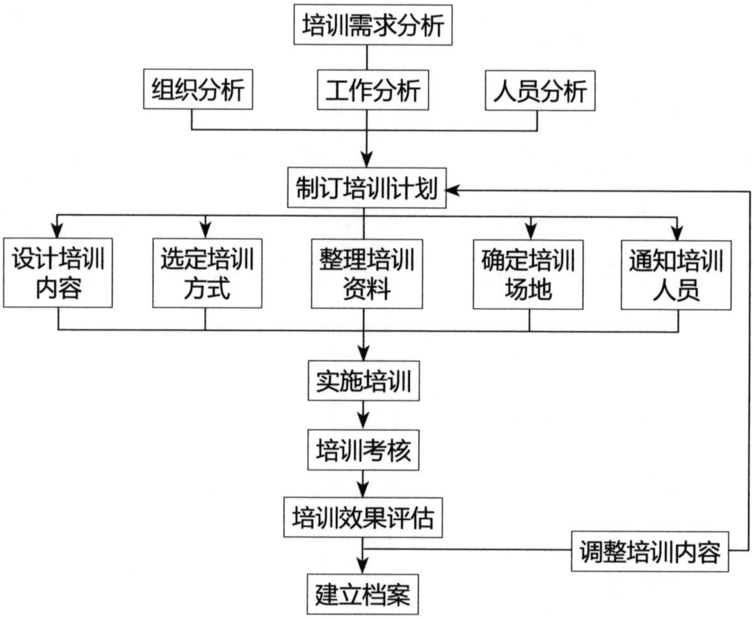

图 2–2

在图 2–2 中，制订培训计划一般由行政人事部独立完成，而进行培训需求分析、实施培训以及进行培训考核等，则需要行政人事部和其他相关部门协作完成。

2.2.4　培训与开发的效果评估

在一次培训完成后，需要对培训的效果进行评估和总结，这样才能找出不足，从而也为将来的培训提供参考依据和提升途径。

在培训效果评估中，要对培训效果进行分析，可从学员反应层面、知识层面、行为层面和结果层面 4 个层面来进行，具体如表 2–1 所示。

表 2–1　培训效果分析的 4 个层面

评估内容	评估方法	评估时间	评估单位
反应层面	评估学员对培训内容、培训效果以及培训师的满意程度。可采取问卷调查、面谈观察和组织会议等方法，以此来掌握学员对培训内容的主观反应	培训课程结束后	行政人事部
知识层面	评估学员对培训内容、技能以及知识的掌握程度。可采用提问法、笔试法、口试法、模拟练习与演示以及角色扮演等方法，该层面可以检验学员的培训效果	培训课程进行中或结束时	培训师或行政人事部
行为层面	评估学员培训后行为改进的情况。可采用跟踪调查、绩效评估、自我评价和访谈等方法，该层面可以检验学员对所学知识的应用情况	培训结束后的 3 个月或半年内	学员的直接上级
结果层面	评估培训给公司带来的效益，如个人绩效或组织绩效是否得到提高。该层面可用各种指标来衡量，如生产率、离职率、销售额、出勤率以及利润率等	培训结束后的绩效评估阶段	学员的部门主管

对于培训效果反应层面的评估，可用培训效果评估表来记录，如下所示为培训效果评估表范本。

【实用模板】

培训效果评估表

年　月　日

培训课程名称		培训教师				
培训时间		培训地点				
培训反馈信息	◆ 培训内容	非常好	很好	好	一般	差
	1. 课程安排合理程度	□5分	□4分	□3分	□2分	□1分
	2. 课程内容的深度和理解性	□5分	□4分	□3分	□2分	□1分
	3. 课程内容对于个人发展的帮助程度	□5分	□4分	□3分	□2分	□1分
	4. 课程内容对于实际工作的帮助程度	□5分	□4分	□3分	□2分	□1分
	◆ 培训师	非常好	很好	好	一般	差
	1. 培训师上课内容准备程度	□5分	□4分	□3分	□2分	□1分
	2. 培训师语言表达和讲课态度	□5分	□4分	□3分	□2分	□1分
	3. 培训师对培训内容的个人见解	□5分	□4分	□3分	□2分	□1分
	4. 培训师课堂组织能力	□5分	□4分	□3分	□2分	□1分
	5. 培训方式多样性和培训氛围	□5分	□4分	□3分	□2分	□1分
	6. 对本次培训课程的总体评价	□5分	□4分	□3分	□2分	□1分
受训人员信息反馈	◆ 参与此次培训的收获有（可多选）：________ A. 获得了适用的新知识。 B. 理顺了过去工作中的一些模糊概念。 C. 获得了可以在工作上应用的一些有效的技术或技巧。 D. 促进客观地观察自己以及自己的工作，帮助对过去的工作进行总结与思考。 E. 其他（请填写）：					
	◆ 对今后培训的建议和需求					

▲培训效果评估表

从上述模板中可以看出，要求学员评估的内容包括对培训内容和培训师的评价等。由于不同企业组织的培训内容是不同的，因此可在培训效果评估表中设计不同的评估内容。如可以让学员对公司进行的培训内容与质量的满意程度等进行精简扼要的叙述和评估，或让学员对培训课程最喜欢的部分进行描述等。

2.3 员工日常管理

员工日常管理就是对员工日常工作行为进行的管理，如出勤、奖惩等。将员工日常行为进行规范，有助于营造良好的工作氛围，提升企业的管理水平。

2.3.1　员工考勤管理

每个企业都有自己的考勤系统，通过对员工进行考勤管理，可以规范员工的工作行为。另外，员工保持良好的考勤记录有助于其工作业绩的提高，而行政人事部要想做好考勤管理需注意以下几点。

◆ 建立规范的考勤管理制度

对企业来说，让考勤管理规范化、制度化是很有必要的，否则就没有标准来衡量员工的考勤是好还是坏。制度需要人来执行和监督，否则就不会发挥其作用，因此行政部应安排专门的考勤工作人员对员工的考勤进行记录、统计，让考勤管理制度能有效运转。

◆ 不同部门准则可不同

不同部门由于工作性质的不同，其考勤的评价标准也可不同，比如经常外出的销售岗位和长期在办公室的行政岗位，其考勤评价标准应有所区分，要按实际情况来制定。

◆ 不搞特殊化

要想让考勤管理制度得到所有员工的认可，考勤的贯彻执行就要一视同仁，上到公司老总，下到基层员工，都要严格按照制度的规定来实施和遵守。

◆ 有赏也有罚

对于考勤良好的员工要给予一定的奖励，如当月全勤者，获得全勤奖励 100 元。对于考勤较差或经常不遵守考勤制度的员工，则要给予惩罚，如对于旷工员工，按旷工天数处罚薪资，月累计旷工超过 6 天，视为自动离职，予以辞退。

◆ 灵活利用考勤设备

对员工人数较多的企业来说，可以利用指纹打卡机、人脸识别考勤机或刷卡机进行考勤，这样可以节省人工查岗的成本。另外，针对经常需要外出的员工来说，还可以利用移动考勤工具，如企业微信、钉钉等进行地点签到考勤打卡。

对于考勤数据，行政部需要定期进行核对和统计，每月汇总后的考勤结果要统计在员工考勤统计表中，再发给各部门进行核对。

【实用模板】

员工月度考勤统计表

说明：本表格主要用于详细记录员工每个月的出勤情况。一方面加强考勤管理；另一方面则是作为员工工资结算（出勤天数）以及假期福利结算的重要依据，要求在行政人事部领导及主管领导核准的前提下，每月月末上报财务部。

月份：　　本月实际应出勤天数：　　上报时间：

序号	姓名	性别	部门	月工资	出勤天数	请假日期	请假天数	请假种类	是否为公假或年假	应扣工资
制表人：			行政人事部：			主管领导：			财务部：	

备注：请假有关规定请参照企业考勤制度或员工手册相关内容。

▲员工月度考勤统计表

在上述统计表中，对于员工的出勤天数、请假天数以及请假种类等，应根据员工考勤表实事求是地填写。请假种类一般指事假、病假、婚假、丧假、产假、年假、公假和其他。若员工对考勤统计有异议，应及时核实并申请处理。

2.3.2 实现员工出差管理

由于企业经营性质的需要，有的企业的岗位需要通过出差来完成工作。对于出差的员工，首先要在流程上做好管理规定，管理流程如图 2-3 所示。

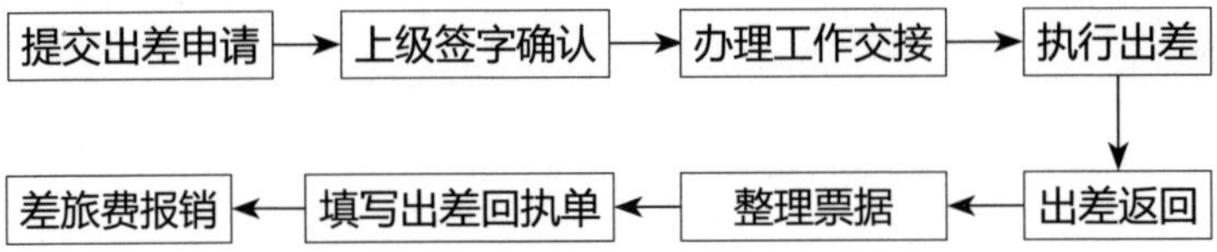

图 2-3

对出差员工的管理是比较困难的，因为出差人员长期脱离企业的正常管理，可能会降低对自己的管理要求。针对这种情况，企业要做到的是充分信任其自我管理能力，但同时也要在制度上做出明确的规范，如制定员工出差管理办法。

对员工来说，他们可能并不喜欢出差，但工作要求他们不得不出差，如果此时企业对员工出差报以不信任的态度，就会让员工对企业产生不满情绪。因此，企业应以信任员工为出发点管理出差员工，同时辅以培训、不定期沟通等方式，提高出差员工的自我管理意识，并让出差员工明确出差管理的各种制度规定，从而约束自己的行为。

除此之外，根据企业的需要，也可以通过手机拍照、出差地手机打卡以及视频交流等方式避免员工在出差期间弄虚作假。出差人员出差在外也会遇到各种困难，对于这些困难企业应积极地给予帮助。另外，时时关怀长期出差在外的员工的家庭，会让出差人员在出差时更安心，工作更尽心。

2.3.3　员工管理，奖惩有度

对企业来说，奖励和惩罚都是一种激励措施，其目的是更好地规范员工的行为。但如果奖惩不恰当，就可能会带来负面影响。那么如何才能让奖惩合理，发挥正面的积极作用呢？

奖惩分明。奖惩制度要以公平、公正为前提，做到有奖、有惩，奖惩严明，以奖为主，以惩为辅。作为行政管理人员，更要用客观、公平的心态来处理奖惩问题。

奖励要有针对性。奖励要针对员工的需求来设定，只有奖励本身对员工有足够的吸引力，才能引导员工将赢得奖励作为动力。企业的奖励一般有现金奖励、晋升、带薪休假、员工持股、表彰以及授予称号等。

确定合理的奖惩标准。奖惩的标准可以从企业规章制度、岗位工作表或绩效考核标准中来确定。在设立奖励标准时，要以高于大多数员工的一般标准为标准，但也不能过高，若这一标准是员工通过努力仍不能达到的，那么奖励也形同虚设。惩罚要以员工的真实行为和后果为依据，应根据情节的严重程度来设置不同的惩罚力度。总的来说，就是做到奖有标准，罚有依据。

严格贯彻执行。奖惩制度一旦确定，行政人事部就要按照规定贯彻执行，做到奖惩及时，不让奖惩成为一纸空文。

2.3.4　员工岗位异动管理

员工岗位异动管理是指对员工转正、调动、晋升 / 调薪、降级 / 降薪及离职的管理。企业为保持员工的稳定性和人才的流动性，都会进行员工异动管理。在员工异动管理中，比较令人头痛的是降职，因此这里重点讲解降职的异动处理。一般来说，对员工执行降职处理的原因主要有以下几点。

- 员工不能胜任当前岗位工作。
- 员工工作态度有问题。
- 企业组织结构进行调整，需要精简人员。
- 员工因自身原因主动提出降职，如身体原因导致不能适应当前的工作强度。
- 根据企业绩效考核或相关制度规定，对员工进行降职处理。

降职如果处理得当，会起到正向引导员工行为的作用；若处理不当，可能导致员工离职，更甚会影响其他员工的工作热情，给企业氛围带来不良影响。所以，对员工进行降职处理也要有一定的技巧。

（1）提前做好降职计划

如果企业希望被处以降职处理的员工能继续为企业效力，那么在执行降职前要提前做好降职计划。降职前后与被降职员工沟通交流，让员工知道自己仍然受到企业领导的重视，通过降职告诫员工要认真对待自己的工作。

另外，为了让员工能继续留下来，还可以在降职的同时设定奖励计划，告知被降职的员工，如果工作做得好会承诺让其升职或给予其他奖励。员工降职，其对应的薪酬通常也会降低，对于想要留下的员工，可以给予过渡期薪水，比如降职的第一个月不降低薪酬，然后通过员工的表现来决定后续的薪酬是否降低。

需要注意一点，对待不同个性的员工，在进行降职处理时要采用不同的方法。对要面子的员工，应更多地给予关心和鼓励，在其做出成绩后及时给予表扬、奖励等反馈；对喜欢找借口的员工，应引导其认知自我，明确自身不足；对敢于承认自身过失，善于反思的员工，应肯定其能力，并对其重点培养。

（2）明升暗降

如果怕明面上的降职会给公司带来不良影响，那么可以采用明升暗降的方法。一种方法是“假晋升”，即表面上升职了，但实际上并没有，比如提高员工的职位头衔，但将其调离到偏远的地区或不受重视的部门中；另一种方法是长期不晋升。对于那些不太符合岗位要求，但企业又不能轻易单方面解除劳动合同的员工来说，可以采用长期不晋升的方法来达到降职的效果，员工可能会因此感受到企业对自己的不重视或自身认为在企业没有发展前景而主动提出离职。

【实用模板】

招聘途径分析对比表

渠道	目标群体	重点招聘岗位（示例）
网络招聘	1.在职人才 2.通用型及一般岗位 3.经常上网人群	1.销售人员 2.职能管理人员 3.行政人员
现场/校园招聘	1.拟离职或已离职人员 2.通用型及一般岗位	1.会计、出纳 2.市场开发人员
广告招聘	1.通用型及一般岗位 2.信息灵敏人群	1.职能管理人员 2.策划人员
内部介绍	1.中层或高层岗位 2.特殊人才	1.职业经理人 2.高级工程师
猎头	1.高级管理人才 2.高级专业人才	1.销售总监 2.财务总监
备注	根据招聘职位分析	

▲招聘途径分析对比表

面试人员汇总表

应聘部门	应聘岗位	人数	姓名	身份证号码	性别	民族	学历	籍贯	联系电话
销售部	经理	1	蒋×	**0703********6112	男	汉	硕士	绵阳	1314456****
	销售代表	7	蒋××	**0103********1236	男	汉	专科	贵阳	1591212****
			李×	**0101********2378	男	汉	本科	天津	1324578****
			谢××	**0301********2454	男	汉	本科	洛阳	1361212****
			马××	**0431********2156	男	汉	专科	咸阳	1334678****
			汪×	**0213********8836	男	汉	本科	青岛	1369458****
			王××	**0111********1492	男	汉	专科	沈阳	1342674****
			郑×	**0107********2107	女	汉	专科	太原	1391324****
后勤部	主管	1	陈××	**0102********5472	男	汉	专科	郑州	1371512****
	送货员	1	欧××	**0604********3454	男	汉	专科	佛山	1384451****
行政部	主管	1	赵××	**0502********4565	女	汉	本科	泸州	1581512****
	文员	1	李××	**0102********1121	女	汉	本科	杭州	1304453****
财务部	经理	1	胡××	**0102********6749	女	汉	本科	西安	1324465****
	会计	1	张×	**0103********4583	女	汉	专科	兰州	1514545****
技术部	主管	1	周×	**0113********4641	女	汉	硕士	昆明	1531121****
	技术员	3	舒××	**0203********2212	男	汉	专科	唐山	1398066****
			孙×	**0283********4276	男	汉	硕士	大连	1359641****
			谢×	**0205********6412	男	汉	专科	无锡	1369787****

面试总人数 18

▲面试人员汇总表

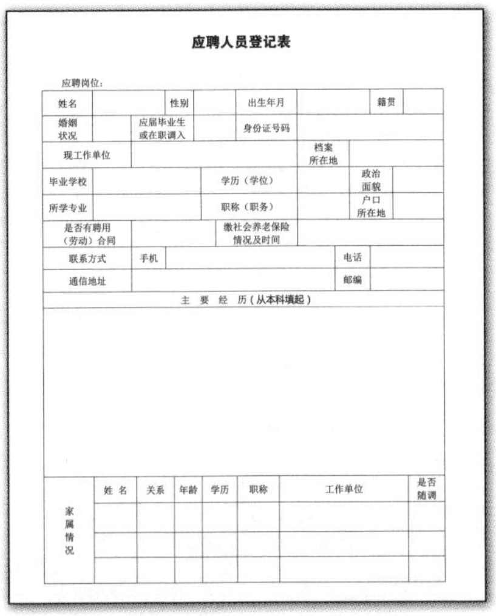

应聘人员登记表

应聘岗位：

姓名		性别		出生年月		籍贯	
婚姻状况		应届毕业生或在职调入		身份证号码			
现工作单位				档案所在地			
毕业学校		学历（学位）		政治面貌			
所学专业		职称（职务）		户口所在地			
是否有聘用（劳动）合同		缴社会养老保险情况及时间					
联系方式	手机			电话			
通信地址				邮编			
主　要　经　历（从本科填起）							

家属情况	姓 名	关系	年龄	学历	职称	工作单位	是否随调

▲应聘人员登记表

面试评估表

一般信息

应聘者姓名：　性别：　年龄：

毕业院校：　学历：

应聘职位：　期望薪资：　面试主管：

聘用建议

聘用 □　不聘用 □

应聘者情况

	较差	一般	基本满意	较好	优秀
专业技能	□	□	□	□	□
相关工作经验	□	□	□	□	□
教育或培训	□	□	□	□	□
主动性	□	□	□	□	□
交流/沟通能力	□	□	□	□	□
态度	□	□	□	□	□
仪容仪表	□	□	□	□	□

优点：

缺点：

备注：

▲面试评估表

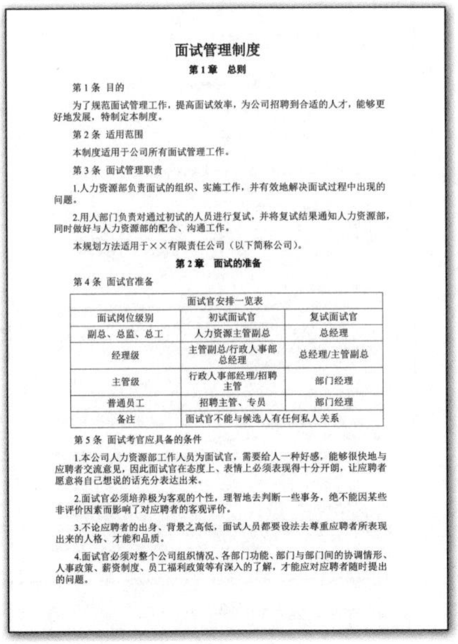

面试管理制度

第 1 章　总则

第 1 条 目的

为了规范面试管理工作，提高面试效率，为公司招聘到合适的人才，能够更好地发展，特制定本制度。

第 2 条 适用范围

本制度适用于公司所有面试管理工作。

第 3 条 面试管理职责

1.人力资源部负责面试的组织、实施工作，并有效地解决面试过程中出现的问题。

2.用人部门负责对通过初试的人员进行复试，并将复试结果通知人力资源部，同时做好与人力资源部的配合、沟通工作。

本规划方法适用于××有限责任公司（以下简称公司）。

第 2 章　面试的准备

第 4 条 面试官准备

面试官安排一览表		
面试岗位级别	初试面试官	复试面试官
副总、总监、总工	人力资源主管副总	总经理
经理级	主管副总/行政人事部总经理	总经理/主管副总
主管级	行政人事部经理/招聘主管	部门经理
普通员工	招聘主管、专员	部门经理
备注	面试官不能与候选人有任何私人关系	

第 5 条 面试考官应具备的条件

1.本公司人力资源部工作人员为面试官，需要给人一种好感，能够很快地与应聘者交流意见，因此面试官在态度上、表情上必须表现得十分开朗，让应聘者愿意将自己想说的话充分表达出来。

2.面试官必须培养极为客观的个性，理智地去判断一些事务，绝不能因某些非评价因素而影响了对应聘者的客观评价。

3.不论应聘者的出身、背景之高低，面试人员都要设法去尊重应聘者所表现出来的人格、才能和品质。

4.面试官必须对整个公司组织情况、各部门功能、部门与部门间的协调情形、人事政策、薪资制度、员工福利政策等有深入的了解，才能应对应聘者随时提出的问题。

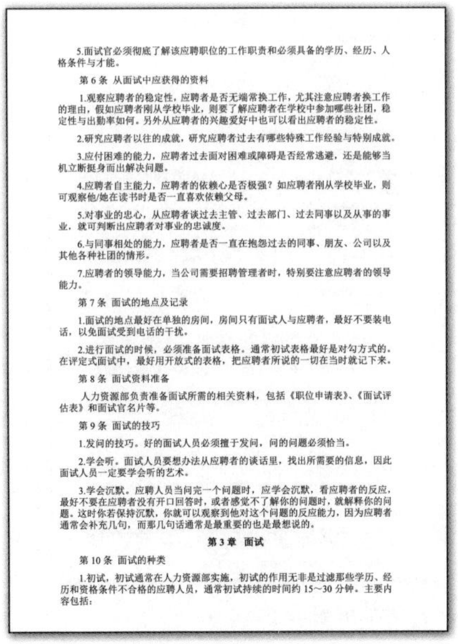

5.面试官必须彻底了解该应聘职位的工作职责和必须具备的学历、经历、人格条件与才能。

第 6 条 从面试中应获得的资料

1.观察应聘者的稳定性，应聘者是否无端常换工作，尤其注意应聘者换工作的理由，假如应聘者刚从学校毕业，则要了解应聘者在学校中参加哪些社团，稳定性与出勤率如何。另外从应聘者的兴趣爱好中也可以看出应聘者的稳定性。

2.研究应聘者以往的成就，研究应聘者过去有哪些特殊工作经验与特别成就。

3.应付困难的能力，应聘者过去面对困难或障碍是否经常逃避，还是能够当机立断挺身而出解决问题。

4.应聘者自主能力，应聘者的依赖心是否极强？如应聘者刚从学校毕业，则可观察他/她在读书时是否一直喜欢依赖父母。

5.对事业的忠心，从应聘者谈过去主管、过去部门、过去同事以及从事的事业，就可判断出应聘者对事业的忠诚度。

6.与同事相处的能力，应聘者是否一直在抱怨过去的同事、朋友、公司以及其他各种社团的情形。

7.应聘者的领导能力，当公司需要招聘管理者时，特别要注意应聘者的领导能力。

第 7 条 面试的地点及记录

1.面试的地点最好在单独的房间，房间只有面试人与应聘者，最好不要装电话，以免面试受到电话的干扰。

2.进行面试的时候，必须准备面试表格。通常初试表格最好是对勾方式的。在评定式面试中，最好用开放式的表格，把应聘者所说的一切在当时就记下来。

第 8 条 面试资料准备

人力资源部负责准备面试所需的相关资料，包括《职位申请表》、《面试评估表》和面试官名片等。

第 9 条 面试的技巧

1.发问的技巧。好的面试人员必须擅于发问，问的问题必须恰当。

2.学会听。面试人员要想办法从应聘者的谈话里，找出所需要的信息，因此面试人员一定要学会听的艺术。

3.学会沉默。应聘人员当问完一个问题时，应学会沉默，看应聘者的反应，最好不要在应聘者没有开口回答时，或者感觉不了解你的问题时，就解释你的问题。这时你若保持沉默，你就可以观察到他对这个问题的反应能力，因为应聘者通常会补充几句，而那几句话通常是最重要的也是最想说的。

第 3 章　面试

第 10 条 面试的种类

1.初试，初试通常在人力资源部实施，初试的作用无非是过滤那些学历、经历和资格条件不合格的应聘人员，通常初试持续的时间约 15～30 分钟。主要内容包括：

▲面试管理制度

新员工入职邀约函

尊敬的×××:

您好!

您已经顺利地通过了我们的面试，很荣幸地通知您，于××××年××月××日起被公司聘为××部担任××职务，现将有关事项通知如下:

一、入职材料及流程

新员工入职当天需要交纳以下材料:

1.本人身份证、学历证明及学位证明原件及复印件;

2.职称、技能证书、荣誉证书及获奖证书原件及复印件;

3.原单位离职证明原件及工资证明原件;

4.北京银行卡复印件（需和身份证正面复印在同一张纸上);

5.一寸近期彩照4张（新参保人员需提供一寸白底彩照);

6.新参保人员还需提供户口本本人页及户口本第一页（带有户籍性质页）复印件。

7.人力资源部人员收齐新员工入职材料后将带领员工进行指纹录入、工位引领、各部门方位介绍及公司相关规章制度讲解等相关事宜。

注:入职材料交纳不齐者，公司可不予其入职。

二、工作及休息时间

您的岗位实行的是每周××天工作制，每天上班时间为××至××（午休及用餐时间为××共×小时）。确因工作需要公司安排加班的，将给予您相应时间的调休。

三、人力资源部人员在您入职第一天将对您进行《员工守则》及公司各项规章制度的培训并且考核。如您还有其他任何问题，可与人力资源部联系，联系电话为××转××。

本人已阅读并同意上述全部内容，且已接受《员工守则》及公司各项规章制度的培训，并深知、保证遵守公司各项规章制度，并且保证以上所有信息保密，不向第三方泄露。

签字确认:

日期:

▲新员工入职邀约函

新员工录用及入职管理办法

一、目的

为了规范员工录用及入职管理，提高工作效率，特制定本管理办法。

二、适用范围

公司所有试用期内新员工。

三、拟录用条件:

1. 行政人事部对录用为财务、综合办或行政人事部、市场部一级部门负责人及以上的员工需进行背景调查，经调查合格者方予录用。

2. 拟录用员工应具备以下条件:

（1）具备与所录用岗位相应的任职资格和条件;

（2）××

（3）××

……

四、新员工入职应提交的证明和资料

1. 社会招聘人员需校验

（1）原单位离职证明，待业在家的本地户籍人员需提供经过劳动部门年检的失业证;

（2）××

（3）××

……

2. 应届毕业生需校验

（1）学历和学位证书的原件及复印件;

（2）××

（3）××

……

五、入职办理流程及各部门职责

新员工应按本办法及时有序地办理入职手续，行政人事部将给予指导与督促;各相关部门有责任快速高效地为新员工办理入职手续。

……

▲新员工录用及入职管理办法

员工考勤管理制度

一、作息时间

1. 公司实行每周5天工作制

上午9:00～12:00

下午14:00～18:00

2. 部门负责人办公时间：8:45～12:00　13:55～18:10

3. 行政部经理、行政管理员、考勤员办公时间：8:30～12:05　13:55～18:10

4. 保洁员：7:30

5. 在公司办公室以外的工作场所：工作人员务必在约定时间的前5分钟到达指定地点，招集人务必提前15分钟到达指定地点。

二、违纪界定

员工违纪分为：迟到、早退、旷工、脱岗和睡岗等5种，管理程序如下。

1. 迟到：指未按规定时间到达工作岗位（或作业地点）；迟到30分钟以内的，每次扣10元；迟到30分钟以上的，扣半天基本工资；迟到一小时的扣全天工资。

2. 早退：指提前离开工作岗位下班；早退3分钟以内，每次扣罚10元；30分钟以上，按旷工半天处理。

3. 旷工：指未经同意或按规定程序办理请假手续而未正常上班的；旷工半天扣罚一天工资，旷工一天扣罚两天工资；一月内连续旷工3天或累计旷工5天的，做自动解除合同处理；全年累计旷工7天的做开除处理。

4. 脱岗：指员工在上班期间未履行任何手续擅自离开工作岗位的，脱岗一次罚款20元。

5. 睡岗：指员工在上班期间打瞌睡的，睡岗一次罚款20元；造成重大损失的，由职责人自行承担。

三、请假制度

1. 假别：病假、事假、婚假、产假、年假、工伤假和丧假等7种。凡发生以上假者取消当月全勤奖。

2. 病假：指员工生病必须进行治疗而请的假别；病假务必持县级以上医院证明，无有效证明按旷工处理；出据虚假证明加倍处罚；病假每月两日内扣除50%的基本日工资；超过两天按事假扣薪。

3. 事假：指员工因事务必须亲自办理而请的假别；但全年事假累计不得超过30天，超过的天数按旷工处理；事假按实际天数扣罚日薪。

4. 婚假：指员工到达法定结婚年龄并办理结婚证明而请的假别。

▲员工考勤管理制度

员工出差管理办法

为加强公司财务管理，控制费用开支，本着精打细算、勤俭节约和有利工作的原则，根据行业特点和公司实际情况，特制定本规定。

一、出差定义

具有下列条件之一，经总经理或分管总监（经理）批准的外出为出差。

1. 被邀请参加各种与公司有关的会议、培训;

2. 应公司安排或客户（协作单位）要求赴客户（协作单位）所在地洽谈业务、签订合同、商品管理或工程安装;

3. 解决客户投诉或为客户提供技术技能培训;

4. 公司安排观摩新品、采集流行信息和设计素材采风;

5. 需外出处理的公司其他业务或特殊工作。

二、出差申请、报销程序

由出差人员填具“出差申请单”，报本部门经理、分管总监（经理）审批，各体系总监（经理）出差报总经理（副总经理）批准。“出差申请单”须注明出差事由、目的地、往返时间、交通工具、需住宿及补贴金额、可借支差旅费金额等（报销时加注出差事实和效果）。各办事处（分公司）人员出差按隶属关系，由所属部门记录并代为填具“出差申请单”，报分管总监（经理）审批，超过规定标准时须报总经理审批。

1. 经批准的“出差申请单”为公司预借差旅费、报销差旅费的必备条件。

2. 凭经批准的“出差申请单”，到财务部填取“借款单”借支差旅费，差旅费借支金额以往返车费、住宿费、出差补贴为限（出行时由公司代购机票或车船票的从借支款项中扣除）。常出差有备用金的员工除出差时间较长有其他费用开支外，正常情况下不必再借支相关费用。

3. 出差结束，出差人员须在回公司后3个工作日内，凭有效报销单据（住宿发票、机票、火车票、汽车票、轮船票均需正规税务发票）办理差旅费报销手续。如需发票抬头的，一律开具“××××有限公司”名称。

4. 填好的差旅费报销单，由各出差部门初审（出差事实），然后报财务部复核（费用标准、票据规范），最后报总经理批准。

5. 经批准的差旅费报销单直接返回财务部，由财务部出纳通知各报销人结算领款。

三、交通工具

总经理实报实销，其他员工一般以长途汽车、火车硬座、火车硬卧和轮船三等舱为主，经总经理特批可选择高于规定规格的交通工具，除公司高管（部门经理级以上）以外的人乘坐飞机必须分管副总或总经理批准。

非“五一”“国庆”和“春节”3个国内旅客运输高峰期间出差，发生的代理购票费用原则上不予报销（网点购票可报5～25元/张购票费）。

▲员工出差管理办法

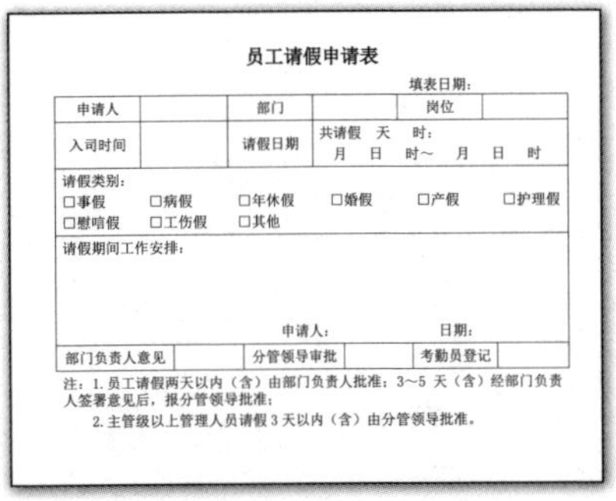

员工请假申请表

填表日期：

申请人		部门		岗位	
入司时间		请假日期	共请假　天　时： 月　日　时～　月　日　时		
请假类别： □事假　□病假　□年休假　□婚假　□产假　□护理假 □慰唁假　□工伤假　□其他					
请假期间工作安排： 申请人：　日期：					
部门负责人意见		分管领导审批		考勤员登记	

注：1. 员工请假两天以内（含）由部门负责人批准；3～5 天（含）经部门负责人签署意见后，报分管领导批准；

2. 主管级以上管理人员请假 3 天以内（含）由分管领导批准。

▲员工请假申请表

出差申请单

填表时间：

姓名			部门		岗位/职务		
出差事由							
出差时间	从：			到：			
出差路线							
同行人员							
审批意见	部门主管		分管领导		总经理		董事长

注：由行政人事部存档

▲出差申请单

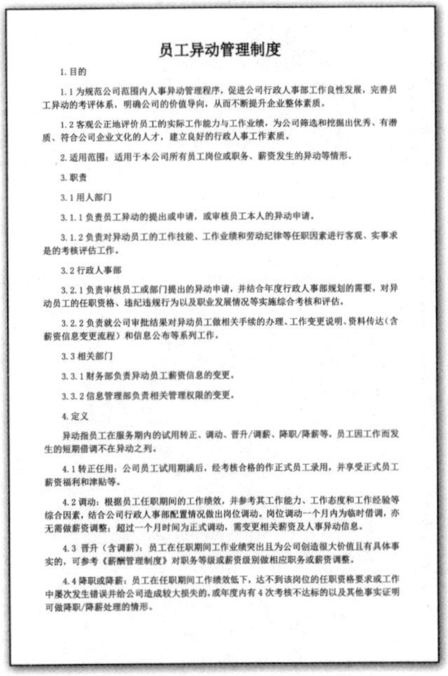

员工异动管理制度

1. 目的

1.1 为规范公司范围内人事异动管理程序，促进公司行政人事部工作良性发展，完善员工异动的考评体系，明确公司的价值导向，从而不断提升企业整体素质。

1.2 客观公正地评价员工的实际工作能力与工作业绩，为公司筛选和挖掘出优秀、有潜质、符合公司企业文化的人才，建立良好的行政人事工作素质。

2. 适用范围：适用于本公司所有员工岗位或职务、薪资发生的异动等情形。

3. 职责

3.1 用人部门

3.1.1 负责员工异动的提出或申请，或审核员工本人的异动申请。

3.1.2 负责对异动员工的工作技能、工作业绩和劳动纪律等任职因素进行客观、实事求是的考核评估工作。

3.2 行政人事部

3.2.1 负责审核员工或部门提出的异动申请，并结合年度行政人事部规划的需要，对异动员工的任职资格、违纪违规行为以及职业发展情况等实施综合考核和评估。

3.2.2 负责就公司审批结果对异动员工做相关手续的办理、工作变更说明、资料传达（含薪资信息变更流程）和信息公布等系列工作。

3.3 相关部门

3.3.1 财务部负责异动员工薪资信息的变更。

3.3.2 信息管理部负责相关管理权限的变更。

4. 定义

异动指员工在服务期内的试用转正、调动、晋升/调薪、降职/降薪等，员工因工作而发生的短期借调不在异动之列。

4.1 转正任用：公司员工试用期满后，经考核合格的作正式员工录用，并享受正式员工薪资福利和津贴等。

4.2 调动：根据员工任职期间的工作绩效，并参考其工作能力、工作态度和工作经验等综合因素，结合公司行政人事部配置情况做出岗位调动。岗位调动一个月内为临时借调，亦无需做薪资调整；超过一个月时间为正式调动，需变更相关薪资及人事异动信息。

4.3 晋升（含调薪）：员工在任职期间工作业绩突出且为公司创造很大价值且有具体事实的，可参考《薪酬管理制度》对职务等级或薪资级别做相应职务或薪资调整。

4.4 降职或降薪：员工在任职期间工作绩效低下，达不到该岗位的任职资格要求或工作中屡次发生错误并给公司造成较大损失的，或年度内有 4 次考核不达标的以及其他事实证明可做降职/降薪处理的情形。

▲员工异动管理制度

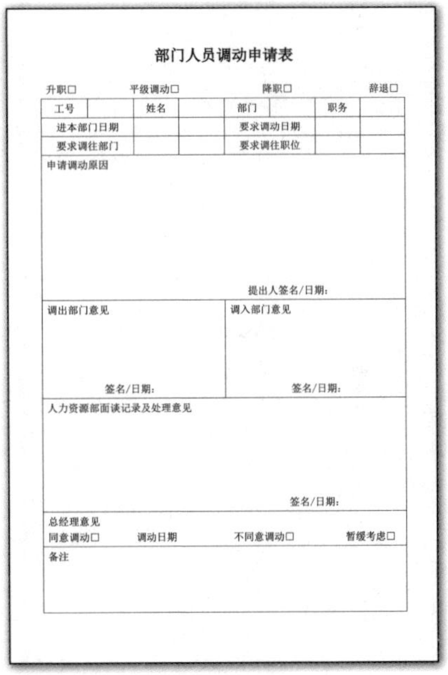

部门人员调动申请表

升职□　平级调动□　降职□　辞退□

工号		姓名		部门		职务	
进本部门日期				要求调动日期			
要求调往部门				要求调往职位			
申请调动原因 提出人签名/日期：							
调出部门意见 签名/日期：				调入部门意见 签名/日期：			
人力资源部面谈记录及处理意见 签名/日期：							
总经理意见 同意调动□　调动日期　不同意调动□　暂缓考虑□							
备注							

▲部门人员调动申请表

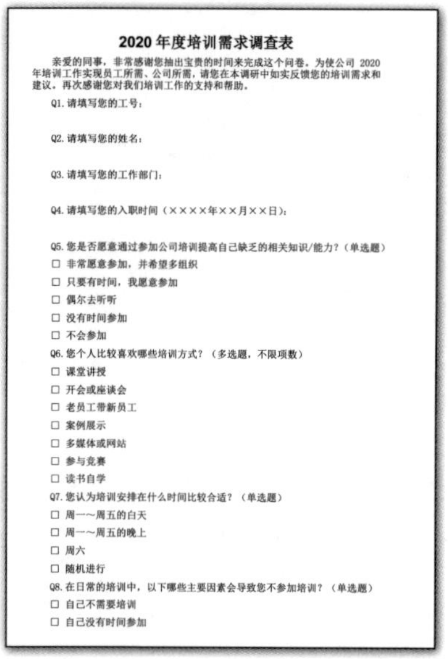

2020 年度培训需求调查表

亲爱的同事，非常感谢您抽出宝贵的时间来完成这个问卷。为使公司 2020 年培训工作实现员工所需、公司所需，请您在本调研中如实反馈您的培训需求和建议。再次感谢您对我们培训工作的支持和帮助。

Q1. 请填写您的工号：

Q2. 请填写您的姓名：

Q3. 请填写您的工作部门：

Q4. 请填写您的入职时间（××××年××月××日）：

Q5. 您是否愿意通过参加公司培训提高自己缺乏的相关知识/能力？（单选题）

□ 非常愿意参加，并希望多组织
□ 只要有时间，我愿意参加
□ 偶尔去听听
□ 没有时间参加
□ 不会参加

Q6. 您个人比较喜欢哪些培训方式？（多选题，不限项数）

□ 课堂讲授
□ 开会或座谈会
□ 老员工带新员工
□ 案例展示
□ 多媒体或网站
□ 参与竞赛
□ 读书自学

Q7. 您认为培训安排在什么时间比较合适？（单选题）

□ 周一～周五的白天
□ 周一～周五的晚上
□ 周六
□ 随机进行

Q8. 在日常的培训中，以下哪些主要因素会导致您不参加培训？（单选题）

□ 自己不需要培训
□ 自己没有时间参加

▲ 2020 年度培训需求调查表

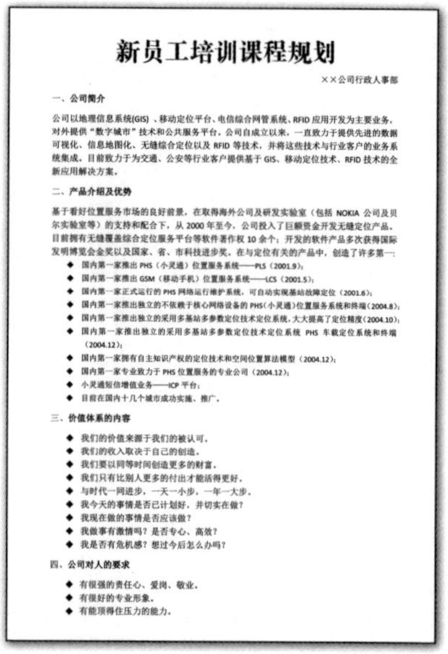

新员工培训课程规划

××公司行政人事部

一、公司简介

公司以地理信息系统(GIS)、移动定位平台、电信综合网管系统、RFID 应用开发为主要业务，对外提供“数字城市”技术和公共服务平台。公司自成立以来，一直致力于提供先进的数据可视化、信息地图化、无缝综合定位以及 RFID 等技术，并将这些技术与行业客户的业务系统集成。目前致力于为交通、公安等行业客户提供基于 GIS、移动定位技术、RFID 技术的全新应用解决方案。

二、产品介绍及优势

基于看好位置服务市场的良好前景，在取得海外公司及研发实验室（包括 NOKIA 公司及贝尔实验室等）的支持和配合下，从 2000 年至今，公司投入了巨额资金开发无缝定位产品。目前拥有无缝覆盖综合定位服务平台等软件著作权 10 余个；开发的软件产品多次获得国际发明博览会金奖以及国家、省、市科技进步奖。在与定位有关的产品中，创造了许多第一：

◆ 国内第一家推出 PHS（小灵通）位置服务系统——PLS（2001.9）；
◆ 国内第一家推出 GSM（移动手机）位置服务系统——LCS（2001.5）；
◆ 国内第一家正式运行的 PHS 网络运行维护系统，可自动实现基站故障定位（2001.6）；
◆ 国内第一家推出独立的不依赖于核心网络设备的 PHS（小灵通）位置服务系统和终端（2004.8）；
◆ 国内第一家推出独立的采用多基站多参数定位技术定位系统，大大提高了定位精度（2004.10）；
◆ 国内第一家推出独立的采用多基站多参数定位技术定位系统 PHS 车载定位系统和终端（2004.12）；
◆ 国内第一家拥有自主知识产权的定位技术和空间位置算法模型（2004.12）；
◆ 国内第一家专业致力于 PHS 位置服务的专业公司（2004.12）；
◆ 小灵通短信增值业务——ICP 平台；
◆ 目前在国内十几个城市成功实施、推广。

三、价值体系的内容

◆ 我们的价值来源于我们的被认可。
◆ 我们的收入取决于自己的创造。
◆ 我们要以同等时间创造更多的财富。
◆ 我们只有比别人更多的付出才能活得更好。
◆ 与时代一同进步，一天一小步，一年一大步。
◆ 我今天的事情是否已计划好，并切实在做？
◆ 我现在做的事情是否应该做？
◆ 我做事有激情吗？是否专心、高效？
◆ 我是否有危机感？想过今后怎么办吗？

四、公司对人的要求

◆ 有很强的责任心、爱岗、敬业。
◆ 有很好的专业形象。
◆ 有能顶得住压力的能力。

▲新员工培训课程规划

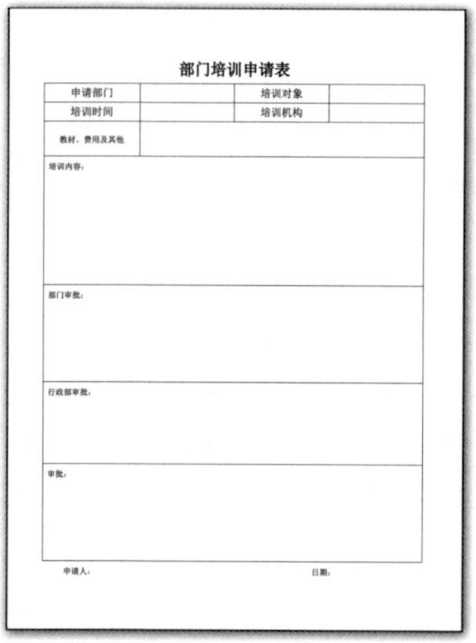

部门培训申请表

申请部门		培训对象	
培训时间		培训机构	
教材、费用及其他			
培训内容：			
部门审批：			
行政部审批：			
审批：			

申请人：　　　　日期：

▲部门培训申请表

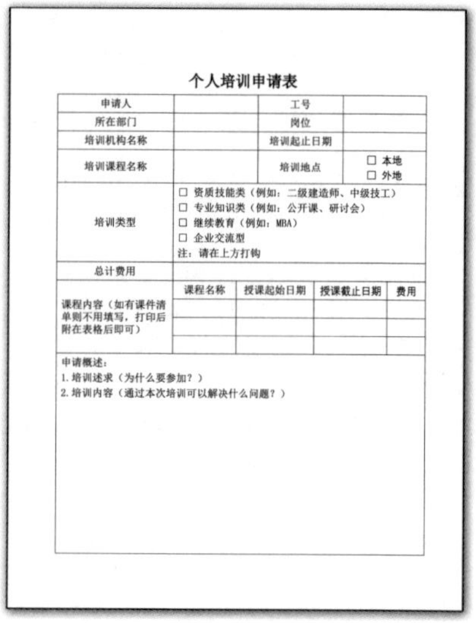

个人培训申请表

申请人		工号		
所在部门		岗位		
培训机构名称		培训起止日期		
培训课程名称		培训地点	□ 本地 □ 外地	
培训类型	□ 资质技能类（例如：二级建造师、中级技工） □ 专业知识类（例如：公开课、研讨会） □ 继续教育（例如：MBA） □ 企业交流型 注：请在上方打钩			
总计费用				
课程内容（如有课件清单则不用填写，打印后附在表格后即可）	课程名称	授课起始日期	授课截止日期	费用
申请概述： 1. 培训述求（为什么要参加？） 2. 培训内容（通过本次培训可以解决什么问题？）				

▲个人培训申请表

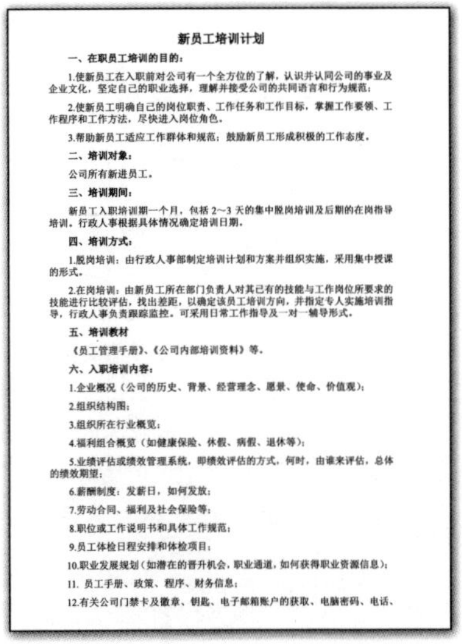

新员工培训计划

一、在职员工培训的目的：

1.使新员工在入职前对公司有一个全方位的了解，认识并认同公司的事业及企业文化，坚定自己的职业选择，理解并接受公司的共同语言和行为规范；

2.使新员工明确自己的岗位职责、工作任务和工作目标，掌握工作要领、工作程序和工作方法，尽快进入岗位角色。

3.帮助新员工适应工作群体和规范；鼓励新员工形成积极的工作态度。

二、培训对象：

公司所有新进员工。

三、培训期间：

新员工入职培训期一个月，包括 2～3 天的集中脱岗培训及后期的在岗指导培训。行政人事根据具体情况确定培训日期。

四、培训方式：

1.脱岗培训：由行政人事部制定培训计划和方案并组织实施，采用集中授课的形式。

2.在岗培训：由新员工所在部门负责人对其已有的技能与工作岗位所要求的技能进行比较评估，找出差距，以确定该员工培训方向，并指定专人实施培训指导，行政人事负责跟踪监控。可采用日常工作指导及一对一辅导形式。

五、培训教材

《员工管理手册》、《公司内部培训资料》等。

六、入职培训内容：

1.企业概况（公司的历史、背景、经营理念、愿景、使命、价值观）；

2.组织结构图；

3.组织所在行业概览；

4.福利组合概览（如健康保险、休假、病假、退休等）；

5.业绩评估或绩效管理系统，即绩效评估的方式，何时，由谁来评估，总体的绩效期望；

6.薪酬制度：发薪日，如何发放；

7.劳动合同、福利及社会保险等；

8.职位或工作说明书和具体工作规范；

9.员工体检日程安排和体检项目；

10.职业发展规划（如潜在的晋升机会，职业通道，如何获得职业资源信息）；

11. 员工手册、政策、程序、财务信息；

12.有关公司门禁卡及徽章、钥匙、电子邮箱账户的获取、电脑密码、电话、

▲新员工培训计划

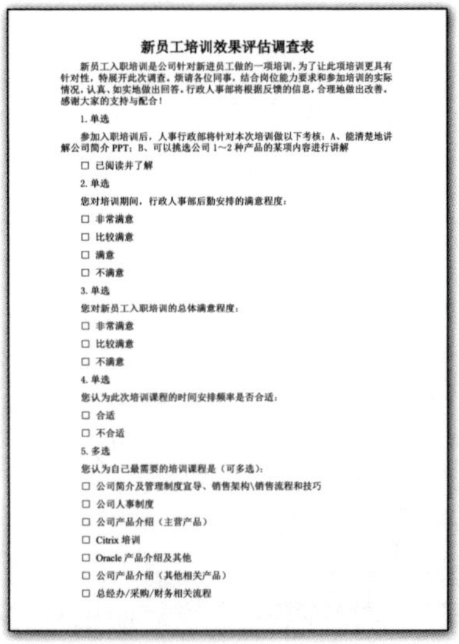

新员工培训效果评估调查表

新员工入职培训是公司针对新进员工做的一项培训，为了让此项培训更具有针对性，特展开此次调查。烦请各位同事，结合岗位能力要求和参加培训的实际情况，认真、如实地做出回答。行政人事部将根据反馈的信息，合理地做出改善。感谢大家的支持与配合！

1. 单选

参加入职培训后，人事行政部将针对本次培训做以下考核：A、能清楚地讲解公司简介 PPT；B、可以挑选公司 1～2 种产品的某项内容进行讲解

□ 已阅读并了解

2. 单选

您对培训期间，行政人事部后勤安排的满意程度：

□ 非常满意

□ 比较满意

□ 满意

□ 不满意

3. 单选

您对新员工入职培训的总体满意程度：

□ 非常满意

□ 比较满意

□ 不满意

4. 单选

您认为此次培训课程的时间安排频率是否合适：

□ 合适

□ 不合适

5. 多选

您认为自己最需要的培训课程是（可多选）：

□ 公司简介及管理制度宣导、销售架构\销售流程和技巧

□ 公司人事制度

□ 公司产品介绍（主营产品）

□ Citrix 培训

□ Oracle 产品介绍及其他

□ 公司产品介绍（其他相关产品）

□ 总经办/采购/财务相关流程

▲新员工培训效果评估调查表

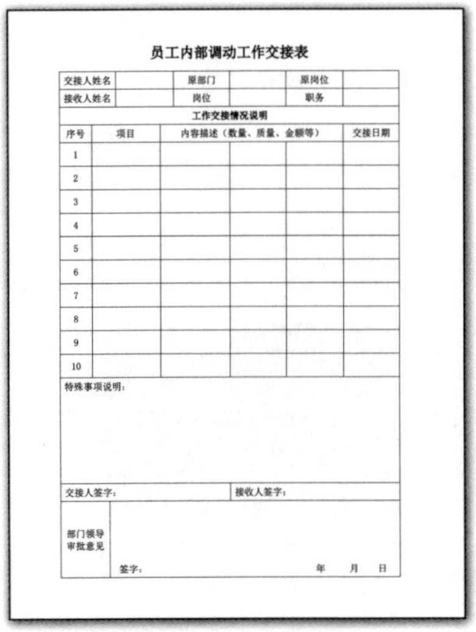

员工内部调动工作交接表

交接人姓名		原部门		原岗位	
接收人姓名		岗位		职务	
工作交接情况说明					
序号	项目	内容描述（数量、质量、金额等）			交接日期
1					
2					
3					
4					
5					
6					
7					
8					
9					
10					
特殊事项说明：					
交接人签字：			接收人签字：		
部门领导审批意见	签字：　　年　月　日				

▲员工内部调动工作交接表

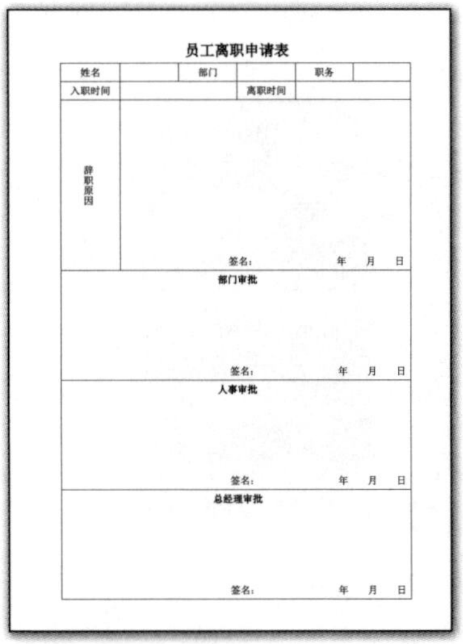

员工离职申请表

姓名		部门		职务	
入职时间			离职时间		
辞职原因	签名：　　年　月　日				
部门审批 签名：　　年　月　日					
人事审批 签名：　　年　月　日					
总经理审批 签名：　　年　月　日					

▲员工离职申请表

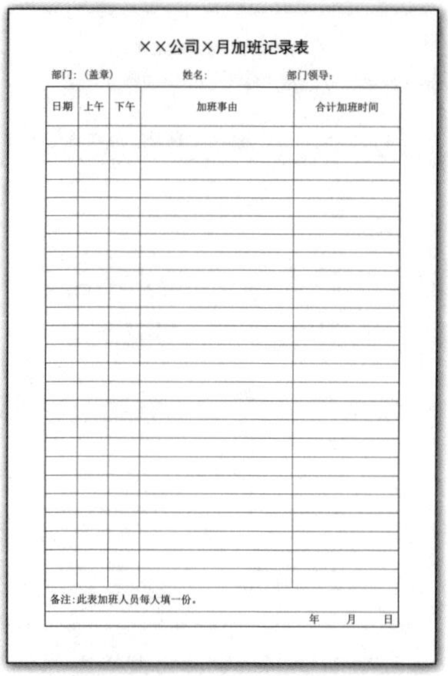

××公司×月加班记录表

部门：（盖章）　　姓名：　　部门领导：

日期	上午	下午	加班事由	合计加班时间

备注：此表加班人员每人填一份。

年　月　日

▲月加班记录表

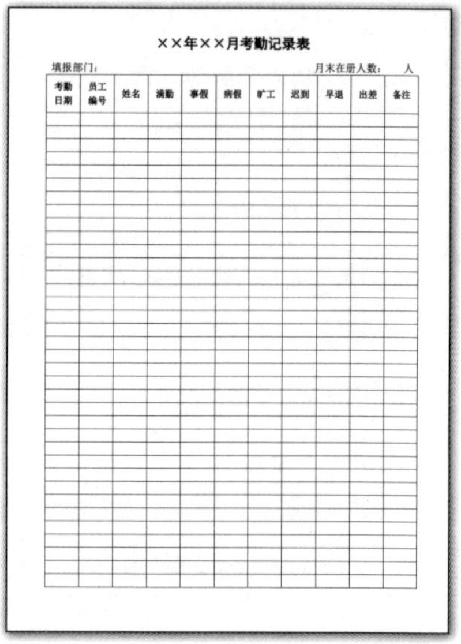

××年××月考勤记录表

填报部门：　　月末在册人数：　人

考勤日期	员工编号	姓名	满勤	事假	病假	旷工	迟到	早退	出差	备注

▲月考勤记录表

第 3 章

行政日常办公管理

办公室环境、办公用品和各种办公设备都是企业的办公资源，对这些资源进行规范化管理，可以让员工合理使用各种资源，培养节俭的良好习惯，减少铺张浪费，从而降低企业运营成本，提高办公效益。

3.1 办公环境管理

一个良好的办公环境能让办公室人员以更好的状态投入到工作中，提高工作效率。此外，办公室环境也是企业的一张名片，具有“门面”的作用。

3.1.1 办公室工作环境管理

办公室的工作环境可以分为硬环境和软环境。硬环境是指办公场所提供的各种物理条件，软环境是指办公场所的文化氛围。行政人员对办公环境进行管理要从这两方面出发。

（1）办公室硬环境的管理

为了给办公室人员营造良好舒适的办公环境，办公室的物理条件要满足一定的要求。

- **温度要求：**研究表明，室温会影响人的生产能力和思维方式，因此办公室的室温不能太高或太低，夏季温度以 22℃～28℃为宜，冬季以 16℃～24℃为宜。当然，每个人对温度的感受是不同的，在日常办公中，行政人员只要保证室温在合理范围内即可。
- **照明要求：**照明不良不仅会影响人的视力，还可能导致工作失误。因此办公室应保证良好的采光和照明，一般来说，普通办公室的照明以 300Lux～500Lux（照度）为宜，对于大进深的开放式办公室而言，可达到700Lux。照明设备可选用日光灯，既实用又实惠。总的来说，照明应以保护视力为原则。

◆ **空间要求**：办公人员各座位之间应保证有一定的通道，办公桌椅的布局应方便工作且保证同事之间不受彼此的影响。管理者的工作区域可以位于普通员工的后方，以便于监督查看。

◆ **清洁要求**：办公室应保证至少每周清洁一次，日常办公中要保证公共区域和员工办公区域的干净整洁。

◆ **设备要求**：员工要完成各种工作便离不开设备的帮助，计算机、电话、文件档案柜、清洁用品和饮水机等设备需要配置齐全，并定期检查是否损坏或存在安全隐患。

（2）办公室软环境的管理

办公室软环境主要指人际环境、工作环境和工作作风3方面。作为行政管理人员不仅要保证办公室的物理条件达到要求，还要保证有良好的工作氛围，这样才能保证员工之间上下同心，默契配合，让每项工作顺利运转。

对于软环境，可从制度和辅导两方面入手。在制度层面，建立合理的规章制度，如对员工的职业习惯、礼仪等进行要求，规范员工行为，保持办公软环境的和谐；在辅导层面，向员工灌输企业目标，使员工有一致努力的方向，定期进行企业文化、工作作风等内容的培训，实现宣传、引导的效果，开展团队活动加强员工间情感联系，提高凝聚力。

3.1.2 5S现场管理法

5S现场管理法是一种对现场环境和员工思维方式的管理方法，目前已有很多企业将其运用于办公室管理中。5S包括5个方面的要素，整理（SEIRI）、整顿（SEITON）、清扫（SEISO）、清洁（SEIKETSU）和素养（SHITSUKE）。

整理。整理指对办公用品进行分类整理，将办公用品分为常用、不常用、偶尔使用和不用四大类，只保留必需的用品。其目的是改善工作空间，减少办公环境的杂物，把空间腾出来。员工也可以按照该分类标准对办公桌面和抽屉进行整理，使杂乱的办公桌面和抽屉变得井然有序。

整顿。整顿指对办公用品进行位置管理，将其按照规定的位置进行摆放，并且进行标识，做到方便取用。目的是不把时间浪费在找东西上，如把文件、书本纸笔都放置在收纳盒中，进行分类摆放，并加以定位。在整顿时要注意物品的使用频率，常用的物品要放得近些，不常用的应放得远些，图 3-1 所示为对办公用品按照使用频率进行整顿前后的示意图。

图 3-1

清扫。清扫是指对办公场所和设备进行彻底打扫，清除垃圾和污秽，保持工作现场的干净整洁。对于自己的物品，行政人员要告知其他同事，让其定期进行清扫；对于公共场所的环境卫生，要让大家有自觉维护的意识。小型办公室可以安排员工轮流进行清扫，大型办公室可以请专门的保洁人员进行清扫。

清洁。清洁是指认真维护并坚持整理、整顿和清扫。行政部可将前面 3 个 S 的做法进行统一规定，制定标准，形成制度，以此来维持清洁成果。

素养。素养是指员工依规行事，逐渐养成个人良好的工作习惯，提升个人的品质。

【实用模板】

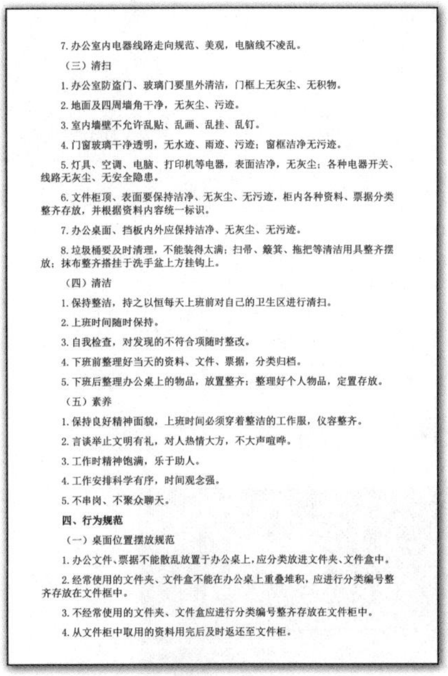

7. 办公室内电器线路走向规范、美观，电脑线不凌乱。

（三）清扫

1. 办公室防盗门、玻璃门要里外清洁，门框上无灰尘、无积物。

2. 地面及四周墙角干净，无灰尘、污迹。

3. 室内墙壁不允许乱贴、乱画、乱挂、乱钉。

4. 门窗玻璃干净透明，无水迹、雨迹、污迹；窗框洁净无污迹。

5. 灯具、空调、电脑、打印机等电器，表面洁净，无灰尘；各种电器开关、线路无灰尘、无安全隐患。

6. 文件柜顶、表面要保持洁净、无灰尘、无污迹，柜内各种资料、票据分类整齐存放，并根据资料内容统一标识。

7. 办公桌面、挡板内外应保持洁净、无灰尘、无污迹。

8. 垃圾桶要及时清理，不能装得太满；扫帚、簸箕、拖把等清洁用具整齐摆放；抹布整齐搭挂于洗手盆上方挂钩上。

（四）清洁

1. 保持整洁，持之以恒每天上班前对自己的卫生区进行清扫。

2. 上班时间随时保持。

3. 自我检查，对发现的不符合项随时整改。

4. 下班前整理好当天的资料、文件、票据，分类归档。

5. 下班后整理办公桌上的物品，放置整齐；整理好个人物品，定置存放。

（五）素养

1. 保持良好精神面貌，上班时间必须穿着整洁的工作服，仪容整齐。

2. 言谈举止文明有礼，对人热情大方，不大声喧哗。

3. 工作时精神饱满，乐于助人。

4. 工作安排科学有序，时间观念强。

5. 不串岗、不聚众聊天。

四、行为规范

（一）桌面位置摆放规范

1. 办公文件、票据不能散乱放置于办公桌上，应分类放进文件夹、文件盒中。

2. 经常使用的文件夹、文件盒不能在办公桌上重叠堆积，应进行分类编号整齐存放在文件柜中。

3. 不经常使用的文件夹、文件盒应进行分类编号整齐存放在文件柜中。

4. 从文件柜中取用的资料用完后及时返还至文件柜。

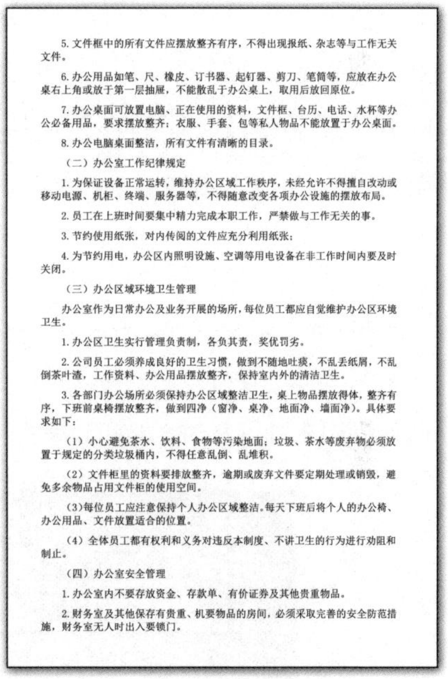

5. 文件框中的所有文件应摆放整齐有序，不得出现报纸、杂志等与工作无关文件。

6. 办公用品如笔、尺、橡皮、订书器、起钉器、剪刀、笔筒等，应放在办公桌右上角或放于第一层抽屉，不能散乱于办公桌上，取用后放回原位。

7. 办公桌面可放置电脑、正在使用的资料，文件框、台历、电话、水杯等办公必备用品，要求摆放整齐；衣服、手套、包等私人物品不能放置于办公桌面。

8. 办公电脑桌面整洁，所有文件有清晰的目录。

（二）办公室工作纪律规定

1. 为保证设备正常运转，维持办公区域工作秩序，未经允许不得擅自改动或移动电源、机柜、终端、服务器等，不得随意改变各项办公设施的摆放布局。

2. 员工在上班时间要集中精力完成本职工作，严禁做与工作无关的事。

3. 节约使用纸张，对内传阅的文件应充分利用纸张；

4. 为节约用电，办公区内照明设施、空调等用电设备在非工作时间内要及时关闭。

（三）办公区域环境卫生管理

办公室作为日常办公及业务开展的场所，每位员工都应自觉维护办公区环境卫生。

1. 办公区卫生实行管理负责制，各负其责，奖优罚劣。

2. 公司员工必须养成良好的卫生习惯，做到不随地吐痰，不乱丢纸屑，不乱倒茶叶渣，工作资料、办公用品摆放整齐，保持室内外的清洁卫生。

3. 各部门办公场所必须保持办公区域整洁卫生，桌上物品摆放得体，整齐有序，下班前桌椅摆放整齐，做到四净（窗净、桌净、地面净、墙面净）。具体要求如下：

（1）小心避免茶水、饮料、食物等污染地面；垃圾、茶水等废弃物必须放置于规定的分类垃圾桶内，不得任意乱倒、乱堆积。

（2）文件柜里的资料要排放整齐，逾期或废弃文件要定期处理或销毁，避免多余物品占用文件柜的使用空间。

（3）每位员工应注意保持个人办公区域整洁。每天下班后将个人的办公椅、办公用品、文件放置适合的位置。

（4）全体员工都有权利和义务对违反本制度、不讲卫生的行为进行劝阻和制止。

（四）办公室安全管理

1. 办公室内不要存放资金、存款单、有价证券及其他贵重物品。

2. 财务室及其他保存有贵重、机要物品的房间，必须采取完善的安全防范措施，财务室无人时出入要锁门。

▲办公室 5S 管理制度模板

上述模板展示了某公司办公室 5S 管理制度的部分内容，从中可以看出其对清扫、清洁、素养以及员工行为规范的具体规定。根据企业办公室环境管理需求的不同，行政人员在制定 5S 管理制度时可以根据具体情况进行设计，如针对清扫，还可以制定如下清扫标准。

个人区域：每天下班后用 5 分钟时间进行清扫，要求保证桌面干净整洁，无垃圾，无杂物遗落。

办公设备：每周五下班前用 15 分钟进行清扫，要求主机和重点部位的正面、背面和送风口无污垢。

3.1.3 办公室前台，办公室的开始

办公室前台是企业的门面，来访者来到企业后首先看到的就是前台。对前台工作环境的管理，是行政前台人员的职责。行政前台人员需保证前台区域的整洁、干净，做到无灰尘、无污垢。另外，除所需的办公用品以及公司的各种资料外，前台区域不应放置个人的零食、杂物等。

前台所摆放的办公用品最好与前台的装修风格形成一致，如前台的装修风格是简约风格的，那么摆放的办公用品也应是简单朴素的，而不应是颜色鲜艳华丽的。前台人员可在闲暇时进行前台工作区域的清扫，以保证前台的美观和整洁，如图 3-2 所示。

图 3-2

前台若有绿植，还应随时检查绿植是否需要修剪、浇灌和擦拭，以保证绿植的叶片没有泥土，没有枯枝败叶，保持叶面清新。另外，为绿植浇水后还要注意清扫洒落到地面上的水渍。

3.2 办公用品管理

办公用品作为行政办公中不可缺少的物品，其消耗量也是很庞大的。行政部若不对办公用品进行科学规范的管理，就很容易出现铺张浪费、重复领取等情况，从而无形地增加企业的成本，因此抓好办公用品的管理是很有必要的。

3.2.1　办公用品采购规范流程

企业在正常运营的过程中，离不开对各种办公用品的采购。办公用品的采购应根据物品的库存及消耗情况来确定，一般来说，办公用品由行政部统一采购、发放，采购时有以下流程要求。

- **提出购买申请：** 由需要购置办公用品的部门或人员填写办公用品购置申请表，交给行政部。
- **汇总审批：** 行政专员进行申请单的汇总和金额估算，由行政部经理审批通过后，安排指定人员（如行政助理）进行采购。
- **实施采购：** 采购人员按照审批通过的采购申请单进行采购。
- **入库登记：** 行政部对采购到的物品进行验收登记，对不符合要求的由采购人员负责办理退换货手续。
- **费用报销或支付：** 采购人员将发票、费用报销单等凭证报行政部经理签字确认，再交由财务部进行审核，审核无误后由出纳负责支付或结算。

对于有特殊要求的办公用品，可以由申请人凭审批通过的申请单自行采购，或由相关部门配合采购人员进行采购，但仍需报行政部验收和登记；对于急需采购的办公用品，也可经行政部确认后，让申请人直接进行采购，但事后需要补签申请表和走审批流程。

在采购办公用品的过程中，采购人员应进行多家供应商的询价，可以通过现场、电话或网上商城等渠道询价，然后选择性价比高的办公用品。

哪些物品属于办公用品采购的范畴，行政部也应有明确的界定。一般来说，办公用品是指日常工作中所需的各种辅助用品，如铅笔、圆珠笔、复印纸、剪刀、直尺以及打孔机等低值易耗品或非消耗品。注意，电脑、打印机以及电话等为满足企业经营需要所购置的物品，可归属于办公设备，其管理与办公用品的管理可有所不同。

3.2.2 制订办公用品需求计划

如果行政管理人员每收到一份办公用品采购申请单就组织进行一次办公用品采购，不仅会降低工作效率，也会使采购工作具有局限性，增加采购成本，不适合长期操作。

因此，行政管理人员应当要求相关部门在物品即将消耗完之前提前提出申请。行政管理人员在一段时间内收集多份采购申请，再制订办公用品需求计划，最后组织采购，可以在一定程度上减少工作量。

【实用模板】

办公用品需求计划表

编号：　　　　　　　　　　　　　　　　日期：

个人领用类							业务领用类						
办公用品名称	代号	单位	数量	单价	金额	备注	办公用品名称	代号	单位	数量	单价	金额	备注
小计							小计						
预算金额： 实际金额：						部门主管				经办人			

制表人：　　　　　　　　　　　　　　　　审核人：

▲办公用品需求计划表

3.2.3　办公用品采购技巧详解

采购办公用品是每个企业必须要做的工作，能够保证企业办公活动的正常进行。而且企业采购往往需要一次性购买大量的办公用品，所以采购的办公用品种类会非常多，数量也会很大。面对如此烦琐的工作，必须在有限的时间内做好，这就需要企业采购人员掌握一些采购办公用品的技巧。

- **确定种类和数量：**通过办公用品需求计划表能清楚了解办公用品的种类和数量的需求。采购过多可能导致浪费现象；采购过少可能会出现消耗过快的情况。
- **寻找稳定的办公用品供应商：**企业采购人员可以把统计好的办公用品清单发给一些专业的办公用品公司报价，从中寻找一家专业的办公用品供应商合作。采购办公用品切忌经常换供应商，这样会浪费很多时间。
- **尽量统一采购：**采购办公用品的项目本来就多，如果是分散采购，这样既会浪费时间，也会造成供应商成本高，导致无法长期合作。对于一些必须单独采购的应由多人组队同时采购。

办公用品的采购还有许多需要注意的地方，这些也是影响办公用品采购的重要因素，下面主要介绍 3 点。

办公用品的环保健康问题。办公室健康是所有人都关心的问题，一些无良的厂商，为降低成本，在修正液、香味笔中大量掺加易挥发的苯、甲醛等，长期使用就会导致白血病，对于孕妇，还会造成宝宝畸形或流产。因此，选择有实力的品牌文具是非常重要的一件事情。

办公用品要新颖。单调不变的办公用品已不再受欢迎，设计新颖、创意独特的办公用品才符合我们对办公环境的追求。办公台上摆上一件让人赏心悦目的办公用品，不仅可以调节办公气氛，还会让人觉得格调高雅。

多比较价格和质量。发达的信息社会已经让办公用品的价格越来越稳定，我们可以通过电子商务渠道掌握更多的商品信息，买到更多价廉物美的商品，这需要多找找、多比较。

3.2.4 办公用品领用管理

为了让办公用品的领用合理化，降低办公用品的消耗，行政部需对办公用品的领用进行管理，规范各部门的办公用品领用程序，流程如图 3-3 所示。

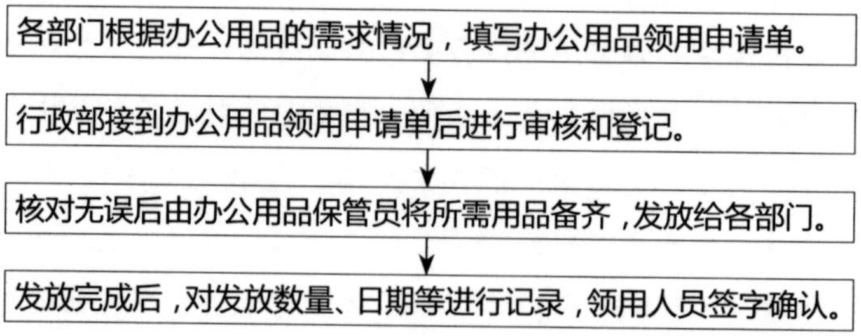

图 3-3

办公用品领用申请单一般为一式两份，一份在办公用品发放时使用，一份用于台账登记。

【实用模板】

办公用品领用申请单

申请部门		申请人		申请日期	
申请内容					
序号	名称及规格			单位	数量
1					
2					
3					
4					
部门经理签字：			批准签字：		

▲办公用品领用申请单

上述模板是比较简单的办公用品领用申请单，需要申请人填写清楚领用的办公用品的名称、单位和数量等内容。对于办公用品领用审批比较复杂的企业来说，可以在上述模板的“申请内容”上方增加“申请缘由”栏，将需要进行审批的部门都列示在表格中，如图 3–4 所示。

办公用品领用申请单

申请部门		申请人		申请日期	
申请缘由					
申请内容					
序号	名称及规格			单位	数量
1					
2					
3					
4					
部门经理审核意见：					
行政部审核意见：					
总经理审批意见：					

图 3–4

3.2.5 指定专人保管办公用品

对于已经采购而没有被领用的办公用品，行政管理人员需要安排专门的保管员进行保管。

不仅如此，行政管理人员还需要对办公用品管理员的工作职责进行具体规范，防止管理人员因保管不当或监守自盗导致办公用品缺失。

- 保管员应按照规格、数量和质量对采购员购入的办公用品进行验收，严把质量关，并进行登记、入账、入库和保管。
- 保管员要将库房内的物品合理摆放，不能乱堆乱放，导致物品损坏的由保管员赔偿。
- 保管员要定期检查库房内的用品，防止用品损坏、变质或变形，并对存货进行整理、整顿和清理。
- 管理员需要定期（季度或半年）清理库存，做到账物相符，还要根据库存和需求情况定期制订采购计划。
- 定期清理变质、过期的物品，保管员要注意防止物资积压，努力压缩库存、节约资金。
- 保管员应分开存放常使用与不常使用的办公用品，要方便日后取用。

3.2.6 完善办公用品的使用管理

办公用品使用量的不断增加，会使企业的管理成本也不断增加。如何让办公用品得到合理有效的使用，降低办公用品的使用成本，是行政部需要考虑的问题。

一般来说，新员工进入企业后，行政部都会为其配备所需的办公用品。对不同岗位所需配备的办公用品数量可以进行规定，以此对新员工办公用品的配置进行管理，表 3-1 所示为某企业针对新员工制定的岗位办公用品领用统一标准。

表 3-1 新员工办公用品领用统一标准

岗　　位	标准配备
普通员工	中性笔、记事本和文件夹各一件
财务部员工	中性笔、记事本、文件夹和计算器各一件
部门主管	中性笔、记事本、文件夹、计算器、订书器和铅笔各一件
部门经理及以上人员	圆珠笔、中性笔、皮面笔记本、笔筒、书架、活页夹、计算器和铅笔各一件
备注：因工作原因需领用标准配置以外的办公用品，需按照常规办公用品申领程序申领	

对于办公用品的使用管理，除了对新员工领用进行管理外，还可以对办公用品的库存、后续使用以及回收进行管理。

行政部应建立库存办公用品台账，定期对办公用品的库存进行盘点，查看是否做到了账物相符。表 3-2 所示为办公用品盘点表，在盘点办公用品时，行政人员直接根据实际情况进行填写。

表 3-2 办公用品盘点表

序　　号	分　　类	品　　名	规　　格	单　　位	结余数量

对于中性笔、圆珠笔等可以重复利用的办公用品，为避免浪费，应规定后续领用时只能领用笔芯，如以下规定范例。

中性笔、圆珠笔等首次领用后 3 个月内，只能领用笔芯，不得重复领用。

另外，对于可回收的办公用品，在员工离职前，应让其如数交回行政部。待有新员工入职后再安排重新发放，这样可以提高办公用品的使用效率。

为增加办公用品的使用寿命，可对员工的办公用品日常使用进行规范。如规定员工必须爱惜办公用品，不得随意在办公用品上乱写乱画，保持办公用品整洁、卫生。

3.2.7　办公用品的验收入库

采购人员购买的办公用品到达企业后，行政部应让物品保管员进行验收，以保证采购的办公用品符合使用要求。办公用品的验收要从品种、规格、数量和质量上来核对。对于验收的结果，则填写在办公用品验收单中。

【实用模板】

办公用品验收单

序号	名称	数量	金额	完好情况

验收人签字：
年　　月　　日

▲办公用品验收单

根据办公用品的验收结果，办公用品保管员需要在办公用品验收单中如实填写办公用品的验收情况，然后签字确认，通过验收后的办公用品可直接入库。在验收过程中，保管员若发现物品有短缺或破损，要及时通知采购人员，由采购人员联系供应商进行更换或退货。

3.2.8 定期盘点办公用品

办公用品验收入库后，行政管理人员需要定期清理库存，盘点库存状况，防止物品损坏，通常是一季度或半年盘点一次。那么在进行库存盘点时究竟需要注意一些什么？常见的盘点方法有哪些呢？下面进行具体介绍。

- ◆ 通过比较现有存货量和过去存货量的差别，发现问题。若相差较大，行政管理人员需要调查存货差异大的具体原因。
- ◆ 行政管理人员主要可以通过办公用品盘点表来调查办公用品的存货量。
- ◆ 若办公用品是由办公用品负责人进行分配的，则办公用品负责人应定期比对、检查存货量与账簿上登记的数量是否相符。
- ◆ 若办公用品为日常用具和办公设备附件，则行政管理人员在盘点时需要检查其是否完好，并且明确办公用品的管理人员和使用部门等。
- ◆ 为了方便对办公用品进行盘点，办公用品负责人需要在各种办公用品上贴上管理标签，标明序号。

3.3 办公设备管理

相比办公用品，办公设备的购买成本要更高。为了保证企业的各种办公设备能正常运作，提高办公设备的使用效率和寿命，行政人员需要对办公设备进行管理。

3.3.1 提高办公设备使用效率的流程设计

办公设备管理要经历采购→保养→维修→报废→建档的流程，具体流程节点如图 3-5 所示。

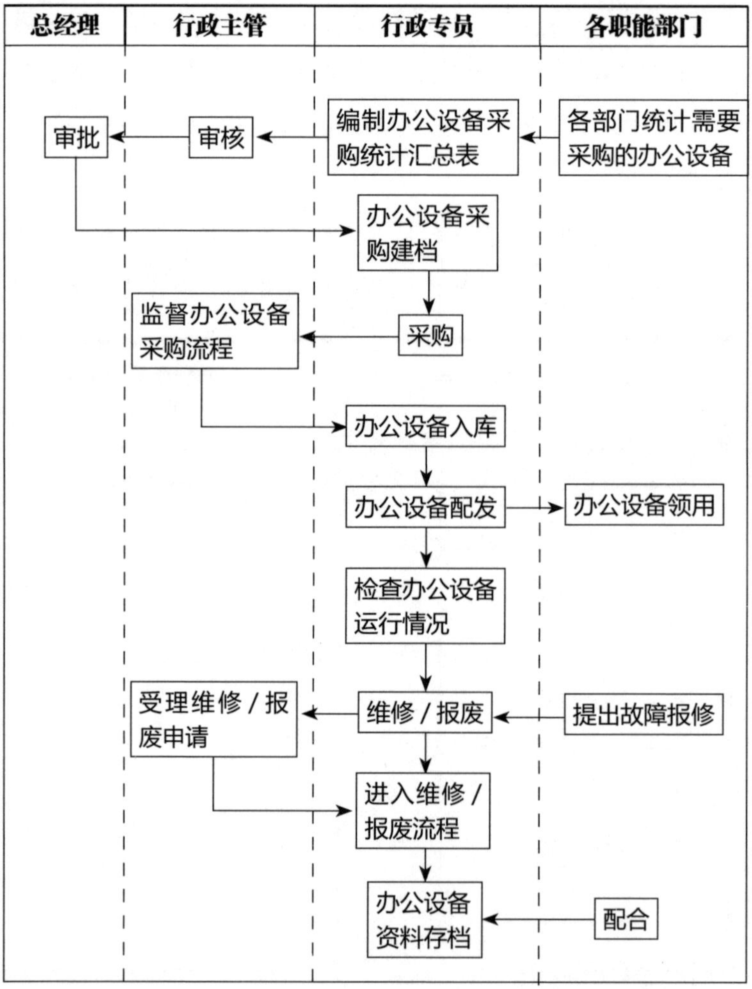

图 3-5

企业之所以要对办公设备的管理进行流程上的设计，其目的除了延长办公设备的使用寿命外，还有以下几点。

◆ 提高办公的效率，确保企业各项经营活动能顺利完成。

◆ 通过降低办公设备在采购、使用、保养和维修过程中的发生的费用来达到降低办公费用的目的。

◆ 实现企业管理的规范化、程序化，提高管理水平。

在办公设备日常管理流程中，行政部要做到以下几点工作目标，以提高办公效率。

◆ 保证办公设备能及时投入使用。

◆ 缩短办公设备维修 / 报废的周期。

◆ 进行办公设备日常维护、保养，保证办公设备的正常运行。

3.3.2　办公设备采购管理

办公设备采购是办公设备日常管理的第一个流程节点，在该流程节点中，行政部需要根据各部门的办公设备需求来统计需要采购的办公设备，然后根据审批通过的采购申请单实施采购。此阶段需要使用的执行工具有办公设备采购申请单。

【实用模板】

办公设备采购申请单

设备类型：□计算机		□打印机		□其他＿＿＿＿	
部门：	岗位：		职员：	申请时间：	
需求描述					
购买设备明细	序号	设备名称	单位	数量	备注
确认栏	审核		审定	批准	

▲办公设备采购申请单

在上述模板中，需求描述栏主要填写办公设备的购置理由，填写时要根据实际申请理由进行填写，如改善办公条件、现有办公设备不能满足工作需求等。购买设备明细栏中则填写具体设备信息，如打印机、台式电脑、沙发和椅子的单价、数量等。

对于采购回来的办公设备需要进行检查验收，根据办公设备类型的不同，其验收的具体细节会有所不同，但总的来说，验收的内容包括以下几点。

- ◆ 包装以及外观是否完好。
- ◆ 设备是否能正常使用。
- ◆ 设备所需配套材料、零部件数量是否完整。
- ◆ 使用说明书、图纸、合格证以及其他有关资料是否齐全。

办公设备若在验收过程中发现存在质量、零部件不齐全等问题，那么行政部采购人员要负责联系商家办理退换货相关事宜。对于办公设备的验收结果，要填写在办公设备验收单中。

【实用模板】

办公设备验收单

编号：　　　　　　　　　　　　验收日期：　　年　　月　　日

填制单位					填制部门			
设备名称	规格/型号	数量	供应厂商	联系方式	到货日期	验收结果	验收人	备注
注：验收结果分为“合格”与“不合格”，请根据验收情况如实填写								

▲办公设备验收单

可以看出，上述模板与办公用品验收单的内容有所不同，要更为复杂，这是因为办公用品的验收相比办公设备要简单很多。而办公设备若验收不到位，就可能影响后期的正常使用，增加维修的成本。在实际验收过程中，常用的验收方法有测试法、对照法和登记法。测试法是指通过实际操作的方式来查看设备是否与其本身的性能要求一致；对照法是指对照采购合同或订货单来查看设备数量、规格等是否一致；登记法是指对接收到的设备使用手册、说明书等文档进行登记造册。

3.3.3　制作办公设备管理卡

办公设备管理卡主要用来记录办公设备的详细信息，以及在使用过程中的问题，每台设备都应当有其对应的办公设备管理卡，就像人的病历卡一样。

行政部在购入办公设备时应将它们的相关资料登记在办公设备管理卡中，这也是一项重要资料。

【实用模板】

办公设备管理卡

编号：　　　　　　　　　　　　日期：

<table>
<tr><td colspan="2">购入日期</td><td colspan="2">部门编号</td><td>耐用年数</td><td>购入编号</td><td colspan="3">启用日期：_______年_____月_____日</td></tr>
<tr><td colspan="2"></td><td colspan="2"></td><td></td><td></td><td colspan="3"></td></tr>
<tr><td colspan="3">办公设备编号（NO.　）</td><td colspan="2">型号（NO.　）</td><td colspan="4">供货厂商（NO.　）</td></tr>
<tr><td colspan="3" rowspan="2">购买金额：</td><td colspan="2" rowspan="2">购买日期：</td><td colspan="4">供货厂商地址和电话：</td></tr>
<tr><td>购买数量</td><td></td><td>耐用年数</td><td>折旧率（%）</td></tr>
<tr><td></td><td>折旧年度</td><td>折旧金额</td><td>保留价格</td><td>记账人</td><td>保管修理日期</td><td>保管修理记录</td><td colspan="2">负责人</td></tr>
<tr><td rowspan="4">折旧记录栏</td><td></td><td></td><td></td><td></td><td rowspan="2"></td><td rowspan="2"></td><td colspan="2" rowspan="2"></td></tr>
<tr><td></td><td></td><td></td><td></td></tr>
<tr><td></td><td></td><td></td><td></td><td rowspan="2"></td><td rowspan="2"></td><td colspan="2" rowspan="2"></td></tr>
<tr><td></td><td></td><td></td><td></td></tr>
<tr><td colspan="5" rowspan="2">备注：</td><td colspan="2" rowspan="2">使用部门：</td><td>检验人</td><td>经办人</td></tr>
<tr><td></td><td></td></tr>
</table>

▲办公设备管理卡

上述模板是办公设备管理卡，卡片编号要与设备一一对应，详细记录办公设备的具体生产信息、价格信息以及在使用过程中的折旧情况，能够展示设备的实际情况。

3.3.4 办公设备维修管理

随着办公设备的使用，办公设备也可能出现故障，这时就需要对办公设备进行维修。办公设备的维修流程如图 3-6 所示。

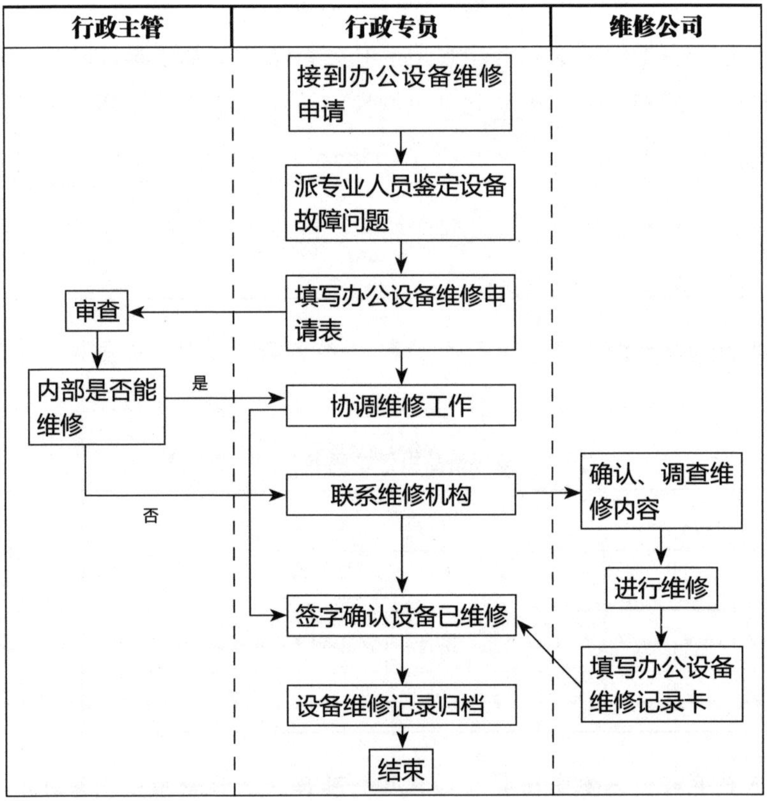

图 3-6

从上述流程可以看出，行政人员在接到办公设备的维修申请后，首先需要结合设备的具体情况对设备故障问题进行鉴定。在鉴定过程中，若发现设备故障是由于人为损坏而导致的，那么责任人就要承担相应的维修费用。根据鉴定的结果，行政人员要将办公设备维修申请表报行政主管审批后进行维修，如下所示为办公设备维修申请单模板。

【实用模板】

办公设备维修申请单

申请人		申请部门		申请日期		审批	
维修设备：							
故障描述： 鉴定人：							

维修/经手人		维修日期		维修结果	
确认人		确认日期		确认结果	

▲办公设备维修申请单

在上述办公设备维修申请单中，鉴定人需要根据办公设备的故障情况进行描述，如零部件损坏、显示器老化等。行政部在安排维修后要在申请单中记录维修结果，而申请人则要确认维修结果，最后再将维修申请单交行政部保管存档。

3.3.5　办公设备报废管理

有些办公设备会因为超过使用年限或零部件损坏等导致不能再使

用，对于此类办公设备就要进行报废管理。而办公设备报废的标准和流程，行政部都应进行规定。一般来说，办公设备要进入报废流程应满足以下标准。

◆ 办公设备已达到使用年限。

◆ 因过频使用、自然磨损等原因，造成设备的部件老化，硬件频繁发生故障，无法继续使用。

◆ 设备的主要部件或结构损坏，不能满足使用要求。

◆ 设备无法维修或一次性维修的费用超过目前市场同类同档次设备价格的 50%。

◆ 因技术进步，原有设备功能过低，不能满足目前工作中业务开展的需求。

◆ 设备发生故障，但因设备已更新换代，目前市场上已无法购买所需零配件。

确认办公设备可以进行报废处理后，那么该办公设备就可以进入报废流程了，具体流程如图 3-7 所示。

办公设备使用人或责任人提出报废申请，按要求填写办公设备报废申请单。

↓

行政部对办公设备进行测试，确定办公设备是否可以进行故障排除后再使用。若不能，则报上级进行报废审批，办理报废手续。

↓

行政部对办公设备进行报废处理，对报废的办公设备进行注销，然后记录存档。

图 3-7

从上述流程可以看出，办公设备报废申请单是办公设备报废流程中要用到的表单，常见格式如下所示。

【实用模板】

办公设备报废申请单

年　月　日

品名	数量	金额	购买日期	使用时间	使用人	报废原因
以上物品申请报废处理。 主管签名：　日期：						
维修员意见： 签名：　日期：						
使用人意见：　□同意报废处理 签名：　日期：						
部门意见：　□同意报废处理　□不同意报废处理 签名：　日期：						
行政部意见：　□同意报废处理　□不同意报废处理 签名：　日期：						
总经理意见：　□同意报废处理　□不同意报废处理 签名：　日期：						

▲办公设备报废申请单

从上述模板中可以看出，办公设备只有经过相关部门的全部审批后，才能执行报废处理。在对办公设备进行报废管理的过程中，行政部需要对折旧期未满、因人为原因导致办公设备损坏以及功能过低的办公设备进行谨慎的报废处理。

另外，对存有重要资料的电脑设备进行报废处理时，要注意对资料进行转移和清除，以避免企业重要信息泄露。

3.3.6 提高办公设备管理效率

办公设备是企业正常经营的重要基础设施，确保办公设备自身性能得到合理利用是有效提高企业办公效率的重要手段。而行政部需要做到的就是通过建立完善的办公设备管理制度来提高办公设备在选购、调配和使用等工作中的效率。

（1）提高办公设备选购效率

办公设备选购是办公设备管理的重要环节，在选购时要对多家供应商进行调查，了解不同供应商提供的办公设备的性能、价格以及售后服务等内容，通过对比后选择供应商。在对比供应商时，可以制作选购对比表，然后选择产品性价比最佳的供应商。

在选购办公设备时，还要考虑办公设备与岗位的适应性。比如企业的文员岗位和美工设计岗位都需要电脑这一办公设备，但美工设计岗位对电脑性能的要求要比文员岗位高，因此在选购电脑时就要考虑是否要为两个岗位配备性能不同的电脑。

除此之外，还要考虑供货地点、运输方式以及运输价格对办公设备成本和到货时间的影响。选购的办公设备是否能及时送达企业，会影响办公工作的效率。

（2）提高办公设备收发存放效率

办公设备的接收、发放和存放是办公设备管理的核心工作，在进行这一工作时，主要需要做到准确性、有序性和安全性，具体要点如下所示。

◆ **提前做好接收准备：**办公设备的保管人员和验收人员应提前做好办公设备的接收准备，事先了解清楚购买的办公设备的性能和特点，为设备的存放位置做好合理的规划，以保证设备存放的现场环境符合要求。

◆ **做好记录工作：**在办公设备的验收过程中，要做好记录，如实地在验收登记表中填写办公设备的具体情况，保证办公设备的有序接收。

◆ **对存放环境进行维护：**办公设备的保管人员或使用人员应对设备的存放环境进行维护，以保证存放过程中的安全。如办公设备是存放在库房的，那么就要定期检查库房的消防器材和防潮情况等。

在办公设备管理过程中，对办公设备的使用进行管理，是管理中的难点。在实际工作中，办公设备的使用人员和管理人员要做到以下几点，以提高办公设备的管理效率。

①看懂供应商提供的办公设备使用说明书，了解设备的操作指南，做到科学地使用设备，以延长设备的使用寿命。

②及时了解并排除办公设备的故障问题，建立办公设备故障和维修记录表，提高办公设备的故障识别和排除能力，进而提高办公设备的故障管理水平。

③在更换办公设备的耗材时，要按照该办公设备规定的规格型号更换指定的耗材，避免耗材使用不当对办公设备造成损害。

④定期对办公设备的使用进行维护，如擦拭灰尘、注油等，以减少办公设备的磨损。

【实用模板】

办公室环境卫生管理制度

一、目的

为营造整洁、舒适的办公环境、塑造良好的企业形象，规范办公环境卫生管理流程，特制定本制度。

二、适用范围

本制度适用于公司所有办公区域的卫生管理与办公设备的使用维护。

三、个人办公区域的维护要求

1. 每位员工应时刻保证自己的办公桌面物品整齐、整洁，无杂物，不摆放与工作无关的个人物品，办公桌面只能摆放必需物品，其他物品应放在个人抽屉，暂不需要的物品就放回柜子里，不用的物品要及时清理掉。办公文件、票据等应分类放进文件夹、文件盒中，并整齐地摆放至办公桌左上角一侧。小的办公用品如笔、尺、橡皮擦、订书机和起钉器等，应放在办公桌一侧，从哪儿取用后就放回到原位。

2. 特殊岗位的人员（如仓库管理员）应保证自己工作管辖区域（例如仓库）内货物摆放有序、无废弃物等。

3. 办公桌上不能堆放货物、包装废品和实验材料等，应将其及时办理入库或清理。

4. 办公室内需摆放文件柜、办公桌和电脑等办公设施的，应规范、合理且整，齐并随时保持清洁。

5. 使用文件柜、保险柜等的员工，应保持文件柜、保险柜的外观干净；柜中内部文件资料摆放整齐；顶部不摆放旧资料、旧文件和旧物品等杂物，保持整体美观。

6. 员工离开办公桌，长期不使用电脑设备时，应锁定并关闭显视屏，节约用电。

四、公共办公区域的维护

1. 每天早上在上班前，部门值日生将所有办公区域的地面清扫一遍；会议室的办公桌擦拭一次，座椅摆放整齐，并将垃圾桶的垃圾清理干净；每周对办公区域的所有窗户、门和微波炉等进行一次清洁。

2. 员工应注意保持地面、墙面及其他公共区域的环境卫生，不乱丢垃圾，不吐痰，不乱张贴，能及时清理污物。

3. 使用会议室的员工应爱护会议室设施，保持会议室的整洁，会后应将座椅归于原位、摆放整齐，及时清理会议产生的垃圾，关闭电器、照明电源。

4. 前台环境卫生由前台文员负责日常的维护与整理，注意饮水机的使用、垃圾桶的倾倒等事项，时刻保持前台环境的整洁。

5. 办公区域所有的大型绿化植物由行政部门每周进行定期的维护和修剪等工作，公司自行购买的小型绿化植物由就近部门员工每周进行一次叶面清理与维

▲办公室环境卫生管理制度

卫生区域安排表

卫生区域	负责人员	清洁标准
董事长办公室		室内物品摆放整齐，花卉清洁并按时浇水，桌面、地面、玻璃及其他办公器具保持整洁。特别是出差期间注意通风换气，打扫完卫生后锁好门窗保证财产安全
总裁办公室		室内物品摆放整齐，花卉清洁并按时浇水，桌面、地面、玻璃及其他办公器具保持整洁。特别是出差期间注意通风换气，打扫完卫生后锁好门窗保证财产安全
小会议室		桌面地面及座椅无杂物，无灰尘，保持花卉清洁并按时浇水，使用会议室前请注意通风换气，钥匙保管人需注意相关设备财产安全
大会议室		桌面地面及座椅无杂物，无灰尘，保持花卉清洁并按时浇水，使用会议室前请注意通风换气，钥匙保管人需注意相关设备财产安全
会客室及展示厅		保持桌面、地面以及沙发的清洁卫生，至少一周清洁一次沙发表面，注意通风换气，钥匙保管人需注意相关电子设备财产安全
卫生间、茶水间走廊		洗手台面、茶水间台面以及地面的清洁卫生，及时清理茶叶篓的杂物与烟灰台的烟头
公司大门及接待区域		玻璃透明，无污迹。桌面地面无杂物、无灰尘，花卉清洁并按时浇水，保持花盆内无杂物、花盆外无灰尘、镜框无灰尘
南办公区域走廊		地面无杂物，无灰尘，花卉清洁并按时浇水，保持花盆内无杂物，花盆外无灰尘，镜框无灰尘
公司所有鱼缸		至少一周换水一次，保持鱼缸清洁，按时喂养鱼食
财务中心办公室及副总办公室		桌面、地面无灰尘，地面至少每天拖抹一次。窗台、墙裙、柜子无灰尘
行政中心办公室及副总办公室		桌面、地面无灰尘，地面至少每天拖抹一次。窗台、墙裙、柜子无灰尘
IT 中心办公室及副总办公室		桌面、地面无灰尘，地面至少每天拖抹一次。窗台、墙裙、柜子无灰尘
……		……

▲卫生区域安排表

办公用品领用记录表

日期	部门	领用物品	数量	单价	价值	领用原因	备注	领用人签字

▲办公用品领用记录表

办公用品库存盘点统计表

序号	名称	规格	月初库存	入库		出库		库存数量	月末盘点数	差数	备注
				数量	明细	数量	明细				

▲办公用品库存盘点统计表

办公用品购置申请表

申请部门：　　　　　　　　　　　　　　　　日期：

序号	用品名称	规格型号	单位	数量	用途及说明

申请理由：

部门负责人：　　　　年　月　日

审核：

部门负责人：　　　　年　月　日

审批：

部门负责人：　　　　年　月　日

备注：

▲办公用品购置申请表

办公用品申购汇总表

制单人：　　　　　　　　　　　　填写日期：　年　月　日

用品名称	规格	用途	单位	数量	需用日期	估计价值	备注
合计					–		

行政部经理意见：　　　　年　月　日

主管副总经理意见：　　　　年　月　日

▲办公用品申购汇总表

办公用品管理办法

第一章 总则

第一条 为加强××××办公室用品管理，合理控制费用开支，规范办公用品的采购、使用、保管、发放、费用分摊及报销等工作，本着勤俭节约和有利于工作的原则，根据××××实际情况，特制定本办法。

第二条 适用于××××办公室。

第二章 细则

第三条 办公用品范围

本办法所称办公用品是指 300 元以下的日常办公文具、打印纸、易耗及耐耗材料等。分为一级消耗品、二级消耗品、管理消耗品和管理耐用品 4 种。

1. 一级消耗品：铅笔、胶水、胶带、订书钉、签字笔、圆珠笔、笔芯、软皮笔记本、复写纸、标签、橡皮、告示贴、档案袋、拉杆文件夹、修正液和荧光笔等。

2. 二级消耗品：名片册、高级笔记本、钢笔和笔筒等。

3. 管理消耗品：碳粉、墨盒、墨水、硒鼓和复印纸等。

4. 管理耐用品：剪刀、直尺、订书机、打孔器、印泥和计算器等。

第四条　办公用品管理职能

1. 综合干事负责全所办公用品的采购、保管和发放等管理工作，并设专人负责办公用品的验收、入库、发放与统计等管理工作。

2. 各班组指定专人负责办公用品计划申报、统一领取以及控制使用，管理部门由综合干事负责计划申报、发放。

3. 办公用品的管理统一归人事行政部，人事行政部应当于每月月初完成办公用品使用计划和上月办公费用报表上交总经理审核。

4. 办公费用报表分常规费用和非常规费用两大类，其中常规费用对应日常耗用的低值易耗品的费用，月初需由各部门负责人(业务组负责人)制订相应的月支出计划，当月的支出应当限定在月初的计划经费之内，如有超支的，需要列出超支的缘由；超支巨大的需做当面解释。非常规费用对应高值管理品，高值管理品不设月度计划，根据实际需要情况通过正常审批程序购置，人事行政部需于月初列出各部门的费用支出详细统计情况上交总经理。

第五条 办公物品的申请

1. 根据办公用品库存量情况以及消耗水平，向行政经理通报，确定申购数量。如果办公印刷制品需要调整格式，或者未来某种办公用品的需要量将发生变化，也一并向行政主管提出。

2. 办公用品的采买或者领用申请需要填写《办公用品申请单》。办公用品的申请人为主管及以上管理人员，各级管理人员应当根据自己部门的办公需要，及时地提出采买申请。普通员工的办公用品需要应当向自己的主管提出，由主管统一进行申请。

第六条 办公用品的审批

▲办公用品管理办法

办公设备日常管理制度

第一章 总则

第 1 条 目的

为了保证公司办公设备正常地运转，提高办公设备的工作效率和使用效率，特制定本制度。

第 2 条 适用范围

本制度所指办公设备主要包括电话、传真、电脑、打印机和复印机等。

第 3 条 相关部门职责

1. 行政部主要负责办公设备的采购申请受理、办公设备的采购、入库验收、保管、配发、维修保养和设备调换等事宜。

2. 设备使用部门，主要负责办公设备的申购、验收、使用、保管、维修保养和报修等事宜。

第二章 办公设备日常管理

第 4 条 办公设备购买

1. 办公设备购买由各部门在年初部门计划中统一列入预算，经公司领导审批后由行政部统一以招标形式购买。

2. 对于临时增购的办公设备要经总经理和副总经理审批同意。

第 5 条 办公设备的使用和保养

1. 使用设备前应详细阅读操作手册，严格按照操作规范操作使用，各部门主管负责监督检查。

2. 公司各类设备的保养和维修，由各职能部门参照规范自行组织实施。

3. 行政部对办公设备运行、保养情况进行监督检查，对设备的维修、更换零件等要进行登记备案。

第 6 条 办公设备维修管理

1. 设备发生故障无法自行修理的，设备使用人应填写设备维修单，经部门负责人签字后，交行政部审批。未填写设备报修单或未按维修单要求填写相关内容的，一律不予修理。

2. 在保修期内的设备，行政部应联系供应商进行维修；保修期外的设备，按照最经济可行的报修方案进行维修，包括委托维修商来完成任务，由部门经理按照维修的真实情况，填写设备维修单中的“维修记录”。

第 7 条 建立维修档案

1. 所有设备的维修都必须建立完整的维修档案，由行政部行政人员统一管理，主要包括设备编号、维修日期、故障现象、故障原因、维修内容、维修费用和维修单位等。

▲办公设备日常管理制度

办公用品耗用统计表

部门	上月耗用金额（元）	本月耗用金额（元）	差异额(元)	差异率(%)	人数	说明

主管：　　　　经办人：

▲办公用品耗用统计表

办公用品需求申请单

部门名称：　　　　日期：　　年　　月　　日

序号	用品名称	用途	规格/型号	数量	单位	价格
领导审批						

▲办公用品需求申请单

办公设备管理一览表

购入日期		部门编号		耐用年数		购入编号	启用日期
办公设备编号：				型号：		供货厂商：	
购买金额：		购买日期：		供货厂商地址和电话：			
				购买数量：		耐用年数：	折旧率：
折旧记录	折旧年度	折旧金额	保留价格	记账人	保管维修日期	保管维修记录	负责人
备注：					使用部门：	检验人	经办人

▲办公设备管理一览表

办公设备维修记录卡

设备名称：　　规格型号：　　使用部门：　　购买日期：　　保修期限：

序号	维修/检查日期	维修检查结果	维修原因	更换部件名称	是否属保修范围	维修金额	使用人	备注

▲办公设备维修记录卡

第 4 章

会议、接待和电话管理

会议、接待和电话接听、回访，是行政事务和公关活动的重要部分。对企业来说，会议是解决问题的手段之一，而在商务活动日益频繁的今天，接待和电话回复已成为企业树立良好形象的窗口，那么行政部要如何对这 3 项工作进行管理呢？

4.1 会议工作管理

在会议中高效率地解决问题是开展会议的主要目的，但不少企业开展的会议常常是低质、没有效率的。这不仅会浪费与会人员的时间，还会让会议流于形式，使得“会议太多，没有用”的抱怨出现在企业内部。

4.1.1 会议前要做好哪些准备工作

要开好一个会，准备工作必不可少。首先需要确定的是会议的目标，会议的目标与会议的类型有关，对企业来说，常开的会议有7种类型，如表4-1所示。

表4-1 企业常见会议类型

会议类型	内　容
早会	早会是一天工作开始之前所进行的简短会议，时间一般在10～20分钟。一般会利用早会对企业产品进行说明或回顾过去的工作、总结经验，主要目标是让员工能以良好的精神面貌开始一天的工作，提高员工的专业知识水平和工作效率
夕会	夕会与早会相反，是在一天工作结束后召开的总结性会议。会议主要内容一般为一天工作的总结以及明日工作的安排等，主要目标是分析不足，提升团队凝聚力和亲和力
例会	例会是指按照约定的惯例每隔一定时期举行的会议，一般一周或一个月召开一次。会议内容常常是工作进度汇报、主要问题的讨论等，主要目标是跟踪并改进日常工作，提高工作效率

续表

会议类型	内　　容
临时会议	临时会议，顾名思义临时召开的会议，是定期会议以外的必要时候，由于发生企业遇到的紧迫问题而召开的会议
培训性会议	培训性会议是指以培训为目标所进行的会议，培训性会议的会议时间一般比较长，通常要用半天、一天，甚至是几天的时间
专题会议	专题会议是就一项专门的问题进行讨论而召开的会议，会议的规模会根据议题的重要程度有所不同，规模可大可小
年会	年会是企业在一年的年末举行的会议，与会人员一般是全体员工。主要目标是强化内部沟通，鼓舞员工士气，增进目标认同，展望新的一年

确定好会议目标后，接下来还需要确定会议的与会人员、时间、地点以及会议的形式。会议的形式包括电话会议、视频会议、室内会议和室外会议。

根据会议的形式和与会人员的多少，行政部需要对会议场地、设备和会议必需品进行确定，如是否需要投影仪、纸笔、话筒、录音笔以及桌椅，需要多少等。对于会议所需的各种设备和必需品，最好列出清单，并派专人负责准备和保管，以避免会议召开时所需物品不齐全或不符合要求。

确定好以上事项后，还需要制作会议通知。会议通知可以以邮件、OA 等方式发送给与会人员，目的是让与会人员清楚会议的各项内容。那么会议通知具体要包含哪些内容呢？来看会议通知的模板。

【实用模板】

会议通知

×××公司的××主管：

为更好地总结上年经验，开展下年工作，组织决定召开 20××年度总结大会，现将会议的有关事项通知如下：

一、会议时间：20××年×月×日上午 9:00。

二、会议地点：会议室。

三、与会人员：会长、秘书长、理事会成员、各部门部长及干事。

四、要求：请各位参会人员安排好工作，准时参加会议。

五、有关事宜

（一）请各位同仁在 16 日前写出自己从进公司到现在工作一段时间以来的工作总结，内容尽量详细，手写、打印均可，不拘于形式。

（二）工作总结于 15 日下班前交给自己的直接领导。

（三）16 日举行 20××年终总结会，谈谈自己工作一年来的心得感受，总结成绩，找出不足，并提出 20××年工作改进计划。

行政部

20××年×月×日

▲会议通知

通过上述会议通知模板，可以看出会议通知应包含会议主题、时间、地点、与会人员和会议要求等内容。会议通知的内容应书写准确、清楚，在发送前最好审核一遍，以避免遗漏某些内容。

会议通知要在会议开始前发送，一般要提前两三天，对于比较重要的，或需要与会人员准备材料的时间较长的会议，通知的发送时间还要再提前。而早会、夕会等较日常的定期会议，则可以不发会议通知，或在会议开始前一两个小时发送会议通知。

发送会议通知后，行政部还需要准备本部门所需提供的各种会议文件资料，并协助各部门准备好会议所需的各种资料。

4.1.2 布置会议现场有讲究

会议场地的布置和安排是会议开始前的一项重要工作，会场要根据会议的类型进行合理布置，常用的会场布置类型如下所示。

◆ 剧院式

这种会场布置方式类似于剧院，是指将座椅横向排成排，然后全部面对正前方的主席台或投影仪，观众席的座位前一般不会设立桌子。利用剧院式排列座位时要注意每排的座位数，座位数不宜过多。因为让座位在中间的与会人员越过十几个人再找到自己的位置，会让与会人员感到不适，同时也会增加就座的时间。剧院式的布置适合不需要记笔记的例会或大型的启动仪式、讨论会等，如图 4–1 所示。

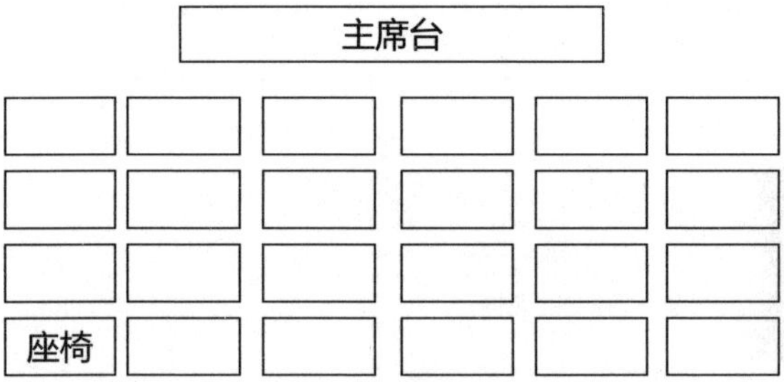

图 4–1

◆ 课桌式

课桌式与剧院式类似，只不过每个座位前有桌子，以便于与会人员放置纸笔进行记录，适合于培训会、总结会或讲座等。课桌式的座位排列可以根据会议室的大小和与会人员的多少灵活排列，可以端正地横向排列，也可以排列成“V”型。

◆ 宴会式

宴会式是指与会人员围绕圆桌就座，这种布置方法常用于年会、茶话会、答谢会和培训会等会议中。每张圆桌可坐 5 ~ 12 人，但在培训会中一般只会安排 6 个人左右就座一张圆桌，这样便于同桌的人进行交流互动。

◆ U 形

U 形是指将会议桌连接在一起排成 U 形，座椅则围绕桌子外围进行摆放，U 形的开口处一般为投影仪。这种布置方式便于参会人员进行交流，同时也利于演讲人员用幻灯片进行讲解。相较于同等大小的会议室而言，这种布置方式能够容纳的人数最少，一般适合于小型的讨论会和总结会等，如图 4-2 所示。

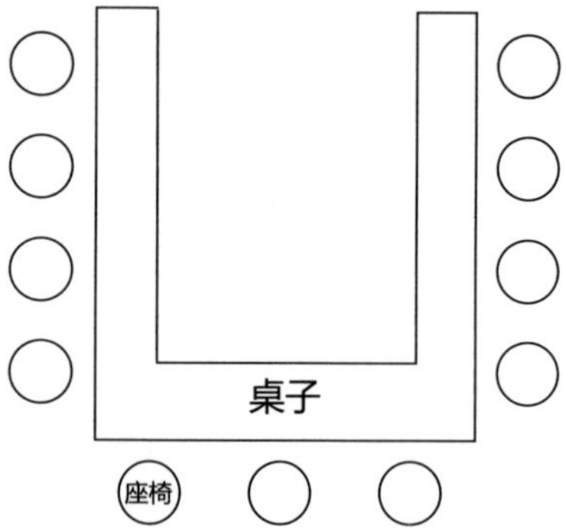

图 4-2

◆ 围桌形

围桌形是指将座椅围绕长方形或椭圆形的桌子进行摆放，在桌子的中间可以放置绿植或鲜花，大多数企业的有桌子的会议室都是这种布置方式，如图 4-3 所示。

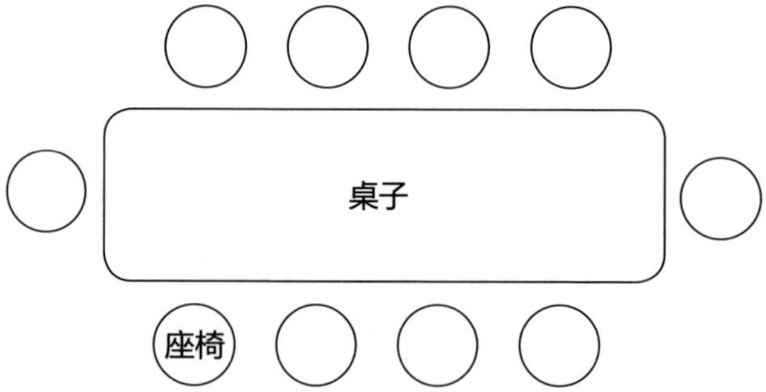

图 4-3

除了以上常见的会场布置方式外，还有 L 形、鱼骨形等布置方式。在布置会议场所时，要根据会议场地大小、与会人员多少和会议重要程度来选择布置方式，在布置时主要要考虑以下几点。

◆ 会议场地的布置是否能为会议营造良好的氛围。

◆ 会场的布置是否符合企业的形象。

◆ 会场的布局是否能让与会人员很顺利地看到讲话人员。

◆ 会场的座席数是否能满足需求。

◆ 会场的设置是否能让与会人员轻松方便地移动。

4.1.3　会议期间的中心任务

在会议开始前，负责会议安排的行政部人员需要检查各项会议材料是否齐全，并提前到会议室调试设备，确保会议期间设备的正常运行。另外，还要摆放好座椅、桌签以及纸笔等会议需要的用具。对于大型会议而言，为了保证会议质量，确保与会人员的出勤情况，在会议开始前，行政或人事管理人员应组织到场人员进行签到。

【实用模板】

会议签到表

日期：

会议主题			主持人		
会议地点			会议时间		
部门	姓名	签名	部门	姓名	签名
缺席人员记录					
部门	姓名	原因			

制表人：　　　　审核人：

▲会议签到表

会议开始后，会议的主体一般是会议主持人和与会者。行政部人员如果不是主持人或会议发言人，那么其中心任务主要是负责会议期间的协调工作和做好会议记录。协调工作一般包括以下事项。

①负责分发会议期间所需的材料，如主持人要求发放的简报等。

②对与会者提出的要求进行处理，如播放幻灯片、进行话筒传递等。

③关注音响设备、录像设备等，如出现故障则马上处理。

④维护会场秩序，避免其他非与会人员干扰会议，如无关人员在会议室外大声喧哗。

会议期间的辅助工作主要是一些服务性的工作，另外还有一项重要的工作就是会议记录。会议记录是指在会议进行过程中，会议记录员将会议的具体内容记录下来，如下所示为会议记录模板。

【实用模板】

会议记录

会议时间：××××年××月××日 15:30～16:00

会议地点：公司总经理行政部

主持人：××

参会人员：梁××、谷××、戴×、王××、毕×、陈××、张×、闫×、吴××、刘××、郭×、王×、崔××。

记录人：毕×、陈××

会议议题：制定公司例会制度及人员工作责任制

会议内容：

一、例会

时间：每周一上午 9:30～10:00。

参加部门：总经理、财务部、工程部、行政部、餐厅部。

参加人员：以上部门所有管理者。

参会内容：汇报上周工作总结、本周工作进度和下周工作计划。

二、车辆管理部门

成立专门的车辆管理部门，管理公司车辆的使用。

工作内容：

1. 车辆的钥匙保管。所有钥匙统一保管，不得私人专管。

2. 需要出车部门先到行政部填写车辆使用登记表，拿到登记表后方可出车，使用人出车前先在车辆出勤统计表上填写清楚，如有漏填或者不填，发现后严肃处理。

3. 每月月初至月末的里程数及费用支出填写车辆费用支出月报表，交由行政部存档。

三、所有部门钥匙管理

1. 董事长办公室钥匙管理如下：

由刘××管理一把，负责日常使用，行政部备用一把，财务室备用一把。

刘××不在的情况下再由行政部使用，如都不在，由财务室使用。其他人员一律不得留有和使用此钥匙。

2. 总经理办公室钥匙管理

由吴××管理一把，负责日常使用，行政部备用一把。其他人员不得留有和使用此钥匙。

3. 财务室钥匙管理

由谷××一人负责及使用。其他人员不得留有和使用此钥匙。

4. 行政部钥匙管理

由行政部人员管理。其他部门不得留有和使用此钥匙

5. 接待包间钥匙管理

由梁××管理一把，负责日常使用，行政部备用一把，财务室备用一把。梁××不在的情况下再由刘××去行政部领取钥匙并使用。其他人员不得留有和使用此钥匙。

6. 库房钥匙管理

由梁××管理一把，负责日常使用，行政部备用一把，财务室备用一把。其他人员不得留有和使用此钥匙。

四、工作人员责任制及工作安排

1. 4 月 20 日递交×××市场调研报告，由陈××负责，行政部人员协助。

2. 4 月 23 日对库房酒水进行盘点，由行政部登记造册，谷××和梁××协助盘点，提供酒水发票和数量，并在每月月底对账核实。

3. 4 月 23 日开始做××××收集工作，由毕×负责，王××及行政部人员协助。

4. 张×负责公司网站建设，以及辅助行政部工作。

5. 由戴×负责工程进度的督促以及人员的考核，刘××配合戴×工程方面的工作。

6. 餐厅部门

需要采购用车应避免用车高峰期，尽量选择早上或晚上去。接待菜品明细由郭×负责登记，接待酒水由梁××或刘××负责登记，并在每月的月初和月底做好统计核对。

散会。

主持人：×××

记录人：×××

▲会议记录

上述是一份关于制定公司例会制度及人员工作责任制的会议记录，从中可以看出会议记录应包含的两部分内容。一部分是会议的组织情况，即会议时间、地点、出席人数、主持人以及记录人等。另一部分是会议的内容，要求记录会议上有关的发言和作出的决定等。

在会议结束后，要在会议内容的末尾另起一行写明“散会”字样，若中途有停顿休息，则要写明“休会”二字。撰写会议记录不必有闻必记，重点要突出的内容有以下 5 个部分。

①会议议题以及围绕会议议题展开的活动。

②会议讨论的重点或争论的焦点，要写明各与会人员的观点。

③重点与会人员的言论。

④会议开始前的定调性言论和结束前的总结性言论。

⑤会议决定或未决定的事项。

4.1.4 如何写一份高质量的会议记录

在做会议记录前，作为会议记录人员，首先需要查看企业过去有没有会议记录的惯例。如果企业已有明确的会议记录制度和范例，那么记录人员在进行会议记录前就要了解相关的制度和范例。

在进行会议记录时要抓住发言人表达的重点内容以及得出的结论。如果把所有的发言都记录下来，会让会议记录很低效。另外，把所有言论都记录下来而不分重点与非重点，这样的记录意义不大。在记录时，记录人员可以运用以下记录技巧。

- **一速：**即指记录的速度，记录时，记录人员可把字写得小些，多用连笔字，这样可以提高记录的速度。
- **二摘：**即指摘录，对于与会人的个人发言可摘记主要论据和论点，对于某句重要的言论，只需记录重点词汇即可，修饰语可以省略，如“这是在众多软件中间寻求突破，我认为有成功的希望，关键的问题就是必须小巧，并且速度极快。因为我们建造的不是个性化的软件，这就必须考虑到兼容问题”可简要记录为“在软件中寻求突破，有成功希望，关键是小巧、速度和兼容问题”。

◆ **三省：**即指省略，对于某些不重要的言论可以省略不记录，而有的词汇可以使用简称、简化词或速记符号来记录。表 4-2 所示是常用速记符号。

表 4-2　会议记录常用速记符号

词　汇	符　号	词　汇	符　号
大于	>	小于	<
小于等于	≤	大于等于	≥
等于、意味着	=	不等于	≠
约等于	≈	错误、否定、不	×
正确、肯定、好	√	不同意	N
同意	Y	上升、增加	↑
下降、减少	↓	因为	∵
所以	∴	问题、疑问	?

◆ **四替：**是指用简易的词句来替代复杂的词句，如用姓氏来替代全名，用笔画少、易写的字来替代复杂的字，用外语来替代某些词汇。

在进行会议记录时，记录人员还可以利用思维导图来进行记录，这样可以让会议记录逻辑更清晰，记录效率也会更高，如图 4-4 所示。

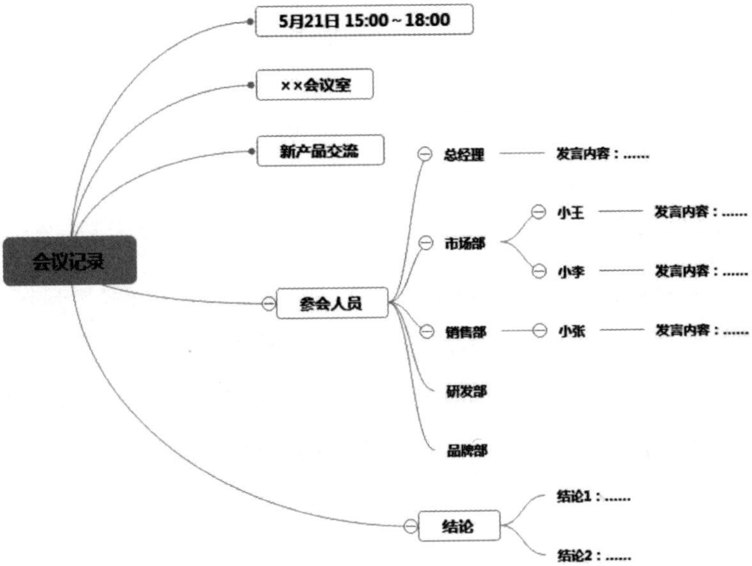

图 4-4

4.1.5　会后要处理的事务有哪些

会议结束后行政管理人员的工作其实还并未结束，会后的收尾工作还需要行政管理人员进行组织安排，具体如表 4-3 所示。

表 4-3　行政管理人员会后需处理的事务

事　务	具体介绍
检查和清理会后现场	会议结束后，行政管理人员要督促工作人员检查会场，查看是否有遗漏文件或物品。可按设备清单核对携带的仪器是否齐全，然后回收相关设备，并及时对会议现场进行清洁
会议评估	会议结束后行政管理人员要对会议质量进行评估，了解会议召开效果，主要可以借助会议成果评估表进行评估

续表

事　务	具体介绍
归档立卷	会议结束后回收相关会议文件，进行整理后归入档案
落实会后事务	主要包括：①写报告；②改写会议文件；③代拟指示、批示文件；④会议议定事项的落实
会议费用报销	会议结束后组织工作人员汇总费用清单，按时递交财务部门

对会议资料进行整理的目的在于将具有保密性质的文件资料回收，以防止泄露机密，另外也为会议资料的归档做准备。在进行会议资料的整理清退时，需要提前确定整理清退的文件范围，确立重点需要整理清退的文件资料。一般来说，以下文件资料需要进行整理清退。

- 经会议审批通过的各种文件，如计划、预算以及决议草案等。
- 会议期间使用的重要文件，如主持人的讲话稿，分发给与会人阅读的说明性文件等。
- 会议期间的各种录像文件和重要照片等。
- 会议后产生的各种文件，如会议记录等。

会议资料的整理清退要注意及时和准确。及时是指整理清退工作要及时，要在与会人员离开之前完成文件资料的整理和清退；准确是指要检查文件资料是否有缺页、损坏等情况。对于不需要存档的、无法再利用的纸张，要进行销毁。

而会议记录则需要进行文字内容的检查，以避免出现漏记或错记等情况。在整理会议记录时需要对记录不当之处进行修正，送上级审查后，再与其他文件资料一起存档。

对于会议录音文件，则要根据发言人的中心思想，删除重复、不必要的内容，如题外话、笑声及与发言内容无关的开场白等。如果发现录音中有句子成分不完整，则要进行补充，保证句意的完整性。

有时因为口语表达的原因，会出现错误说法，在整理录音文件时就要根据语言环境进行更正。需要注意，在整理录音文件时，要忠于发言人的原意。录音文件整理好后，要送发言人和主持人审阅，然后再存档。对具有保密性质的录音文件进行整理时，最好戴耳机进行整理，以避免无关人士听到录音内容。

职场加油站

会议结束后，除了要进行会议文件资料的整理清退外，还要进行会场的清理。清理会场时要有先后顺序，以先重要、后次要为原则。先收回会议资料，再进行设备和会议用具的整理、收拾和归还等工作。

4.1.6　有效控制会议成本的方法

会议成本是会议投资的总和，包括费用、时间、人力和物力等。行政管理人员还需要掌握会议成本控制方法，具体如表 4-4 所示。

表 4-4　会议成本控制的具体方法

方　法	具体介绍
建立会议审批制度	要想做好企业会议成本控制工作，行政管理人员首先应协助企业管理者制定会议审批管理制度，明确公司允许举办的会议
精简会议数量	减少会议数量可以降低会议成本，可以采用其他方式代替会议
推行候会制度	指根据议题需要，召集有关人员参加会议并发表意见，当该项议题讨论完毕之后，这部分人员即可退出会议，节约人力成本
做好应急预算	把应急预算填入应急预算表中，如果与会人数或固定成本发生变化，那么可以对整个预算进行修改

【实用模板】

会议审批制度

1. 目的

为规范公司各项会议及各类培训流程，统一会议管理模式，减少会议数量、缩短会议时间，提高会议质量，特制定本制度。

2. 适用范围

适用于××有限公司所有会议，董事会、临时安排会议除外。

3. 职责

信息部负责会议的管理，所有会议在信息部批准后方可召开。

4. 工作程序

4.1. 公司级例会

4.1.1 周工作例会

此会议的举行时间为每周一13:00，会议由各部门领导参加，总结各部门上周工作，汇报下周工作重点及出现的疑难问题需由其他部门配合或公司领导协调解决事宜；由总经理传达公司的会议精神；部署下周公司的整体工作；会议要求各部门按顺序汇报。每人时间为5～7分钟（大部门7分钟，小部门5分钟）。

4.1.2 月工作例会

此会议的举行时间为每月第三周的周三9:00，会议由各部门领导参加，总结各部门上月工作，汇报下月工作重点及出现的疑难问题需由其他部门配合或公司领导协调解决事宜；由总经理传达公司的会议精神；部署下月公司的整体工作；会议要求各部门按顺序汇报。每人时间为10～12分钟（大部门12分钟，小部门10分钟）。

4.2 部门级例会

部门例会由各部门自行安排，但会议时间、参加人员等，不得与公司会议冲突。总结部门工作，并对下一阶段工作进行部署。各部门可以根据实际情况自行安排开会时间。如有固定时间，使用公司会议室的，应向信息部提出申请，信息部确认备案后，召开会议时即可不用再次提交会议申请。

4.3 其他会议安排

临时召开的会议，会议召集部门应在召开前1～2天向信息部提报会议申请，批准后方可召开。

4.4 凡公司已列入会议计划的会议，遇法定假日或遇特殊情况需临时安排其他会议的，时间将另行安排，由信息部或相关人员提前通知各部门。

未经信息部调整的，任何人（部门）不得随意调整正常会议计划。

4.5 会议安排的原则为：小会服从大会，局部服从整体，临时会议服从例会。各类会议的优先顺序为：公司级例会、公司级临时会议、部门会议。

因处置突发事件而召集的紧急会议不受此限制。

4.6 会议一经确定，与会人员应预先做好各项工作安排，原则上不得请假缺席或迟到，遇特殊情况须提前向会议发起人请假，获得批准后方可指派专人代为参加，会后应主动询问会议内容及交办事项，确保会议部署的各项工作按时保质完成并对工作结果负责。

▲会议审批制度

上述模板展示了某公司的会议审批制度，其中对各种类型的会议安排和申请等工作进行介绍。行政管理人员在工作中可以参考该制度内容制定适合所在公司的会议审批制度。

4.2 办公室接待管理

访客接待是办公室的日常工作之一，而接待服务的好坏不仅能反映接待人员的素质，还会影响企业良好形象的树立。下面就来看看企业应该如何做好接待管理。

4.2.1　行政接待的礼仪要求

企业配有行政前台，访客的接待一般由前台负责，如果没有前台，则行政部的其他员工要积极主动地接待。前台接待人员相当于企业的名片，其必须掌握接待礼仪，这是做好接待工作的前提，具体礼仪要求如下所示。

◆　仪容仪表

作为接待人员，仪容仪表是最基本的要求。首先着装要清洁整齐，不能将袖子或裤脚挽起，衣服的纽扣要扣整齐，鞋子应保持干净。如果企业要求穿工装的，则要按要求穿工装。头发和面部也要保持清洁，女性不应披头散发，刘海不要遮住眼睛，男性应不留长发，发脚不要超过后衣领。

女性可以化淡妆，但不要化浓妆，注意不要带夸张的头饰和耳饰。男性则要注意不留胡须。男女性都不能留长指甲，同时女性不应涂颜色鲜艳的指甲油。

在每天上班前，负责接待的人员都要检查自己的仪容仪表，查看自己的面貌是否得体，服装是否已穿戴整齐。前台接待人员在检查自己的仪容仪表时，应在卫生间或工作间进行整理，不要在前台位置或当着来访客户的面进行整理。

◆　礼貌礼仪

接待人员在工作时，应面带微笑、和颜悦色，表现出和蔼可亲的态度，给来访客户以亲切感。不要做一些不雅的小动作，如掏耳朵、挠痒等；工作期间不要嚼口香糖或吃东西，这会给人不礼貌的感觉。

在处理其他文件时，也要留心周围的环境，避免访客来企业很久了，但接待人员还不知晓，导致客户等待过长时间。在与访客交谈时，应认真倾听，不要随意打断访客的叙述。在回答访客问题时，声音大小要适宜，语调要平和沉稳，若遇到不懂的问题，应回答："请稍等一下，我查询一下再告诉您。"另外，在交谈时，接待人员应正视对方，而不能左顾右盼或哈欠连天，这些动作都会给人不礼貌的印象。

◆ 仪态礼仪

仪态礼仪包括站姿、坐姿和走姿。站立时，要注意不能歪脖子、斜腰或曲腿，身体要与地面垂直，自然抬头、双肩放松。在比较正式的场合更要注意不能将手放在口袋中或做小动作。

坐姿应给人以优雅大方的感觉，坐时要挺直腰背，双肩同样自然放松，女性的两膝应自然并拢，男性的两膝可以稍分开一些，但要注意不能超过肩宽。

走的正确姿势应是自然抬头挺胸，两眼平视前方，自然摆臂，走路时不要奔跑，不要有怪动作，应做到轻而稳。

4.2.2 访客的引导与接待

前台的接待人员在岗位上一般都是坐着的，当有访客到来时，应立即起身，微笑致意，主动打招呼并询问来客目的、身份等，如"您好，请问有什么可以帮您？"如果访客是找企业的某位同事，则询问其是否有预约，确认已预约后，然后引导其进入相关区域。

带路引导时，要留意客人的步速，注意不要走得比客人快很多，让客人跟不上自己的速度。走到拐角或转弯的地方时，可边说"请往这边走"，边用手指指示方向。

在引导客人乘坐电梯时，要注意在进入电梯时，接待人员应先进入电梯，一手按住开门按钮，另一手按住电梯侧门，然后礼貌地说“请上电梯”。在下电梯时，一手按住开门按钮，另一手做出请出电梯的动作，然后礼貌地说“请下电梯”，让客人先出。

到达来访者要找的人的办公室门口后，不管门是否开着，都要先敲门，在获得许可后，再请来访者进入，待访客入座后再为其倒茶水，完成后，接待人员就可返回自己的岗位了。如果访客要找的人正在忙，那么接待人员可以让其稍等片刻，但同时也要安排其在接待室坐下并倒茶水，不能让访客站在前台等待。

在遇到未提前预约的来访客人时，不能直接回答对方说“要找的人不在”，而应该回答说“稍等一下，我去看看他是否在。”同时，也要询问清楚来访者的姓名、公司以及来意，然后将这些信息告知同事或上司，了解同事或上司是否有时间或者愿意与来访者见面。要特别注意一点，在未获得同事或上司同意的情况下，不要轻易或擅自主张引见来访者。

一般来说，企业的来访者有客户、合作伙伴、私人朋友、亲戚以及其他这 5 种。在访客要找的人正在忙的情况下，接待人员有时需要根据访客的重要程度来灵活判断是否要为其引见。如果来访的客人很重要，那么接待人员就不要私自挡驾，但如果来访的客人是来无理取闹的，那么就要断然挡驾。在这一过程中，接待人员要学会从来客的回答中判断是否要让其与同事或上司见面。

有时，接待人员会遇到前来推销的来客，面对此类来客，首先要询问来意。若其推销的产品与企业的业务有关，或者正是企业有需要的，那么可以让访客留下联系方式，或告知相关的同事，看其是否需要交谈一下。如果来客推销的产品是与公司业务无关的，那么应委婉拒绝。

4.2.3 如何接待重要的客人

根据接待对象重要程度的不同，企业可以将接待分为重要接待和一般接待，前面介绍的访客的接待主要是指一般接待。对于重要的接待对象，其接待的流程会有所不同。在接待重要的客人时，企业行政部通常会提前得知接待任务，在明确接待的日期和接待的对象后，再制订接待计划，如下所示为某公司的接待工作计划。

【实用模板】

接待工作计划

一、接待基本信息

接待对象	××××集团总裁一行
接待时间	2020年5月22日~5月24日
参加人员	公司领导、各部门负责人、公司各相关人员
接待原则	展现公司良好风貌

二、接待准备工作安排

时间	序号	工作内容	负责人员	备注
5月20日至5月21日	1	确认××航班往返信息以及来访人员信息	行政部×××	
	2	全公司分发注意事项通知	行政部×××	
	3	编制接待预算	行政部××和财务部××	
	4	礼仪培训	所有参加人员	
	5	会议室布置、设备调试	行政部×××	
	6	安排迎送车辆	行政部×××	

三、考察期间工作安排

时间	序号	时间	工作内容	地点	负责人员
5月22日	1	10:30	机场迎接××集团总裁一行	机场	总经理、行政主管
	2	11:30	安排××集团总裁一行入住酒店	某酒店	总经理、行政主管
	3	12:30	午餐	某酒楼	全体领导成员
	4	14:00	进行工作汇报	会议室	全体领导成员
	5	16:00	晚餐	某酒楼	全体领导成员和部门负责人
	6	20:00	返回酒店	某酒店	总经理、行政主管
5月23日	1	7:30	早餐	某酒店	总经理、行政主管
	2	8:20	退房	某酒店	行政主管
	3	9:00	专题会议	会议室	全体领导成员和部门负责人
	4	12:30	午餐	某酒楼	全体领导成员和部门负责人
	5	16:40	前往某度假村	某度假村	相关领导成员和部门负责人
	6	18:00	晚餐	某度假村	相关领导成员和部门负责人
	7	20:00	自由休闲	某度假村	相关领导成员和部门负责人

续表

时间	序号	时间	工作内容	地点	负责人员
5月24日	1	7:00	早餐	某度假村	相关领导成员和部门负责人
	2	7:30	休闲娱乐	某度假村	相关领导成员和部门负责人
	3	11:30	退房	某度假村	行政主管
	4	12:30	午餐	某酒店	相关领导成员和部门负责人
	5	14:00	送××集团总裁一行赴机场	机场	相关领导

▲接待工作计划

上述模板是一份比较详尽的接待工作计划，从中可以看出，一份接待计划，应包括来访者的基本情况、活动安排和生活安排等内容。在人员安排中，要写明主要的陪同人员、住宿地点和时间以及宴请地点和时间等。在日程安排中，要写明具体的活动内容以及时间、地点和陪同人员。

在制订接待计划时，应根据上级的安排和要求，结合地方实际情况，制订可行的方案。若有来宾在生活上有特殊要求，那么就要在日常伙食上备注清楚。

行政部工作人员制订好接待计划后，要将接待计划报行政经理审批。行政经理对计划的内容进行补充完善后报总经理审批，审核通过后则开始安排具体的接待事项，如安排车辆、食宿和布置现场等。

4.2.4 公司接待标准及流程设计

为了规范企业的接待标准和流程，企业可以制订接待管理办法，对接待活动程序进行规定。

【实用模板】

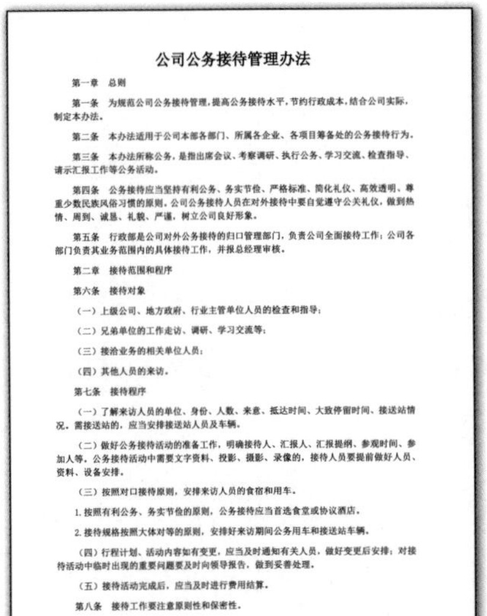

公司公务接待管理办法

第一章 总则

第一条 为规范公司公务接待管理，提高公务接待水平，节约行政成本，结合公司实际，制定本办法。

第二条 本办法适用于公司本部各部门、所属各企业、各项目筹备处的公务接待行为。

第三条 本办法所称公务，是指出席会议、考察调研、执行公务、学习交流、检查指导、请示汇报工作等公务活动。

第四条 公务接待应当坚持有利公务、务实节俭、严格标准、简化礼仪、高效透明、尊重少数民族风俗习惯的原则。公司公务接待人员在对外接待中要自觉遵守公关礼仪，做到热情、周到、诚恳、礼貌、严谨，树立公司良好形象。

第五条 行政部是公司对外公务接待的归口管理部门，负责公司全面接待工作；公司各部门负责其业务范围内的具体接待工作，并报总经理审核。

第二章 接待范围和程序

第六条 接待对象

（一）上级公司、地方政府、行业主管单位人员的检查和指导；

（二）兄弟单位的工作走访、调研、学习交流等；

（三）接洽业务的相关单位人员；

（四）其他人员的来访。

第七条 接待程序

（一）了解来访人员的单位、身份、人数、来意、抵达时间、大致停留时间、接送站情况。需接送站的，应当安排接送站人员及车辆。

（二）做好公务接待活动的准备工作，明确接待人、汇报人、汇报提纲、参观时间、参加人等。公务接待活动中需要文字资料、投影、摄影、录像的，接待人员要提前做好人员、资料、设备安排。

（三）按照对口接待原则，安排来访人员的食宿和用车。

1. 按照有利公务、务实节俭的原则，公务接待应当首选食堂或协议酒店。

2. 接待规格按照大体对等的原则，安排好来访期间公务用车和接送站车辆。

（四）行程计划、活动内容如有变更，应当及时通知有关人员，做好变更后安排；对接待活动中临时出现的重要问题要及时向领导报告，做到妥善处理。

（五）接待活动完成后，应当及时进行费用结算。

第八条 接待工作要注意原则性和保密性。

第三章 接待标准及费用结算

第九条 就餐标准

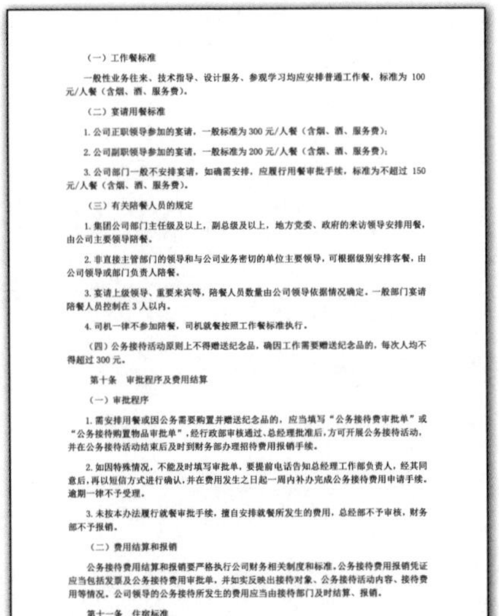

（一）工作餐标准

一般性业务往来、技术指导、设计服务、参观学习均应安排普通工作餐，标准为100元/人餐（含烟、酒、服务费）。

（二）宴请用餐标准

1. 公司正职领导参加的宴请，一般标准为300元/人餐（含烟、酒、服务费）；

2. 公司副职领导参加的宴请，一般标准为200元/人餐（含烟、酒、服务费）；

3. 公司部门一般不安排宴请，如确需安排，应履行用餐审批手续，标准为不超过150元/人餐（含烟、酒、服务费）。

（三）有关陪餐人员的规定

1. 集团公司部门主任级及以上，副总级及以上，地方党委、政府的来访领导安排用餐，由公司主要领导陪餐。

2. 非直接主管部门的领导和与公司业务密切的单位主要领导，可根据级别安排客餐，由公司领导或部门负责人陪餐。

3. 宴请上级领导、重要来宾等，陪餐人员数量由公司领导依据情况确定。一般部门宴请陪餐人员控制在3人以内。

4. 司机一律不参加陪餐，司机就餐按照工作餐标准执行。

（四）公务接待活动原则上不得赠送纪念品，确因工作需要赠送纪念品的，每次人均不得超过300元。

第十条 审批程序及费用结算

（一）审批程序

1. 需安排用餐或因公务需要购置并赠送纪念品的，应当填写“公务接待费审批单”或“公务接待购置物品审批单”，经行政部审核通过、总经理批准后，方可开展公务接待活动，并在公务接待活动结束后及时到财务部办理招待费用报销手续。

2. 如因特殊情况，不能及时填写审批单，要提前电话告知总经理工作部负责人，经其同意后，再以短信方式进行确认，并在费用发生之日起一周内补办完成公务接待费用申请手续。逾期一律不予受理。

3. 未按本办法履行就餐审批手续，擅自安排就餐所发生的费用，总经部不予审核，财务部不予报销。

（二）费用结算和报销

公务接待费用结算和报销要严格执行公司财务相关制度和标准。公务接待费用报销凭证应当包括发票及公务接待费用审批单，并如实反映出接待对象、公务接待活动内容、接待费用等情况。公司领导的公务接待所发生的费用应当由接待部门及时结算、报销。

第十一条 住宿标准

（一）上级主管部门来访人员的住宿标准

1. 集团公司部门主任级及以上，副总级及以上、地方党委、政府正处级及以上的来访领

▲公司公务接待管理办法

在上述接待管理办法中，该公司对接待程序和接待费用标准进行了规定。根据公司情况的不同，在接待管理办法中制订的接待程序和标准也可不同。在制订接待标准时，主要从住宿标准、餐饮标准、接待车辆和陪同人员这几个方面入手。

另外，对于接待的相关礼仪也可以在接待管理办法中作出规定，如对递接名片、奉茶、进餐时的礼仪进行规定。

4.3 电话管理

对许多企业来说，电话的接听和回访都是日常工作之一，为了让企业员工更好地使用电话，规范行政人员电话接待礼仪，企业需要对电话进行管理。

4.3.1 行政接待人员电话接听礼仪

行政接待人员在工作岗位上除了要接待访客，还要负责接打电话，在接听和拨打电话时，也有一定的礼仪规范要求。下面来看看接听电话的礼仪要求。

在电话铃声响起后，作为行政接待人员，首先要做到及时接听电话，一般来说，不要让电话响铃超过3声。拿起话筒后，可以有多种回答方式，如下所示。

- “您好，×× 公司。”
- “您好，请问需要什么帮助。”

◆ “您好，这里是 ×× 部门。”

如果来电时行政接待人员刚好不在岗位上，那么其他员工，特别是同一部门的员工，应该主动接听电话。

在通话过程中，行政接待人员要注意音量和语调，音量要适中，以保证对方听清楚但不影响周围其他人工作为宜；语调要自然、热情，根据通话内容，必要时应做好记录。

一般来说，对方来电主要有 4 种需求，包括业务咨询、找人、推销产品和投诉。针对来电者的不同需求，行政接待人员需要给予不同的回答，常见的回答方式如下所示。

业务咨询回答方式：

①您好，关于这方面情况（产品咨询），让我们公司客户业务主管 ×× 为您服务吧，他可以全面、专业地解释您所想了解的问题，我把电话转过去，请稍等。

②我们公司的产品……（简单介绍产品），如果您需要更详细地了解公司产品信息，可以留下您的联系方式，我让我们这边专业的销售顾问联系您，为您解答。

找人的回答方式：

①请稍等（接听本公司 ×× 电话，询问是否转接）。您好，我现在帮您转接。

②不好意思，他现在不在座位上 / 他现在不在公司。是否需要帮您留言，或者您留下您的联系方式，稍后请他回电话给您。

推销产品的回答方式：

①请稍等，我帮您转接 ××（推销的产品与本公司有关联，转接时转接到相关部门人员处）。

②对不起，我们公司现在没有这方面需要。

③您方便的话可以留下您的联系方式，如果有需要我们会主动联系您。

投诉的回答方式：

①（耐心倾听）对不起，给您造成不便，敬请谅解。

②（根据投诉问题）我非常理解您的心情，为了帮您解决问题，您可以心平气和地诉说问题所在吗？我会尽全力帮您解决的。

③谢谢您的建议，我会及时转述给相关部门。

在转接电话时要注意，如果对方要找的人不在岗位上或公司，那么最好不要告诉来电者公司同事的电话号码，让其自己联系。应尽量采用留下对方联系方式让同事回电的形式。

①如果对方要找的人是公司的主管，那么就要询问清楚对方来电的原因，要从对方的回答中判断是无关电话还是重要电话。

②如果对方能够说出主管的姓氏，并且来电是为了工作上的事宜，那么就要及时进行转接。

③如果对方无法说出主管的姓氏，来电是为了推销或打广告，那么要礼貌拒绝，且无须为其转接。

④如果遇到对方打错电话的情况，可说“对不起，您拨错号码了”。

行政接待人员在接听电话的过程中可能会遇到自己无法回答或处理的问题，这时应把电话转给能处理的人。另外，也可以说“对不起，请您稍等”或“请稍等，我查询一下”，然后用手捂住话筒，小声地询问周围的同事或查询相关资料后，再给予来电者回答。

通话过程中，若对方等待的时间较长，在中途应补充“抱歉，麻烦您再等一会儿”，以避免对方挂机；再次通话时，应说“对不起，让您久等了”。如果没有听清楚对方的问题，可以说“对不起，我没有听清您的讲话，请您重复一遍，好吗”。

通话结束后，要礼貌道别，常规的应答可以是“感谢您的来电，再见”“祝您周末愉快，再见”或“请问您还需要其他帮助吗？如没有，请您挂机”。通话结束时，对方若是客户或其他单位的领导，要等待对方挂断后再挂电话。

职场加油站

在接打电话的过程中，常用的礼貌用语有“您好”“请”“谢谢”“再见”“对不起”“打扰了”“请原谅”“抱歉”“不要客气”等。

4.3.2　行政接待人员电话拨打礼仪

行政接待人员如需拨打电话，首先应把握好通话的时间。因为若在受话人不便的时间通话，会影响电话成效，也容易引起对方的反感。一般来说，10:00 ~ 11:00 和 15:00 ~ 18:00 是比较合适的时间，除此之外，还应尽量避免在对方就餐的时间打电话。

在拨打电话前，行政接待人员应提前理清自己要询问的事情，避免遗漏。在讲述时，尽量精炼内容，忌通话内容不着要领、啰唆。若在拨打电话时没有做到心中有数，导致在通话时思维混乱、颠三倒四，这样既耽误自己的时间，也让对方感觉不专业。

电话接通后，应在简单的寒暄后就直奔主题，不要讲太多空话或没话找话，更不能偏离主题、东拉西扯，浪费企业的电话资源。拨打电话的人在通话中，要注意始终保持以礼待人，在对方不清楚你是谁之前，要先做自我介绍，如“您好，我是 ×××”。做完自我介绍后，再确认电话对象，如“请问是 ×× 吗”“请问 ×× 部的 ×× 先生在吗”以及“麻烦您，我找 ××”等。

如果遇到打错电话的情况，应客气地道歉，如“对不起，我打错电话了”，而不是一言不发立即就把电话挂掉。为了避免打错电话，在拨号前最好确认对方的电话号码和单位等。

在通话过程中，若发生了掉线，打电话的一方应主动重新拨打。另外，在拨打电话时，也要规范自己的举止，不要趴着打电话或话筒夹在脖子下对话。

在接打电话时，都要轻拿轻放，不能因情绪不佳就摔、砸电话，人为造成电话损坏。企业电话应为办公所用，原则上不能用于拨打私人电话。

4.3.3 投诉电话的处理

行政接待人员或企业的售前、售后客服，有时会接到投诉电话。面对投诉电话，受理人员首先应耐心倾听，了解客户投诉的原因。特别是在对方情绪比较激动的情况下，更应心平气和，并适当地安抚对方，而不应粗暴地应对。

客户在陈述事由时，受理人员应将事由详细地记录下来，并核查客户的投诉事由是否真实。在确定投诉事由真实有效的前提下，若能在通话过程中立即处理的，则立即给客户处理。不能处理的，可与客户协商处理时间，然后进行电话回复。

根据客户的投诉事由，可编制客户投诉记录表，以备查询存档。

【实用模板】

客户投诉记录表

记录人		记录时间	年　月　日	编号	
客户信息	客户名称		客户编号		
	客户地址				
	联系人		联系电话		传真
	其他内容				
投诉方式	□电话　□传真　□信件　□E-mail　□来访　□其他				
投诉内容	□品质（设计缺陷）　□品质（质量问题）　□人为损坏　□其他 □数量　□配件　□服务　□其他				
	详细内容				
客户要求	□更换　□维修　□退货（数量　金额　） □其他				
	备注				
紧急度	□非常紧急　□急　□普通				
客户意见：					
受理人意见： 受理人：　日期：					
受理部门意见： 责任人：　日期：					

▲客户投诉记录表

上述模板为客户投诉记录表，该表主要针对的是产品投诉的记录。根据企业经营方向的不同，客户投诉记录表的内容也应不同。如针对物业公司的投诉记录，在编制投诉记录表时，内容就要与业主有关，如图 4-5 所示。

客户投诉记录表

所属楼盘：　　　　　　　　　　　　　　　　　　　　　　　NO:

投诉/建议人		联系电话		地址	区　幢　层　号
投诉/建议日期时间：　年　月　日　时　分					
投诉/建议内容	记录人或业主/住户签名：　　年　月　日				
跟进人处理情况	跟进人签名：　　年　月　日				
主任意见					
业户回访意见	□非常满意　　□满意　　□不满意				
回访验证（上门电话/信函）	业主（住户）签名：　　验证人签名：　　年　月　日				
经理意见					

注：1、处理完毕后，交前台客服助理进行归档管理。
　　2、重大投诉事项物业经理签意见，并着手安排尽快处理。

图 4-5

在处理客户电话投诉的过程中，若需要其他部门配合处理投诉问题，那么受理人员就要尽快与相关部门联系，在获得解决方案后，再进行电话回复。

在面对客户的电话投诉时，受理人员也要学会一定的技巧，这样能帮助我们更好地处理投诉问题，具体技巧如下所示。

- **从客户角度出发：** 无论客户陈述的投诉事由是否由我方造成，都不要反驳客户，而要从客户角度出发，做出解释或澄清。如果是我方的原因，那么用亲和的语气诚恳道歉。如果是客户的原因，则委婉解释，不要与客户争辩，这样只会加深客户的不满，让矛盾恶化。
- **了解客户投诉的真正理由：** 在倾听完客户的投诉事由后，受理人员要进行详细的询问，以了解客户的真正需求，这样才能迅速地解决客户的投诉问题。
- **选择恰当的应答方式：** 针对不同类型的客户，要选择不同的应答方式。控制型客户的音量一般较大，语速一般较快，面对这类客户在应答时应直截了当；情绪型客户一般容易激动，面对这类客户在应答时应先安抚其情绪；理性型客户有很强的判断能力，面对这类客户，在应答时语气应平和稳定并晓之以理。

职场加油站

在询问客户的过程中，要使用不同的提问方式，如开放式提问、封闭式提问和引导式提问等。如什么？怎么样？为什么？等语句发起的提问就是开放式提问；是不是？对不对？有没有？等语句发起的提问就是封闭式提问；你是什么时间收到货的？今天还是明天给您反馈？这就是典型的引导式提问，对方只需做出简短的回答即可。

4.3.4　电话的申请与发放

电话是许多企业内部员工进行业务联系、开展工作的重要通信工具，同时也是企业的财产，因此企业需要对电话的申请和发放进行管理。企业为员工配备的电话一般有两种，固定电话和移动电话。企业可根据员工岗位的特点来选择发放的电话类型。对于经常在办公室工作的员工来说，可以配备固定电话，对于经常外出或出差的员工来说，可以配备移动电话。

行政部可要求各部门依照工作需求进行电话申请，申请时需填写办公电话申请表，由需用部门主管审核后再转交行政部进行审核。

【实用模板】

办公电话申请表

申请部门		申请人		联系方式	
申请类别	请打“√”选择：□新增电话 □开通国际长途			□重新开通 □开通国内长途	
申请用途					
安装具体位置					
申请数量		申请号码		申请日期	
部门经理审核			行政部审批		

▲办公电话申请表

上述模板为一般的电话申请表，需用部门只需按要求填写后交行政部审批即可，但要注意申请用途需根据具体情况如实填写。

如果企业员工申请电话时有开通其他业务的需求，那么可在上述模板申请用途的下方增加“功能要求栏”，让申请人打“√”选择功能要求。常用的功能一般有开通市话、开通国内长途、开通国际长途、开通彩铃以及来电显示等。

如果部门的电话申请审批程序比较复杂，需提交副总经理、总经理审核，那么在上述表格中增加审批栏即可。具体在设计电话申请表时可参考如图 4–6 所示的模板。

电话申请表

申请人		申请部门		申请日期	
部门现有电话号码明细					
电话申请原因					
功能要求：（请在方格内打“√”并注明理由） □开通市话　理由： □国内长途　理由： □国际长途　理由： □来电显示　理由： □彩铃功能　理由： □其他　理由：					
要求完成日期					
部门主管意见	签名：　日期：				
行政部意见	签名：　日期：				
副总经理审核意见	签名：　日期：				
总经理审批意见	签名：　日期：				

图 4–6

根据审核通过的电话申请表，行政部人员要进行电话的发放或安装。另外，企业也可对不同岗位的电话发放规格进行规定，以让员工明确电话发放的标准，如下所示为某公司移动电话发放规则的规定。

1. 普通员工原则上只发放安全手机，特殊情况需领用跨级别手机的，需部门经理特别许可。

2. 主管级员工入职时可申请领用第 4 类智能手机，试用期满后申请更换为第 3 类智能手机，更换手机的申请表需提前一周交给行政部。

3. 经理级以上职务员工入职时可直接申请领用第 2 类智能手机。

4. 允许员工放弃手机领用资格，仅领取公司手机号，但不能因此影响手机通话和邮件收发，员工依然有义务保持通信畅通。

4.3.5 正确使用电话的规范

为让员工合理使用电话，保证电话联络的通畅，企业需要对电话的使用进行管理，如下所示为某公司电话使用管理规定部分内容。

【实用模板】

办公电话使用管理规定

为进一步规范办公电话管理制度，保证公司通信渠道的畅通，确保信息的及时传递，提高效益，减少失误，确保通信费用开支的合理性，特制定本规定。

一、适用范围

本制度适用公司全体员工。

二、职责划分

1. 行政部负责办公电话的监督与管理（传真的使用由团队主任或指定专人负责）及负责电话的安装、使用、维修、停机和电话费用结算等相关事项的统筹管理。

2. 各团队负责管理本部门的电话及控制电话费用。

3. 财务部负责电话费用的结算。

二、规定内容

1. 办公固定电话主要是为了方便与外界沟通、开展业务之用，严禁员工利用办公电话拨打私人电话，内线电话用于各部门之间的工作联络，任何人不得用内线电话聊天、谈笑。

2. 办公室电话主要用于工作联系，提倡使用文明、简洁的语言。

3. 各部门办公电话不得随意让非本部门人员使用，业务人员电话专人专用，不得给予他人使用。若遇到特殊情况，如电话出现故障，在短时间内无法修复，可向团队主任汇报，并由团队主任内部调剂，指定和某人暂时共用。暂借使用人员需向行政部索要登记表，做好拨打电话号码记录，便于后续核查使用。

4. 使用者需做好电话机、端口接线的维护工作，要求轻拿轻放，爱护固话设备，确保使用寿命，节约成本；使用者如发现电话机、线路等故障要及时向行政部反馈，非专业人士不得私自拆装电话。

5. 各部门不得私自安装通信线路，需要增加或改动通信线路的，需将变动理由反馈至行政部，由行政部上报总经理进行审核批准后方可实施。

6. 离职人员需做好固定电话的交接工作，保证电话机设备完好方可离职。

三、费用核对

1. 财务部每个月的 5 日前应做好上个月的办公电话话费的缴纳，确保公司通信渠道的畅通。

2. 每月 5 日前行政部按流程负责进行查询、打印（营业厅）上月话费清单，并进行统计、核对。

四、处罚细则

1. 用固定电话拨打私人电话及利用内线电话聊天、谈笑，扣所在团队作风评比 2 分/次，成长赞助 1 元/次。

2. 未经申请批准使用他人电话者，扣所在团队作风评比 2 分/次，成长赞助 1 元/次。

3. 使用者未认真做好电话机的维护，人为原因造成电话机损坏，按电话机采购价格原价赔偿，费用从工资中扣除，同时扣所在团队作风评比 5 分/次。

4. 私自更换、调换、拆装电话机，私自设置呼叫转移，安装/更改通信线路者，扣所在团队作风评比 5 分/次，成长赞助 10 元，因故对学校造成较为严重损失，需承担所有损失，情节严重按劝退处理。

5. 每月核对后发现有打私人电话或做其他无关事宜，如拨打信息费、168、QQ 充值、网络游戏充值等特殊收费电话属严重违纪行为，不仅所产生话费由当事人双倍承担，还应视情节严重给当事人进行处分，若无法核查、明确到个人，所产生话费按所在团队均摊处理。

6. 离职人员需做好固定电话的交接工作，保证电话机的设备完好，离职时电话机有故障需向行政部反馈，若人为原因导致损坏者，按电话机采购价格原价赔偿，费用从工资中扣除。

▲办公电话使用管理规定

从上述模板可以看出，该公司从职责划分、规定内容、费用核对和处罚细则 4 个方面对办公电话的使用进行了规定。行政部在对本企业的电话使用进行管理时，可根据企业的情况参考其中的规定进行更改或增减。如规定内容中还可对电话的故障报修进行规定，如要求电话的使用者应在发现电话故障时向行政部报修，由行政部组织检修，以确保电话通信的顺畅。另外，如果企业需要经常使用电话联系客户，那么还可对电话的接听、转接和拨打进行规范，具体可参考前面的电话接听和拨打礼仪要求。

【实用模板】

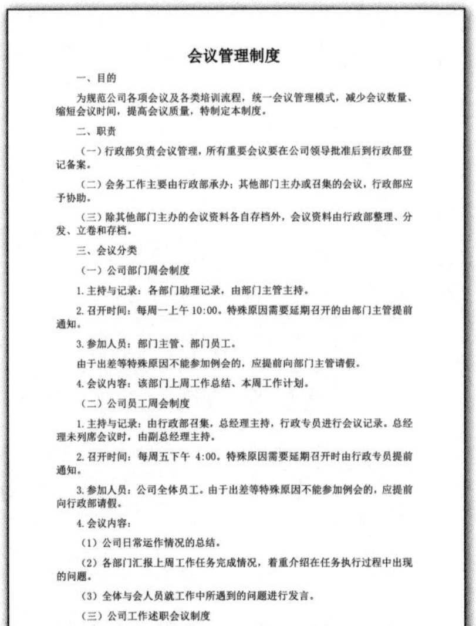

会议管理制度

一、目的

为规范公司各项会议及各类培训流程，统一会议管理模式，减少会议数量、缩短会议时间，提高会议质量，特制定本制度。

二、职责

（一）行政部负责会议管理，所有重要会议要在公司领导批准后到行政部登记备案。

（二）会务工作主要由行政部承办；其他部门主办或召集的会议，行政部应予协助。

（三）除其他部门主办的会议资料各自存档外，会议资料由行政部整理、分发、立卷和存档。

三、会议分类

（一）公司部门周会制度

1. 主持与记录：各部门助理记录，由部门主管主持。

2. 召开时间：每周一上午 10:00。特殊原因需要延期召开的由部门主管提前通知。

3. 参加人员：部门主管、部门员工。

由于出差等特殊原因不能参加例会的，应提前向部门主管请假。

4. 会议内容：该部门上周工作总结、本周工作计划。

（二）公司员工周会制度

1. 主持与记录：由行政部召集，总经理主持，行政专员进行会议记录。总经理未列席会议时，由副总经理主持。

2. 召开时间：每周五下午 4:00。特殊原因需要延期召开时由行政专员提前通知。

3. 参加人员：公司全体员工。由于出差等特殊原因不能参加例会的，应提前向行政部请假。

4. 会议内容：

（1）公司日常运作情况的总结。

（2）各部门汇报上周工作任务完成情况，着重介绍在任务执行过程中出现的问题。

（3）全体与会人员就工作中所遇到的问题进行发言。

（三）公司工作述职会议制度

1. 主持与记录：工作述职会议由行政部负责召集，总经理主持，行政专员进行会议记录。

▲会议管理制度

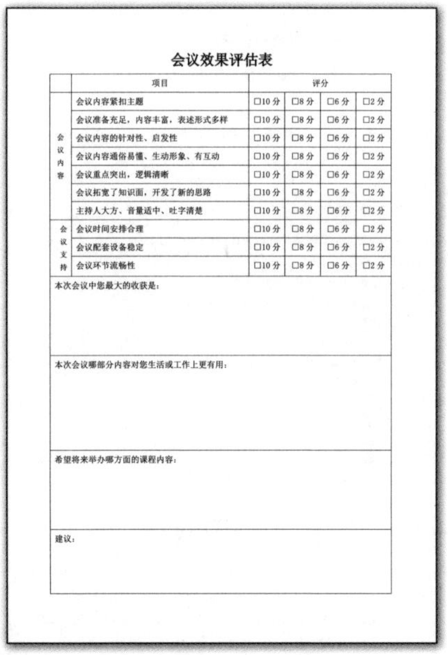

会议效果评估表

	项目	评分			
会议内容	会议内容紧扣主题	□10 分	□8 分	□6 分	□2 分
	会议准备充足，内容丰富，表述形式多样	□10 分	□8 分	□6 分	□2 分
	会议内容的针对性、启发性	□10 分	□8 分	□6 分	□2 分
	会议内容通俗易懂、生动形象、有互动	□10 分	□8 分	□6 分	□2 分
	会议重点突出，逻辑清晰	□10 分	□8 分	□6 分	□2 分
	会议拓宽了知识面，开发了新的思路	□10 分	□8 分	□6 分	□2 分
	主持人大方、音量适中、吐字清楚	□10 分	□8 分	□6 分	□2 分
会议支持	会议时间安排合理	□10 分	□8 分	□6 分	□2 分
	会议配套设备稳定	□10 分	□8 分	□6 分	□2 分
	会议环节流畅性	□10 分	□8 分	□6 分	□2 分
本次会议中您最大的收获是：					
本次会议哪部分内容对您生活或工作上更有用：					
希望将来举办哪方面的课程内容：					
建议：					

▲会议效果评估表

会议通知单

No:

会议类别	□传达 □研讨 □培训 □协调 □其他			主持人	
地点				时间	
会议议题：					
参会人员：					
发文部门		发文人		发文时间	

▲会议通知单

会议安排计划表

会议名称		会议日期	
会议地点		会议召集部门	
主持人		计划参会人员	
计划开始时间		计划结束时间	
会议负责人		会议记录员	
拟邀请参会人员			
参会单位			
会议宗旨及议题			
会议流程			
与会者应备资料			
会场拟分发资料			
备注			

▲会议安排计划表

客户投诉管理办法

第一章 总则

第一条 目的

为求迅速处理客户投诉案件，维护公司信誉，促进品质改善与售后服务，特制定本办法。

第二条 适用范围

适用范围包括客户投诉调查处理、追踪改善、成品退货、处理期限、处理权限及处理逾期反映等项目。

第三条 适用时机

凡对本公司产品提出品质异常申诉时，依本施行办法之规定办理。（如未造成损失，销售部或有关单位前往处理时，应填报《投诉处理单》反映有关处理情况）。

第四条 客户投诉分类

客户投诉处理作业依据投诉原因不同区分为：

（一）非品质异常投诉发生原因（指人为因素造成）；

（二）品质异常投诉发生原因。

第二章 投诉处理

第五条 处理部门分工

各部门投诉案件管理分工：

（一）销售部

1. 详查投诉产品之订单编号、料号、数量、交货日期和不良品数量；
2. 了解客户投诉要求及投诉理由；
3. 协助客户解决疑难或提供必要参考资料；
4. 迅速传达处理结果。

（二）品管部

1. 负责投诉案件的调查、上报及责任人员的确定；
2. 发生原因及处理、改善对策检查、执行、跟踪、防止、追踪及改善成果报告；
3. 投诉产品质量检验确认。

（三）总经办

1. 投诉案件的登记，处理时效管制及逾期反映；
2. 投诉内容的审核、调查和上报；
3. 投诉处理会议的联系；
4. 处理方式的确定及责任归属之判定；

▲客户投诉管理办法

______月份客户投诉统计分析报告

一、本月份客户投诉分类统计表

房屋管理	安全管理	环境管理	设备管理	业户纠纷	综合服务	其他	合计

本月投诉共有____宗，其中占投诉总量最多的前三位分别是：____________

二、本月较为典型投诉的简介

投诉类型	投诉原因和内容简介

三、本月客户投诉分析与整改措施

本月的业户纠纷投诉集中在：____________________

1.

2.

3.

4.

四、案例分析

案例	
经验和总结	

▲客户投诉统计分析报告

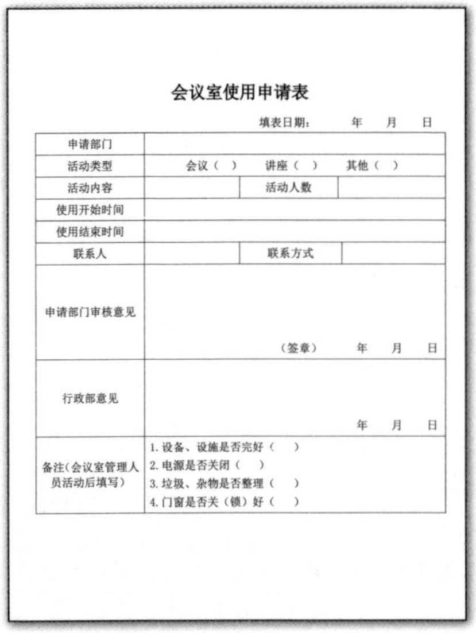

会议室使用申请表

填表日期：　　年　　月　　日

申请部门			
活动类型	会议（ ）　讲座（ ）　其他（ ）		
活动内容		活动人数	
使用开始时间			
使用结束时间			
联系人		联系方式	
申请部门审核意见	（签章）　　年　　月　　日		
行政部意见	年　　月　　日		
备注（会议室管理人员活动后填写）	1. 设备、设施是否完好（ ） 2. 电源是否关闭（ ） 3. 垃圾、杂物是否整理（ ） 4. 门窗是否关（锁）好（ ）		

▲会议室使用申请表

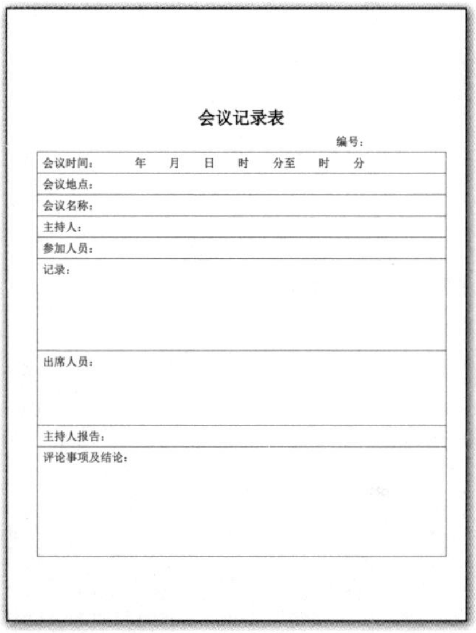

会议记录表

编号：

会议时间：　　年　　月　　日　　时　　分至　　时　　分
会议地点：
会议名称：
主持人：
参加人员：
记录：
出席人员：
主持人报告：
评论事项及结论：

▲会议记录表

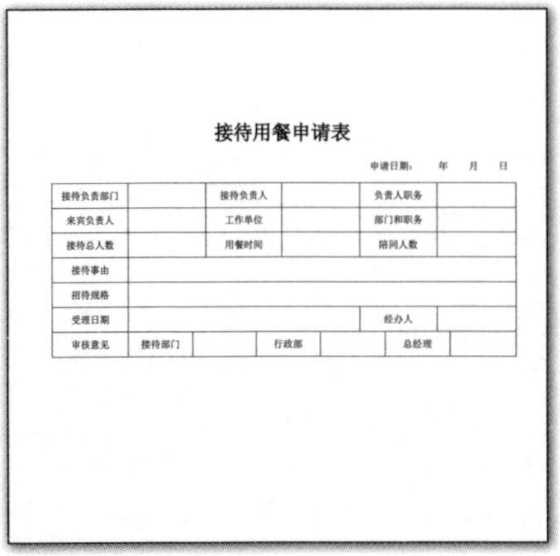

接待用餐申请表

申请日期：　　年　　月　　日

接待负责部门		接待负责人		负责人职务		
来宾负责人		工作单位		部门和职务		
接待总人数		用餐时间		陪同人数		
接待事由						
招待规格						
受理日期				经办人		
审核意见	接待部门		行政部		总经理	

▲接待用餐申请表

客户投诉汇总表

序号	发生日期	问题来源	问题描述	责任人	短期措施	根本原因分析	长期措施

▲客户投诉汇总表

决议事项确认表

决议事项			
决议内容			
达到目标			
所需支持			
执行措施		执行负责人	
备注			

▲决议事项确认表

来访登记卡

日期：　　年　月　日　　　　　　　　NO：

来客姓名		单位			
来客人数		车牌号		来访时间	时　分
证件名称		证件号		离开时间	时　分
来访事由				接待人	
备注					

▲来访登记卡

第 5 章

档案、文件和印章管理

档案、文件是企业重要的信息资源，这些资料对企业来说都有重要价值，是企业对工作进行考查的一种凭据。而印章由于是企业的公章，是企业行为的证明，其重要性不言而喻。但很多企业并没有对档案、文件和印章的管理引起重视，这会给企业带来很多无形的风险。

5.1 档案管理

员工入职时，企业一般都会留存一份关于员工基本信息的记录表，这个表实际上就是员工的档案。而企业做出的各种决策，制订的各种制度和方案就属于企业的档案。这些档案不是涉及员工个人隐私就是涉及企业的商业秘密，如果不进行统一管理，随意放置，很可能导致泄密或给企业带来损失。

5.1.1 档案管理包括哪些内容

对档案进行管理首先要清楚具体的管理内容，包括如下几点。

（1）档案收集

档案收集是指将分散的资料接收、征集并集中起来，对整个档案管理工作具有重要意义。在进行档案收集的过程中，哪些资料应该归于档案进行收集是需要确定的，一般来说，以下资料文件应作为档案进行收集。

- 员工的个人资料，如入职登记表、面试记录表、身份证复印件、培训总结报告、培训反馈表、绩效考核表和离职申请书等。
- 企业经营销售过程中产生的各种资料，如合同协议、产品说明书、画册和项目方案等。
- 财务管理方面的资料，如账册、报表、凭证以及发票等。

- ◆ 计划统计方面的资料，如年度/月度计划、市场调研报告以及各种统计报表等。
- ◆ 物资供应方面的资料，如原材料采购单、库存盘点表、供货单以及物品缺货报表等。
- ◆ 行政综合方面的资料，如会议材料、内部规范性文件、工作总结汇报以及组织大事记、年报等。

在进行文件收集和归档工作时，行政管理人员需要做好督促和监管工作，尤其要注意以下两点。

严禁私自占有资料。企业文件不是私人的资料，而是属于内部的共有资料，行政人员应妥善保管，严禁私自占有。

定期销毁。对于已经保存的许多年前的无用文档资料，行政管理人员应组织销毁，以维持整洁的工作环境。

（2）档案整理

档案整理就是将收集好的资料进行分门别类地整理，使之有序化，这是档案管理的基础工作，其一般程序如下所示。

首先，根据文件的形成部门、工程项目、专业性质或产品型号进行横向划分，避免不同部门、工程或专业的文件混合在一起。再根据文件资料的来源、时间、级别以及内容形式等进行纵向划分。

然后，将文件资料按照设定的规则分门别类地组合在一起，形成案卷。形成案卷的过程就是将文件资料进行组合、系统排列的过程。

最后，将案卷按照年度、部门等标准进行归档，并填写卷内目标、备考表，在案卷的首页填写全宗名称、类目名称、案卷题名、时间、保管期限、件、页数、归档号和档号。

（3）档案保管

档案收集整理好后的主要工作就是档案的保管，一般要求档案存放在固定的柜、架上。根据档案的保存期限，每年年终进行档案的清理核对，使档案目录与文件资料相符，将已过保存期限的档案进行剔除。当部门或员工需要借阅档案时，应根据企业制订的档案借阅制度按流程进行借阅。

职场加油站

企业可根据自身实际情况进行档案的分类编号，如将文件资料按部门分为行政管理、财务管理、经营管理以及生产管理等，再将不同部门的文件资料按时间进行划分，最后将档案编号定为公司名＋部门简称首字母（即为档案分类号）＋年份＋卷号，如××（公司名）＋XZ（行政部）＋2020（年份）＋001（卷号）。

5.1.2　文书档案案卷封面填写格式

我们知道在案卷的封面上要填写封面项目，那么各项目在填写时又有哪些要求呢？下面具体来看看。

◆ **全宗名称：**全宗名称是指立档单位的名称，对企业来说，就是企业的名称。在填写全宗名称时，要填写企业全称或通用的简称。

◆ **类目名称：**类目名称指档案分类的第一级类目，比如前面提到的第一级按部门来划分文件资料，那么部门简称就是类目名称。需要注意，一个企业中应按统一的分类标准进行文件资料划分，以保证分类体系的有序性和稳定性。

◆ **案卷题名：**案卷题名是指案卷的标题，一般由立卷人执行拟定。在填写案卷题名时要做到简洁、明确，主要内容为制发机关、内容、名称或产品的名称、型号等，如XX综合统计报表、XX职工名册等。

◆ **时间：**时间是指案卷内的文件资料的起止时间，如按年为单位，起止时间为 20200101 ~ 20201231。

◆ **保管期限：**保管期限即案卷保管时限，这一项一般由立卷人填写。

◆ **件、页数：**对于需要装订的案卷来说，要填写总页数，不需装订的案卷则要填写本卷的总件数。

◆ **归档号：**归档号是以字符形式反映档案排列顺序的一组代码，通常包括全宗号、案卷目录号、案卷号、件号和页号，各号之间用短横线连接。

5.1.3　案卷卷内文件目录的制作

在一份案卷中，都要附带卷内文件目录，卷内文件目录采用的是标准的 A4 纸型，其一般格式如下所示。

【实用模板】

卷内文件目录

第1页共1页

序号	文件编号	责任者	文件材料题名	日期	页次	备注

▲卷内文件目录

从上述模板可以看出，卷内文件目录要填写的内容有序号、文件编号、责任者、文件材料题名、日期、页次和备注。

序号应以卷内文件排列的先后顺序来填写，即 1，2，3……文件编号即指文件制发机关的发文字号；责任者是指对档案内容负有责任的组织或个人，一般填写为企业全称或简称，若是个人责任者则填写为个人姓名；文件材料题名即为文件的标题，如果文件没有标题或标题不能说明文件内容，那么可以自行拟定一个标题；日期则指文件的形成日期，填写时可省略“年”“月”“日”3 个字，直接用阿拉伯数字表示；页次指卷内文件所在页的页数；卷内文件发生变化时，则可以在备注栏进行说明。

5.1.4 档案借阅的工作流程

企业的档案属于企业的机密，因此企业应对档案的借阅进行管理，而不是让每个员工都可以随意借阅档案。员工需借阅档案的，应履行一定的借阅手续，一般的流程如图 5-1 所示。

第一步：由档案的借阅人填写档案借阅申请单，交部门经理、行政部负责人、档案负责人或总经理签字同意后方可办理借阅。

↓

第二步：档案管理员根据借阅者所需借阅的档案信息，进行档案的检索并提取档案。

↓

第三步：借阅人办理档案的借阅登记，在办公室指定位置进行档案阅览（一般来说，若需借出或复印档案，要经相关领导批准）。

↓

第四步：借阅人查阅档案资料完成后，档案管理员要检查档案，确认无误后才能办理档案归还手续。

图 5-1

通过图解的形式展示档案借阅的流程会更加直观，这样可以了解该流程涉及的部门，以及每个部门要做的工作和需要完成的手续，如图 5-2 所示。

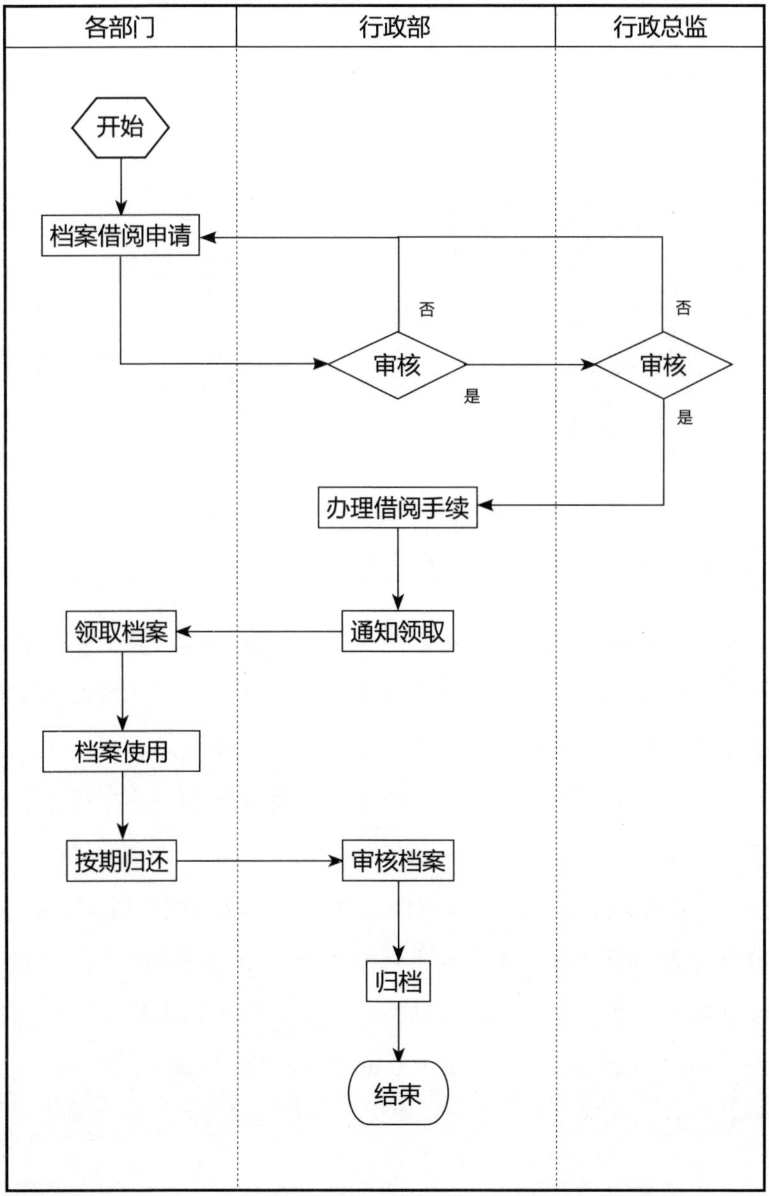

图 5-2

从上述流程可以看出，借阅人在借阅档案前需提交档案借阅申请，那么档案借阅申请单应包含哪些内容呢？如下所示为档案借阅申请单模板。

【实用模板】

档案借阅申请单

填表日期：　　年　月　日　　　　　　归还时间：　　年　月　日

借阅人		所在部门		职务		工号	
借阅类别	□现场借阅	□复印		□带出借阅		□其他（请说明）	
借阅资料编号				借阅资料名称			
内容							
借阅用途							
借阅人签字				部门主管签字			
部门经理				总经理			
经办人签字							

▲档案借阅申请单

在上述档案借阅申请单模板中，借阅人需要按要求填写借阅类别、内容以及用途等信息。在填写借阅资料编号时，如果借阅人不清楚自己需要借阅的资料编号，可以在档案管理员处查询后填写。另外，借阅人在办理档案借阅前还要确定所需资料是否有存档，在确保资料有存档后再进行借阅申请。

为了避免档案借阅人在阅览档案的过程中对档案造成损坏，档案管理者应明确告知借阅人在阅览档案的过程中要爱护档案，保证档案的安全和保密性，不能将档案转借他人或使所借档案受污。借阅人在用毕档案后，应按时归还，若要延长借阅时间，则应在档案管理员处办理续借手续。

对于档案的可调阅时间，企业也可以进行规定，如规定普通档案借阅时间不得超过一周；“加密”档案借阅时间不得超过两天。需要注意，对于已借出的档案，档案管理员应做好登记，注明档案的卷号、借阅时间以及借阅人，以便查阅和催还。档案管理员若发现借阅人归还的档案有遗失或损坏的，应及时报告主管部门并进行追查。

5.2 文件管理

企业在经营和发展的过程中会产生大量的文件，如来往函件、总结、报告、税务方面的材料和广告宣传资料等。为了更方便地使用这些文件，保证文件的完整性，以便进行文件归档，文件的日常管理不容忽视。

5.2.1　收文工作的标准要求

在商务活动中，企业会收到合作对象、客户或公司总部发来的各种文件。这些内、外部来文都有着非常重要的意义，其一般由行政部专人进行统一签收、传递。在这一过程中，涉及以下工作要求。

（1）签收

签收是收文工作的第一步，主要是对内、外部来文进行清点验收。签收应在文件送达时进行，负责收文工作的行政人员需要在签收时验证以下几方面内容。

- 查看收件人名称是否与企业名称或本企业员工名称相符。
- 查看文件的封口、包装是否完好。

◆ 查看文件的数量是否与实际相符。

文件查验无误后，收文人员就可以进行文件的签收了，按照送件人的指示进行签字确认即可。

职场加油站

对于重要的公务文件且收件人为企业员工的，应由收件人亲自签收，行政部的收文工作人员可以代为签收，但不能代为拆封。

（2）分拣和登记

分拣是指将收到的文件按部门或收件人进行归类存放，以方便文件的转交。文件的分拣应在签收后及时进行，以免造成文件积压，影响文件的后续转交。分拣文件后，要在收文登记表中填写收文日期、序号以及来文单位等内容。

（3）转交

转交是指将文件转交给相关的收件人，转交文件时要让收件人清点文件件数，并确认签字。

有时企业收到的重要文件需要行政部进行审核，报总经理批示后传阅给相关部门阅办，这时就要在收文登记后进入文件的拟办、批办和承办工作流程。拟办是指收文登记后，行政部根据文件的性质和紧急程度提出意见，送总经理批示；批办是指总经理对文件的办理提出指示，指定文件的办理部门和传阅范围；承办是指行政部将文件转交给相关部门进行传阅，相关部门在接到需办理文件后按规定办理文件。

5.2.2　发文工作的标准要求

发文与收文相反，是指企业或员工向外部发送各种文件。一般性的发文工作要经历 3 个环节，分别是检查、分拣和登记、投递。

◆ 检查

在对外发送文件前，负责收发文件的工作人员首先要进行检查，具体内容有以下几方面。

①检查文件的投递地址以及收件人是否正确。

②检查文件的封口和包装是否已密封牢固。

③文件的发送件数是否与实际相符。

◆ 分拣和登记

分拣就是将不同部门需要发送的文件分门别类地放在一起，为投递做准备。发送的文件要在分拣完成后进行登记，以备后续查询，可登记在发文登记表中。

◆ 投递

投递是指联系投递员进行文件的投递，投递文件时要根据文件的紧急程度选择不同的投递方式，如平邮、特快以及航空邮递等。

在收发文件工作的各个环节中，有关人员需要注意以下一些要求，如表 5-1 所示。

表 5-1　文件收发的要求

要　　求	具体说明
分清主次	分发同类份数较多的文件时，要先保证单位领导、主管以及主管部门的需求，然后再分发给相关部门。 如果遇到特急件，可先将其送至业务主管部门，业务主管部门提出意见后再请示领导，或一边处理一边汇报

续表

要　求	具体说明
及时	收发人员对于领导已经批办或可按常规处理的文件，必须要及时处理，急事要立刻处理
做好标注	对于应承办的文件，应附批办单并加盖“已处理”章；对于不需要登记的文件，需要注明领导或部门名称，防止乱放
登记管理	分发给领导的文件必须要设置专门的文件登记簿，并注明时间、名称和编号等；分发给各部门的文件，可在部门登记簿上注明相关信息
分发登记	分发人员要将分发的文件登记到文件分发登记表上，方便日后进行复查

企业对外发送的文件如果是以企业名义上报或下发的报告、函件和通知等重要文件，承办部门在拟好稿件后还要送行政部核稿。行政部核查完成后，一般还要报总经理签发，待总经理签发后由行政部加盖公章再进入发文环节。需要注意，对于重要的对外文件，行政部还应保留一份原件以备存档，存档的文件应包含底稿、正文以及相关电子稿。

5.2.3　传真收发工作管理

传真的收发是企业较为重要的工作，需要行政人员对收发人员的操作进行规范。发送传真的一般流程如图 5-3 所示。

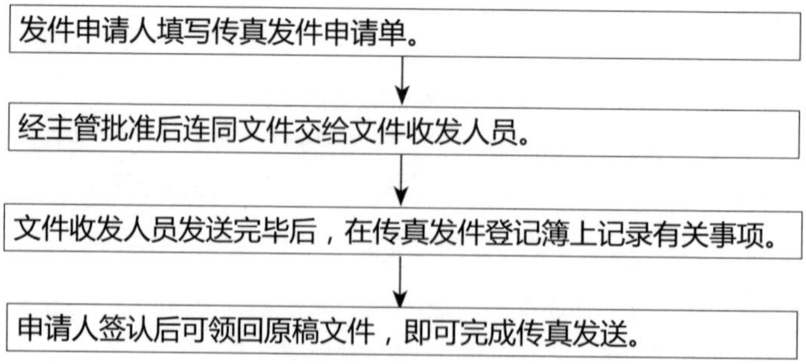

图 5-3

收到传真后，应先在传真收件登记簿上记录相关信息，之后再通知收件者领取文件并签字确认。收发过程的注意事项如下所示。

◆ 传出文件为一般信函时，要注意格式，应使用本公司专用的信函格式。
◆ 传出文件为一般资料时，文件首页须采用专用的信函格式。
◆ 传出文件为承接设计稿或产品广告等时，企划部美编设计人员应先确认格式，格式无误方可发出。
◆ 本公司传出的文件需要注明公司地址、电话、E-mail、传真人信息、公司全称、传真内容以及备注事项（若发往国外，则须加注英文）。

5.2.4　工作文件资料的日常整理

资料的整理是指将零散的文件进行条理化整理，以便使用时能方便地找到，减少寻找文件浪费的时间。在整理工作资料时，行政管理人员首先要对纸质资料进行分类，分类可以根据个人习惯进行，如按常用和不常用、用途和期限等进行分类。

文件分类好以后将其放入文件夹或文件袋中，对于不常用的资料可以用文件袋装好放在办公桌的最下层抽屉中，而常用的资料、正在处理或待处理的文件则可以放在文件夹中，摆放在桌面上，便于随时取用。

在文件夹的侧面或文件袋的正面，可用便笺纸注明文件的类型和用途，以免时间久了遗忘文件夹或文件袋中存放的是哪一类文件，如图 5-4 所示。

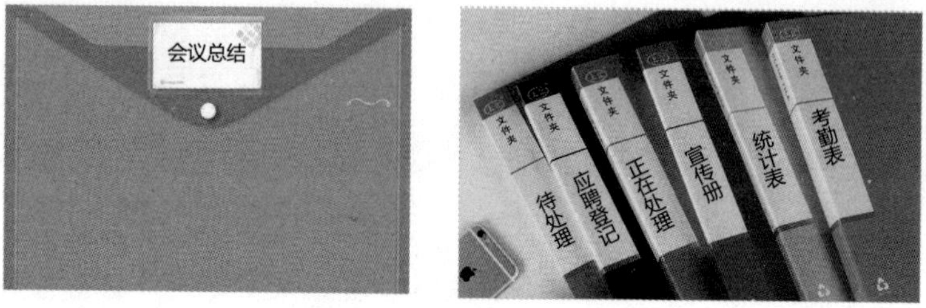

图 5-4

纸质文件在整理时要做到少而精，否则找起来会比较麻烦。对于不需要的文件可以销毁，如果担心后期可能会使用，可以将其暂时放置在抽屉的最底层，注明“待销毁”字样，以提醒自己该文件是准备销毁的。一段时间后按规定销毁存放在抽屉最底部的最早存放的有“待销毁”字样的文件。这样保持定期清理文件的习惯，可以为文件“减负”，也可以提高文件资料的整理效率。

5.2.5 如何有效管理电子文档

行政工作中的很多文件都是以电子文档的形式存在的，如果不对电子文档进行管理，那么就可能出现上级要求我们提供某个电子文件时，在电脑中怎么找都找不到的情况。

电脑桌面、“我的文档”文件夹以及个人下载目录（Downloads）等位置是最容易出现文件混乱的地方，因此定期对这些位置进行文件管理是很有必要的。在进行电子文件管理前，行政人员要明白电子文件管理的原则，即保证文件方便、快速提取，在这一原则指导下再进行电子文件管理。

进行电子文件管理时有 3 个要点须关注，一是文件的存放路径；二是文件的分类；三是文件的命名。

◆ 文件的存放路径

文件的存放路径就是文件的保存位置，对于工作中使用的文件首先要确定其存放路径。一般来说，不要将文件存放在系统磁盘中，因为一旦电脑出现故障，就可能导致文件丢失。

确定文件的存放磁盘后，可在磁盘中新建一个以自己名字或“工作”等字样命名的文件夹，然后将日常工作中使用的各种文件都存放在该文件夹中，以后在查找文件时就只需进入这一个固定文件夹即可。

◆ 文件的分类

拥有了一个总的文件夹后，还要对该文件夹中的文件进行分类管理。分类时可以先按类别来分，建立不同模块的文件夹，如新建法律文件、工作例会、公司证件和培训工作等文件夹。

在各个文件夹下可以再建立不同的文件夹，如在“培训工作”文件夹下按类别新建财务部、行政部、销售部和市场部文件夹，再在每个文件夹下新建培训准备、培训支持和培训反馈文件夹。又如在“工作例会”文件夹下按时间新建 1 月例会、2 月例会和 3 月例会等文件夹。对文件夹按时间分类适合一些常规、按固定时间发生的工作资料进行整理，如考勤、日报和总结等，如图 5-5 所示。

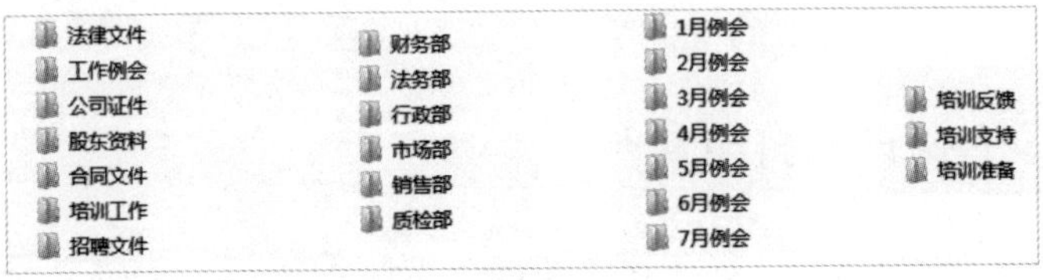

图 5-5

◆ 文件的命名

文件夹或文件的命名方式要清楚明了并便于区分，命名方法有多种，具体如下所示。

①日期命名法，是指按“名称＋日期”的方式来命名，适合于对短期更新频率较高的或有日期要求的文件命名，如新员工培训20200529、工资表2020.5.31等。

②排序命名法，是指按“序号＋文件名”的方式来命名，这种命名方式能增强文件的逻辑性，让文件以员工自己想要展示的排序方式进行呈现，如01－会议安排计划表、02－工作计划表等。

③姓名命名法，是指按“姓名＋文件名/时间”的方式来命名，这种命名方式可以直接体现文件的使用者，如张三－会议总结、李四－会议总结等。

④加强符号命名法，是指在文件命名时使用加强符号，以体现文件的重要程度，如【待处理】会议效果评估、【紧急】人员调动申请和☆新员工入职邀约等。

除了以上方法外，行政人员还可以采用“文件名＋编号”的命名方式。这种方式适合文件存在多次修改的情况，在文件名后面加上编号用来区分版本，如客户投诉管理办法v0.0、客户投诉管理办法v1.0等。另外，如有需要还可以给文件添加备注，即以“文件＋备注”的形式命名，如客户投诉管理办法v1.0－小王、销售报告－销售部等。

5.2.6 文件复印与打印管理

工作中使用的文件常常都需要进行打印或复印。为树立员工的环保和节约意识，规范打印、复印办公行为，企业需要对打印和复印相关工作进行管理。

【实用模板】

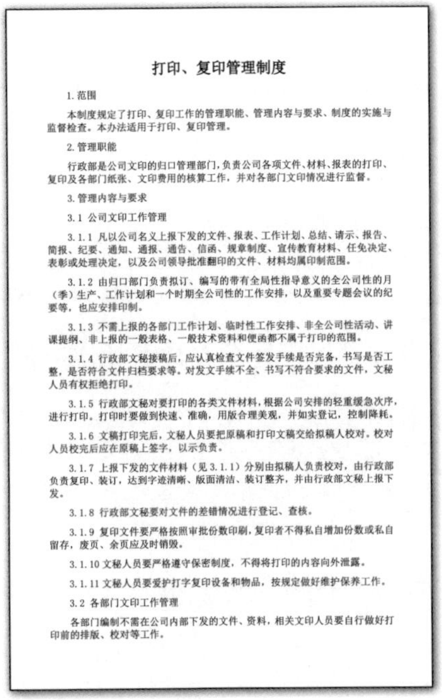

打印、复印管理制度

1. 范围

本制度规定了打印、复印工作的管理职能、管理内容与要求、制度的实施与监督检查。本办法适用于打印、复印管理。

2. 管理职能

行政部是公司文印的归口管理部门，负责公司各项文件、材料、报表的打印、复印及各部门纸张、文印费用的核算工作，并对各部门文印情况进行监督。

3. 管理内容与要求

3.1 公司文印工作管理

3.1.1 凡以公司名义上报下发的文件、报表、工作计划、总结、请示、报告、简报、纪要、通知、通报、通告、信函、规章制度、宣传教育材料、任免决定、表彰或处理决定，以及公司领导批准翻印的文件、材料均属印制范围。

3.1.2 由归口部门负责拟订、编写的带有全局性指导意义的全公司性的月（季）生产、工作计划和一个时期全公司性的工作安排，以及重要专题会议的纪要等，也应安排印制。

3.1.3 不需上报的各部门工作计划、临时性工作安排、非全公司性活动、讲课提纲、非上报的一般表格、一般技术资料和便函都不属于打印的范围。

3.1.4 行政部文秘接稿后，应认真检查文件签发手续是否完备，书写是否工整，是否符合文件归档要求等。对发文手续不全、书写不符合要求的文件，文秘人员有权拒绝打印。

3.1.5 行政部文秘对要打印的各类文件材料，根据公司安排的轻重缓急次序，进行打印。打印时要做到快速、准确，用版合理美观，并如实登记，控制降耗。

3.1.6 文稿打印完后，文秘人员要把原稿和打印文稿交给拟稿人校对。校对人员校完后应在原稿上签字，以示负责。

3.1.7 上报下发的文件材料（见 3.1.1）分别由拟稿人负责校对，由行政部负责复印、装订，达到字迹清晰、版面清洁、装订整齐，并由行政部文秘上报下发。

3.1.8 行政部文秘要对文件的差错情况进行登记、查核。

3.1.9 复印文件要严格按照审批份数印刷，复印者不得私自增加份数或私自留存，废页、余页应及时销毁。

3.1.10 文秘人员要严格遵守保密制度，不得将打印的内容向外泄露。

3.1.11 文秘人员要爱护打字复印设备和物品，按规定做好维护保养工作。

3.2 各部门文印工作管理

各部门编制不需在公司内部下发的文件、资料，相关文印人员要自行做好打印前的排版、校对等工作。

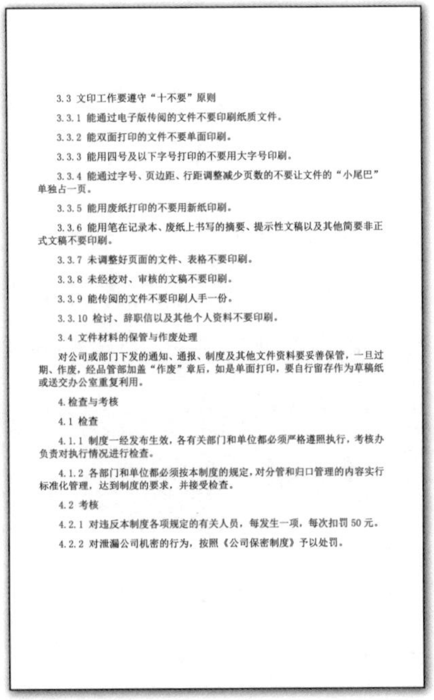

3.3 文印工作要遵守“十不要”原则

3.3.1 能通过电子版传阅的文件不要印刷纸质文件。

3.3.2 能双面打印的文件不要单面印刷。

3.3.3 能用四号及以下字号打印的不要用大字号印刷。

3.3.4 能通过字号、页边距、行距调整减少页数的不要让文件的“小尾巴”单独占一页。

3.3.5 能用废纸打印的不要用新纸印刷。

3.3.6 能用笔在记录本、废纸上书写的摘要、提示性文稿以及其他简要非正式文稿不要印刷。

3.3.7 未调整好页面的文件、表格不要印刷。

3.3.8 未经校对、审核的文稿不要印刷。

3.3.9 能传阅的文件不要印刷人手一份。

3.3.10 检讨、辞职信以及其他个人资料不要印刷。

3.4 文件材料的保管与作废处理

对公司或部门下发的通知、通报、制度及其他文件资料要妥善保管，一旦过期、作废，经品管部加盖“作废”章后，如是单面打印，要自行留存作为草稿纸或送交办公室重复利用。

4. 检查与考核

4.1 检查

4.1.1 制度一经发布生效，各有关部门和单位都必须严格遵照执行，考核办负责对执行情况进行检查。

4.1.2 各部门和单位都必须按本制度的规定，对分管和归口管理的内容实行标准化管理，达到制度的要求，并接受检查。

4.2 考核

4.2.1 对违反本制度各项规定的有关人员，每发生一项，每次扣罚 50 元。

4.2.2 对泄漏公司机密的行为，按照《公司保密制度》予以处罚。

▲打印、复印管理制度

从上述模板可以看出，该管理制度对文件资料的打印范围、打印要求、打印原则以及复印纸张使用等进行了规定。另外，该制度还规定了文秘人员要严格遵守保密制度，不得将打印的内容对外泄露。针对文件打印、复印的保密，除了可以规定打印人员不得外泄打印内容外，还可以在打印前进行防范，如规定“密级文件及重要文件要由公司领导批准后方可打印，严禁私自留存或备份电子档”。

除此之外，规定员工及时销毁打印或复印后的余页、废页，也是防止文件资料泄密的一种方法。

5.2.7 文件资料管理工作标准

在了解了相关文件管理的操作后，行政管理人员还应当制定详尽的文件资料管理工作标准，从制度的角度对文件管理工作进行规范。

制定文件资料管理工作标准主要从以下几个方面进行考虑。

◆ 文件分类

进行文件管理，首先需要进行文件分类，按照一定的标准将各种文件进行分类，方便以后进行归档立卷。常见的分类方法有按照时间分类、按照部门分类等。

◆ 文件格式

公司文件的格式应当统一、确定，让员工在工作中生成的文档格式都符合公司标准。这样能够提高公司文档的标准度，也能规范公司文件。

行政管理人员需要对文件纸质、标题、密级和字体字号等进行具体规范，对企业内部的机密文件还需要标注密级，如“绝密”“机密”和“秘密”等。

◆ 收、发文规范

收、发文规范主要是对企业员工的收、发文操作进行规范，需要规范的内容包括收文标题、文书处理工作、发文拟稿、发文流程以及文件归档工作等。

行政管理人员可以从以上几个方面着手，建立适合企业发展的文件资料管理工作标准。

【实用模板】

公司文件资料管理制度

1. 目的

为适应公司全方位规范化管理，做好公司文件管理工作，确保使用文件的统一性和有效性，使之规范化和制度化，特制定本制度。

2. 适用范围

本制度适用于公司所有文件的管理。

3. 定义

公司文件是传达方针政策、发布公司行政规章制度、指示、请示和答复问题、指导商洽工作、报告情况、交流信息的重要工具。

4. 文件处理程序

公司各部门都应坚持实事求是、尊重客观、理论联系实际、认真负责的工作作风，努力提高文件质量和处理效率。文件处理必须做到准确、及时、安全，严格按照规定的时限和要求完成。

4.1 总裁办负责公司行政文件的编制、发放、登记、存档、更改、回收、作废等管理工作。

4.2 公司各职能部门负责本部门的文件编制、编号、登记、存档、更改和专用文件的管理，发放文件必须在总裁办备份存档，并接受总裁办的检查与监督。

5. 文件分类

公司的公文主要可分为以下几类。

5.1 管理制度：适用于公司各部门的规范性程序的明确，包括条例、制度、规定、管理办法。“条例”一般应用于系统性制度汇编；“制度”一般应用于某一方面职能的明确；“规定”应用于一项具体工作的明确；“管理办法”一般是对条例、制度或规定的细化性操作程序的明确。

5.2 工作通知：适用于转发上级文件，批转下级文件，要求下级办理和需要共同执行的事项。

5.3 人事通知：适用于公司人员录用、晋升、调动、降职和奖惩等事项的公布。

5.4 工作报告：适用于下级因为某项工作对上级进行汇报请示的行文。

5.5 会议纪要：适用于公司各级会议进行的记录文件。

5.6 对外发函：适用于公司因某项事情对外部机构或个人发送的文件。

5.7 决定、决议：对重要事项或重大行动做出安排，用“决定”；经会议讨论通过并要求贯彻的事项，用“决议”。

5.8 通报：表彰先进，批评错误，传达重要信息。

5.9 请示：向上级请求批示与批准，用“请示”。

5.10 批复：答复请示事项用“批复”。

6. 文件格式

6.1 公司所有文件采用A4竖版模式，四周页边距设置为2.5cm，页脚设置为1.5cm，采用数字形式。

6.2 文件首页顶部添加公司徽标和中英文名称。

6.3 文件一般由标题、发文字号、签发人、密级、紧急程度、正文、附件、发文时间、印章、主题词、主送单位（部门）和抄报（送）单位（部门）等部分组成。

6.4 文件标题使用华文中宋体小二号，其他均使用宋体五号，1.5倍行距。标题与公司徽标之间空一行；标题下方靠右为发文

▲公司文件资料管理制度

上述模板展示的是某公司的文件资料管理制度，在该制度中可以看出其对文件分类、文件格式以及文件的收发管理进行了具体的规定。根据企业对文件资料管理要求的不同，管理制度的内容也不相同。

本模板在介绍文件格式的时候，更加侧重介绍文件中的内容设置。如“文件一般由标题、发文字号、签发人、密级、紧急程度、正文、附件、发文时间、印章、主题词、主送单位（部门）和抄报（送）单位（部门）等部分组成”。

5.3 印章管理

印章是企业处理内外部事务的印鉴，其具有法律效力，因此需要

有专人进行保管和管理。那么企业应如何有条不紊地管理印章，避免印章的不当使用呢？下面具体来看看。

5.3.1 公司印章的分类和用途

对印章进行管理，首先要清楚印章的种类和用途。根据印章性质的不同，可以将公司印章分为以下几类。

- **行政公章：** 行政公章是指行使公司法定职权的印章，如公司章、董事会章和监事会章等。
- **专用印章：** 专用印章是指具有明确的专门用途的印章，如合同专用章、财务专用章、发票专用章和人事专用章等。
- **人名印鉴章：** 人名印鉴章是指以个人名义刻制的用于实施职务行为的印章，如法定代表人、法定代表人授权的代理人以及分支机构负责人的个人名章和签字章等。

不同类型的印章其运用范围有所不同，表 5-2 所示为公司常用印章的运用范围。

表 5-2 公司常用印章的运用范围

印　　章	运用范围
公章	公章的运用范围最广，是法人权利的象征，除法律有特殊规定外（如发票的盖章），均可以使用公章代表法人意志，如以公司名义发出的合同、证明和信函等文件，都可以使用公章
合同专用章	顾名思义，合同专用章是公司对外签订合同时使用的印章（公章也可以代替合同章使用，并不影响合同效力）。在合同上加盖合同专用章后，公司要享受相应的权利并承担相应的义务
财务专用章	财务专用章是公司办理会计核算和银行结算业务时会使用到的印章，如公司开立银行账户、办理支票或汇票时的用印等

续表

印　　章	运用范围
发票专用章	发票专用章是在公司领购和开具发票时使用的印章，印章印模里含有公司名称、发票专用章字样和税务登记号等信息
人事专用章	人事专用章属于公司的内部章，主要在内部使用，但有时也会对外使用，如在公司进行人员调动、开具介绍信或人事关系证明时用印
法人章	法人章是法定代表人的印鉴，主要在公司作出决议、签发支票、企业基本户开户以及出示委托书时使用

5.3.2 印章的刻制和启用

企业印章需要刻制才能使用，而刻制并不是一件简单的事情，刻制印章以及之后的启用都需要经过上级的批准。

◆ 印章的刻制

印章刻制是印章管理中一个十分重要的环节，刻章单位无论刻制哪一级单位的印章，都要审核确认上级单位批准的成立该单位的正式公文，确认无误后才能刻制。

在刻制印章前，企业或部门必须填写印章刻制申请表，开具公函，并写明印章的名称、式样和规格。上级单位批准后，到企业所在地的公安部门办理登记手续。企业必须在持有公安部门颁发的特种行业营业执照的刻章单位制作印章。

需要注意的是，在印章刻制的过程中，所有人员都要严格保密。承担印章刻制工作的单位和刻制者一律不许留样和仿制，企业不许自行刻制企业印章。

【实用模板】

印章刻制申请表

编号：　　　　　　　　　　　　日期：

申请部门		申请人	
申请日期		要求领取时间	
申请印章全称			
印章申请原因	□新建 □更名 □更新	印章申请用途	
申请印章数量	枚	印章材质要求	□木质　□钢质　□胶质
印章样式			
部门主管意见		行政部经理意见	
总经理意见		董事长意见	

制表人：　　　　　　　　　　　　审核人：

▲印章刻制申请表

上述模板是一张印章刻制申请表，在填制该表单时要标注清楚申请刻制的印章是新建印章、更名印章还是更新印章，并在印章样式区域填写清楚需要的样式，如是方形印章还是圆形印章，以及印章中要包含的图案、文字和大小等信息。这样能够方便制章人员进行刻制，也能让审核人员更清楚地了解印章的样式和内容，方便通过审核。

◆ 印章的启用

在确定了印章启用时间后，企业应向相关单位发出正式启用印章的通知，注明正式启用日期，并附上印模，同时报上级单位备案。

颁发机关和使用机关、单位都要将关于启用时间的材料和印模立卷归档，永久保存。在启用日期之前，印章是无效的，只有在启用后，印章才能有效使用。

5.3.3 印章保管的要求

原则上，公司的各类印章应由专人妥善保管，且不能私自转借给他人使用。根据印章使用性质的不同，其保管人通常也会不同。公章一般由公司创立者或其信赖的人保管，如总经理、行政部经理等；财务章由财务部负责进行保管，如财务经理或出纳；公司有法务部的，合同章常常由法务部保管，没有的通常由行政部门负责保管，如合作律师、行政经理；发票章则主要由财务部的发票管理者保管；法人章的保管者一般是法定代表人本人，但也有公司让出纳人员或法人代表授权的代理人保管法人章。需要注意，企业不应让一人同时保管两枚及两枚以上印章，应根据制衡和分离原则指定不同的印章保管人。

公司在确定印章保管人后，可以要求保管人签署公司印章保管人承诺书，让保管人明确其责任。

【实用模板】

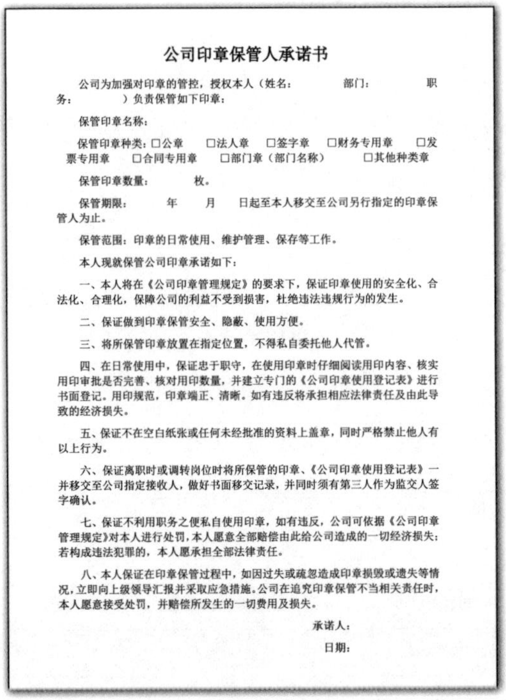

公司印章保管人承诺书

公司为加强对印章的管控，授权本人（姓名：　　　　部门：　　　　职务：　　　　）负责保管如下印章：

保管印章名称：

保管印章种类：□公章　□法人章　□签字章　□财务专用章　□发票专用章　□合同专用章　□部门章（部门名称）　□其他种类章

保管印章数量：　　　枚。

保管期限：　　　年　　月　　日起至本人移交至公司另行指定的印章保管人为止。

保管范围：印章的日常使用、维护管理、保存等工作。

本人现就保管公司印章承诺如下：

一、本人将在《公司印章管理规定》的要求下，保证印章使用的安全化、合法化、合理化，保障公司的利益不受到损害，杜绝违法违规行为的发生。

二、保证做到印章保管安全、隐蔽、使用方便。

三、将所保管印章放置在指定位置，不得私自委托他人代管。

四、在日常使用中，保证忠于职守，在使用印章时仔细阅读用印内容、核实用印审批是否完善、核对用印数量，并建立专门的《公司印章使用登记表》进行书面登记。用印规范，印章端正、清晰。如有违反将承担相应法律责任及由此导致的经济损失。

五、保证不在空白纸张或任何未经批准的资料上盖章，同时严格禁止他人有以上行为。

六、保证离职时或调转岗位时将所保管的印章、《公司印章使用登记表》一并移交至公司指定接收人，做好书面移交记录，并同时须有第三人作为监交人签字确认。

七、保证不利用职务之便私自使用印章，如有违反，公司可依据《公司印章管理规定》对本人进行处罚，本人愿意全部赔偿由此给公司造成的一切经济损失；若构成违法犯罪的，本人愿承担全部法律责任。

八、本人保证在印章保管过程中，如因过失或疏忽造成印章损毁或遗失等情况，立即向上级领导汇报并采取应急措施。公司在追究印章保管不当相关责任时，本人愿意接受处罚，并赔偿所发生的一切费用及损失。

承诺人：

日期：

▲公司印章保管人承诺书

在制定本企业的印章保管承诺书的内容时，可参考模板的规定从印章的安全性、合理性和合法性角度出发。但承诺的内容应不仅限于妥善保管这一项，还应让保管人对印章的使用、监督也做出相应的承诺，如模板中的第三条属于保管承诺，而第四、五、六条等分别都涉及监督和使用承诺的内容。

职场加油站

如果印章更换了保管人，应办理交接手续。若因印章保管人临时请假要更换保管人的，则须单位领导指定临时保管人，并做好交接记录。

5.3.4 印章的使用要求规定

印章的使用应是有规可依、有章可循的，这就要求对印章的使用进行规定。一般来说，使用者在使用印章前应填写用印申请单，在办理用印审批手续后，才能使用印章。

【实用模板】

用印申请单

申请部门		申请时间	年　月　日
印章名称		份数	
用印件名称			
申请人		部门领导审批	
主管领导审批		经办人	

▲用印申请单

用印申请单应由用印部门的主要负责人审核，在模板中也可以看到“部门领导审批”字样。部门领导审批后应报单位领导批准，因此在用印申请单中还可以看到“主管领导审批”字样。用印件名称是指所需盖印的文件，所需盖印的文件应与用印申请单一起逐级上报，待相关责任人批准后，方可用印。

使用人用印时，印章的保管人应认真审查用印文件和份数是否与用印申请单的内容一致，待审查无误后再盖章。需要注意，在使用印章时，应由印章保管人员亲自盖章，而不能由用印使用人或他人代为盖章。

特殊情况下需紧急用印，但无法马上进行审批的，应由经办人通过电话、网络等方式通知审批人，审批人同意后，用印使用人方可用印，但要在事后补办审批手续。另外，在特殊情况下用印的，经办人应进行记录，一般记录在印章使用登记台账上。

通常情况下，印章是不能携带外出的，但如果因为业务或工作需要携带印章，企业也可允许用印部门或使用人携带印章外出，但应要求使用人填写印章异地使用申请表，明确异地使用印章的事由、时间及地点等。

公司还可能出现停用印章的情况，一般来说，以下几种情况会导致印章停用。

◆ 部门、项目或机构被撤销。

◆ 部门、项目或机构名称发生变更。

◆ 印章被损坏，无法使用。

◆ 印章遗失或失窃，公司声明作废。

若企业、部门因名称变更、撤销等原因要停止使用印章，行政管理人员应该按照上级规定和要求，认真做好印章停用后的各项工作。

①行政管理人员要发文给有业务往来的单位，通知其企业已停止使用相关印章，并说明停用的原因，标明停用的印模和停用的时间。

②行政管理人员要彻底清查所有的印章，不能在企业内部长期留存停用的印章，要将其及时送交颁发单位处理。

③当旧印章停用或作废并启用新印章时，行政部门要发布“旧章作废、启用新章”的通知或印章停用通知单，分别展示出作废的旧印章和启用的新印章。

旧印章停用后，行政管理人员应清查全部印章，并把清查结果报给企业领导，请领导审定旧印章的处理办法。

然后根据领导的批示，行政管理人员应将旧印章上缴颁发机构切角封存；或由印章作废单位填制作废印章卡片，连同作废印章一起交给当地档案馆（室）立卷备查，并将作废印章销毁。

【实用模板】

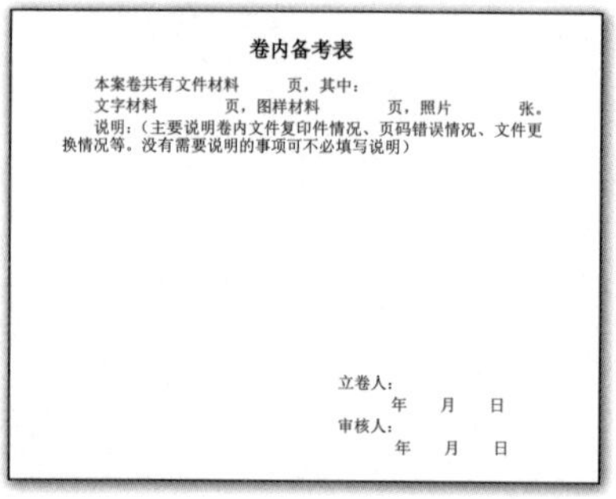

卷内备考表

本案卷共有文件材料　　页，其中：
文字材料　　页，图样材料　　页，照片　　张。
说明：（主要说明卷内文件复印件情况、页码错误情况、文件更换情况等。没有需要说明的事项可不必填写说明）

立卷人：
年　月　日
审核人：
年　月　日

▲卷内备考表

档案借阅登记表

日期	姓名	查阅内容	查阅用途	备注

▲档案借阅登记表

公司档案管理制度

第一条 为了规范公司档案管理工作，保证档案的完整性及保密性，理顺工作程序，明确工作职责，杜绝资料流失，特制定本制度。

第二条 档案管理机构及其职责

1. 公司档案工作实行二级管理，一级管理是指公司综合管理部的统筹管理；二级管理是指各部门的档案资料管理工作。

2. 综合管理部档案管理员负责公司所有档案资料的统一收集管理，各部门的档案管理员负责本部门档案资料的使用管理。

3. 档案管理人员要严格执行公司档案管理规定，认真细致地做好档案保管以及利用工作，充分发挥档案资料的作用。

4. 综合管理部档案管理员有责任对二级档案管理工作进行监督和指导，每年对二级档案管理进行一次检查验收。

第三条 归档制度

1. 凡是反映公司战略发展、生产经营、企业管理及工程建设等活动，具有查考利用价值的文件资料均属归档范围。

2. 凡属于归档范围的文件资料，均由公司集中统一管理，任何个人不得擅自留存。

3. 归档的文件资料，原则上必须是原件，原件用于报批不能归档或相关部门保留的，综合部保存复印件。

4. 凡公司业务活动中收到的文件、函件承办后均要及时归档；以公司名义发出的文件、函件要留底稿及正文备查。

5. 业务活动中涉及金融财税方面的资料，由财务部保存原件；属于人事方面的资料，由人力资源部保存原件；属于工程建设方面的，由规划建设部保存原件。以上部门应将涉外事务的复印件报综合管理部备案。

6. 由公司对外签订的经济合同，应保留三份原件，综合管理部保存一份，财务部及合同执行（或签订）部门各保存一份。特殊情况只有一份原件时，由综合部保存原件。

7. 在归档范围内的其他资料，由经办人整理后连同有关资料移交综合管理部档案室。部门需要使用的可复印或复制，归档范围外的由各部门自行保管。

第四条 档案保管制度

1. 公司综合管理部设存放档案的专门库房，各部门应根据保存档案数量，设置存放档案的箱柜，并具备防火、防潮、防虫等安全条件。

2. 归档资料要进行登记，编制归档目录。

3. 档案管理员要科学地编制分类法，根据分类法，编制分类目录；根据需要编制专题目录，完善检索工具，以便于查找。

▲公司档案管理制度

档案级别划分表

文件等级	文件类型	归档管理及期限	调阅管理
一级绝密文件	1. 国家保密文件、公司制定的保密制度、涉密文件等； 2. 公司的重大决议，包括由公司股东大会、董事会、总经理办公会及其相关行政会议等形成的文件和会议材料、会议记录等； 3. 公司与有关单位签订的合同、协议书等文件材料； 4. 公司职工劳动、工资、福利方面的文件材料	在材料、合同形成确立一个月内进行归档，归档为一式一份，原件及扫描件	原则上不可调阅，但因特殊情况要经过总经办领导的批准，并由行政部主管及部门经理、公司领导三级签字确认
二级机密文件	公司对外的正式的发文与有关单位来往的文书	在材料、合同形成确立一个月内进行归档，归档为一式一份，原件及扫描件	原则上不可调阅，但因特殊情况要经过总经办领导的批准，并由行政部主管及部门经理、公司领导三级签字确认
三级秘密文件	1. 各种工作计划、总结、报告、请示、批复、会议记录、统计报表及简报； 2. 公司的大事记及反映本公司重要活动的剪报、照片、录音、录像等	形成文件的半个月内进行归档，归档为一式一份，原件及扫描件或电子文档	要办理调阅手续，并由行政部主管及部门经理、公司领导三级签字确认
四级普通文件	会议材料，包括会议的通知、报告、决议、总结、典型发言、会议记录	形成文件的半个月内进行归档，归档为一式一份，原件及扫描件或电子文档	要办理调阅手续，并由行政部主管及部门经理、公司领导三级签字确认

▲档案级别划分表

收文处理传阅单

编号：

文件标题			
文件发布单位			
收文时间	年　月　日	密级	
行政部处理意见			
总经理阅示			
承办单位处理意见			
公文处理结果			

▲收文处理传阅单

发文审批表

标题	
主要内容	
报送单位	
抄送单位	
拟稿部门和拟稿人：	拟稿部门负责人：
行政部门（发文管理部门）： 年　月　日	会签：
分管领导意见：	
总经理意见：	
打印　份　校对：	

▲发文审批表

收文登记表

序号	收文日期	发文编号	发文单位	文件标题	份数	收件人	处理情况	备注

▲收文登记表

发文登记表

序号	发文字（发文部门）	发文号（文件编号）	文件名称	发文日期	份数	收文部门	收件人	备注

▲发文登记表

打印、复印审批表

申请人		所属部门		日期	
业务内容	□打印 □复印		份数/页数		
文件名称					
文件密级	□无	□秘密	□机密	绝密	
部门审核			行政管理中心审核		

注：1. 无密级的一般性文件资料，由部门负责人审核签字；

2. 密级文件或大宗复印业务，由行政管理中心负责人审核。

▲打印、复印审批表

打印、复印登记表

日期	部门	打印/复印	文件名称	页数	部门确认	操作人

▲打印、复印登记表

印章封存登记表

印章名称	
印模	
封存理由	
封存日期	年 月 日
单位负责人签字	签字： 日期：
存放部门	
其他说明	

▲印章封存登记表

印章销毁登记表

印章名称		印章数量	
销毁时间	年 月 日	销毁地点	
销毁人	指令人	监督人	
销毁原因：			
（印模）			
备注：			

▲印章销毁登记表

印章停用申请表

申请部门	印鉴样式	停用原因

董事长意见： 签字：　　　日期：
监事意见： 签字：　　　日期：
总经理意见： 签字：　　　日期：
停用印章处理意见： □封存，移交行政部保管，封存期：　　　，期满后由行政部到有关部门办理封存或销毁手续。 □销毁，移交行政部门，到有关部门办理封存或销毁手续。
行政部意见： 签字：　　　日期：
总经理意见： 签字：　　　日期：

注：印章办理销毁手续后，应把销毁回执交行政部。

▲印章停用申请表

印章管理办法

印章是公司经营管理活动中行使职权的重要凭证和工具，印章的管理，关系到公司正常经营管理活动的开展，甚至影响到公司的生存和发展。为加强公司现代企业制度的建设，规范公司各类印章的刻制、保管、监督使用以及登记建档等管理行为，有效控制各类印章使用带来的各种经济与法律责任风险，维护公司的利益，制定本办法。

一、印章的发放和回收

所有章印由行政部发放、回收。

二、印章的刻制

1. 印章刻制的申请、审核和批准：由需刻印部门负责人根据工作需要提出刻制印章的申请，经总经理审核批准后方可刻制。任何下属单位及部门都不得擅自私刻印章，一经发现将严肃处理。

2. 印章刻制：刻制申请经过批准后，统一由行政部办理。

三、印章的管理

1. 公司授权行政部及其他相关职能部门负责公司的各类印章管理工作，主要包括监督印章的使用和保管，并由行政部统一备案，同时下发印章启用的函告。

2. 印章必须由专人妥善保管，不得转借给他人使用。

3. 公司建立印章领用登记表，专人领取和归还印章情况在表上予以记录。

4. 印章持有情况纳入员工离职时移交工作的一部分，如员工持有公司印章的，须办理归还印章手续后方可办理离职手续。

四、印章的使用

1. 公司印章使用建立印章使用登记表制度，使用印章，及时登记。

2. 各类印章使用应具备的条件为：

（1）行政章：仅限于与之相对应的性质文件方能盖章。非特殊情况，不得当“专用”印章使用。

（2）合同专用章：仅限于各类合同、协议签订时专用。

（3）资料专用章：仅限于各类资料专用。

（4）财务专用章：财务专用章是在涉及到公司财务业务时使用的专门印章。如单位对外的现金、银行存款收付业务（预留银行印鉴、支票、汇票和业务委托书等）以及其他外部业务（如工商部门备案等用途）等。

（5）私人印鉴章：适用于签发支票、文件以及合同中需使用私人印鉴章等情况的印章。通常须经过其本人或其授权人确认，方可盖章。特殊情况下，可通过电话或其他科学有效的方法确认（应有记录），事后补签印章使用登记表（见附件 1）。

▲印章管理办法

印章保管人变更申请单

申请日期：

部门		印章名称	
原保管人		新保管人	
截止日期		开始日期	

原因说明：

申请人	审核人	批准人

▲印章保管人变更申请单

印章保管人交接单

交接印章名称			印章留样	
印章保管部门				
印章性质	□对内　　□对外			
交接说明	本人将管理印章期间的全部用印档案资料一并移交给继任印章保管人，若有遗漏用印情况导致公司遭受经济损失，无论公司何时发现，本人将承担全额赔偿责任。 本印章自　　年　　月　　日起，经印章授权人签字确认后，其保管责任和用印责任均由印章接收人　　　负责。			
印章交接人签字		日期	年　月　日	
印章接收人签字		日期	年　月　日	
印章授权人签字		日期	年　月　日	
备注	1. 印章交接双方之行为应当严格遵守《印章管理制度》； 2. 本印章自移交时起由接收人承担保管和监督用印责任； 3. 代为保管、异地用印等临时性印章交接的，应当及时将印章交回； 4. 异地用印的，接收人应全程负责印章保管和使用，且只能将印章用于申请事项，严禁超范围用印。			

▲印章保管人交接单

印章使用登记台账

日期	使用部门/人	使用内容	用印张次	使用人签字

▲印章使用登记台账

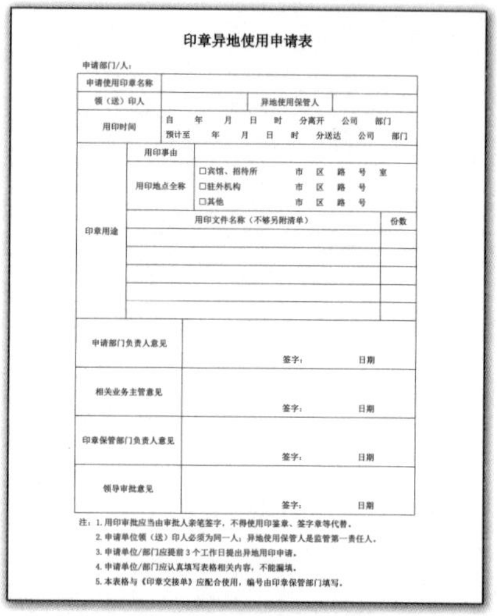

印章异地使用申请表

申请部门/人：

申请使用印章名称			
领（送）印人		异地使用保管人	
用印时间	自　年　月　日　时　分离开　公司　部门 预计至　年　月　日　时　分送达　公司　部门		
印章用途	用印事由		
	用印地点全称	□宾馆、招待所　市　区　路　号　室 □驻外机构　市　区　路　号 □其他　市　区　路　号	
	用印文件名称（不够另附清单）		份数
申请部门负责人意见	签字：　日期		
相关业务主管意见	签字：　日期		
印章保管部门负责人意见	签字：　日期		
领导审批意见	签字：　日期		

注：1. 用印审批应当由审批人亲笔签字，不得使用印鉴章、签字章等代替。
2. 申请单位领（送）印人必须为同一人；异地使用保管人是监管第一责任人。
3. 申请单位/部门应提前 3 个工作日提出异地用印申请。
4. 申请单位/部门应认真填写表格相关内容，不能漏填。
5. 本表格与《印章交接单》应配合使用，编号由印章保管部门填写。

▲印章异地使用申请表

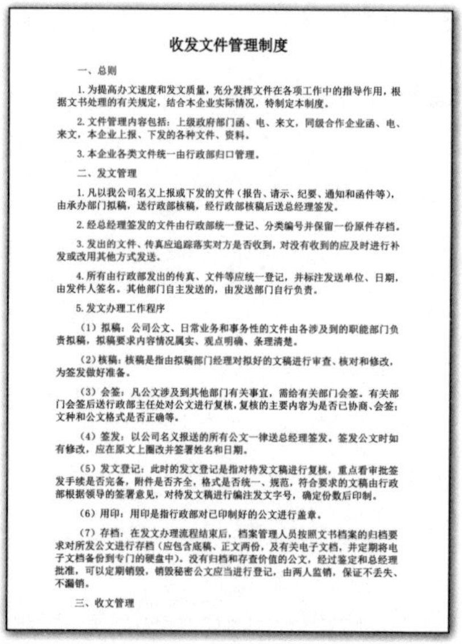

收发文件管理制度

一、总则

1. 为提高办文速度和发文质量，充分发挥文件在各项工作中的指导作用，根据文书处理的有关规定，结合本企业实际情况，特制定本制度。

2. 文件管理内容包括：上级政府部门函、电、来文，同级合作企业函、电、来文，本企业上报、下发的各种文件、资料。

3. 本企业各类文件统一由行政部归口管理。

二、发文管理

1. 凡以我公司名义上报或下发的文件（报告、请示、纪要、通知和函件等），由承办部门拟稿，送行政部核稿，经行政部核稿后送总经理签发。

2. 经总经理签发的文件由行政部统一登记、分类编号并保留一份原件存档。

3. 发出的文件、传真应追踪落实对方是否收到，对没有收到的应及时进行补发或改用其他方式发送。

4. 所有由行政部发出的传真、文件等应统一登记，并标注发送单位、日期，由发件人签名。其他部门自主发送的，由发送部门自行负责。

5. 发文办理工作程序

（1）拟稿：公司公文、日常业务和事务性的文件由各涉及到的职能部门负责拟稿，拟稿要求内容情况属实、观点明确、条理清楚。

（2）核稿：核稿是指由拟稿部门经理对拟好的文稿进行审查、核对和修改，为签发做好准备。

（3）会签：凡公文涉及到其他部门有关事宜，需给有关部门会签。有关部门会签后送行政部主任处对公文进行复核，复核的主要内容为是否已协商、会签；文种和公文格式是否正确等。

（4）签发：以公司名义报送的所有公文一律送总经理签发。签发公文时如有修改，应在原文上圈改并签署姓名和日期。

（5）发文登记：此时的发文登记是指对待发文稿进行复核，重点看审批签发手续是否完备，附件是否齐全，格式是否统一、规范，符合要求的文稿由行政部根据领导的签署意见，对待发文稿进行编注发文字号，确定份数后印制。

（6）用印：用印是指行政部对已印制好的公文进行盖章。

（7）存档：在发文办理流程结束后，档案管理人员按照文书档案的归档要求对所发公文进行存档（应包含底稿、正文两份，及有关电子文档，并定期将电子文档备份到专门的硬盘中）。没有归档和存查价值的公文，经过鉴定和总经理批准，可以定期销毁，销毁秘密公文应当进行登记，由两人监销，保证不丢失、不漏销。

三、收文管理

▲收发文件管理制度

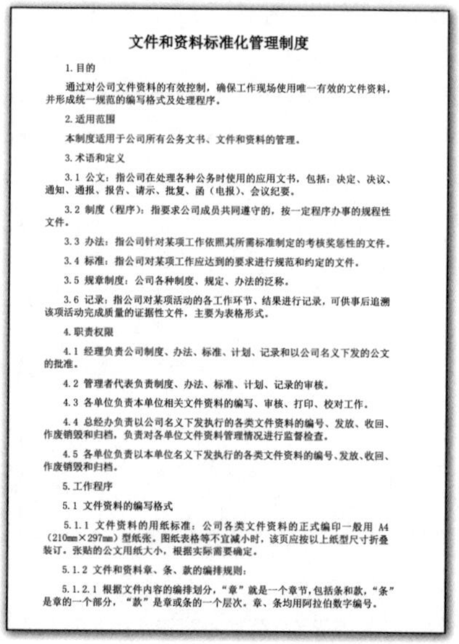

文件和资料标准化管理制度

1. 目的

通过对公司文件资料的有效控制，确保工作现场使用唯一有效的文件资料，并形成统一规范的编写格式及处理程序。

2. 适用范围

本制度适用于公司所有公务文书、文件和资料的管理。

3. 术语和定义

3.1 公文：指公司在处理各种公务时使用的应用文书，包括：决定、决议、通知、通报、报告、请示、批复、函（电报）、会议纪要。

3.2 制度（程序）：指要求公司成员共同遵守的，按一定程序办事的规程性文件。

3.3 办法：指公司针对某项工作依照其所需标准制定的考核奖惩性的文件。

3.4 标准：指公司对某项工作应达到的要求进行规范和约定的文件。

3.5 规章制度：公司各种制度、规定、办法的泛称。

3.6 记录：指公司对某项活动的各工作环节、结果进行记录，可供事后追溯该项活动完成质量的证据性文件，主要为表格形式。

4. 职责权限

4.1 经理负责公司制度、办法、标准、计划、记录和以公司名义下发的公文的批准。

4.2 管理者代表负责制度、办法、标准、计划、记录的审核。

4.3 各单位负责本单位相关文件资料的编写、审核、打印、校对工作。

4.4 总经办负责以公司名义下发执行的各类文件资料的编号、发放、收回、作废销毁和归档，负责对各单位文件资料管理情况进行监督检查。

4.5 各单位负责以本单位名义下发执行的各类文件资料的编号、发放、收回、作废销毁和归档。

5. 工作程序

5.1 文件资料的编写格式

5.1.1 文件资料的用纸标准：公司各类文件资料的正式编印一般用 A4（210mm×297mm）型纸张。图纸表格等不宜减小时，该页应按以上纸型尺寸折叠装订。张贴的公文用纸大小，根据实际需要确定。

5.1.2 文件和资料章、条、款的编排规则：

5.1.2.1 根据文件内容的编排划分，“章”就是一个章节，包括条和款，“条”是章的一个部分，“款”是章或条的一个层次。章、条均用阿拉伯数字编号。

▲文件和资料标准化管理制度

第 6 章

行政办公其他事务的管理

在日常办公中，很多与企业员工息息相关的事务都需要行政部来管理，如员工名片的印制、办公室钥匙的保管和员工心理健康的管理等。本章就来看看相关人员如何对行政办公中的其他事务进行有效管理。

6.1 名片管理

名片是企业员工开展业务、结交朋友和维持联系的工具，名片虽小，但却是个人身份的象征，同时，也代表了企业的品牌形象。名片既然代表了企业的品牌形象，那么其印制、使用和更新等就要有统一的规范，以树立企业良好形象。

6.1.1 企业名片应统一规范化

要想让名片给人留下深刻的印象，那么企业名片的样式和内容就要有良好的呈现，并且同一企业中员工使用的名片应该有统一标准。行政部在对名片的设计和制作进行标准统一时，可从以下几方面要素着手。

（1）名片规格

名片规格是指尺寸、纸质和排版方式。目前，常用的名片尺寸为 90 mm × 54 mm、90 mm × 50 mm 和 90 mm × 45 mm。与设计打交道的企业常常会采用较窄的名片尺寸，因为较窄的名片看起来会比较精致。行政部可根据企业的经营性质，为员工选择合适的名片尺寸。

名片的纸质有多种，比较普通且常用的是铜版纸，其价格经济实惠，对于名片用量大的企业来说是不错的选择，此类名片的用途主要是宣传。铜版纸覆膜与普通铜版纸相比，品质、手感更佳，也更耐用，不易粘色，但价格也会相应高一些。

如果想让名片看起来更高档，更能彰显个性，那么可以选择铜版纸亚膜加 UV 工艺。UV 只是在铜版纸覆膜上加一道工序，但可以让名片看起来更有工艺感，相应的价格也会更高。印制名片除了可以使用 UV 工艺外，还可以使用滴塑、无色凹凸和烫金等工艺，不同工艺其价格也有所不同。

除铜版纸外，荷兰白卡、莱妮纸、珠光纸和水纹纸等也是不少企业会选择的名片纸质。相比铜版纸，这几类纸的材质更好，因此使用这几类纸印制的名片其成本也更高。行政部在选择名片的纸质和工艺时，要充分考虑其印制成本。

名片的排版方式主要有横排和竖排两种，横排是比较常见的排版方式，竖排则更适合于个性化的名片设计，如图 6–1 所示。

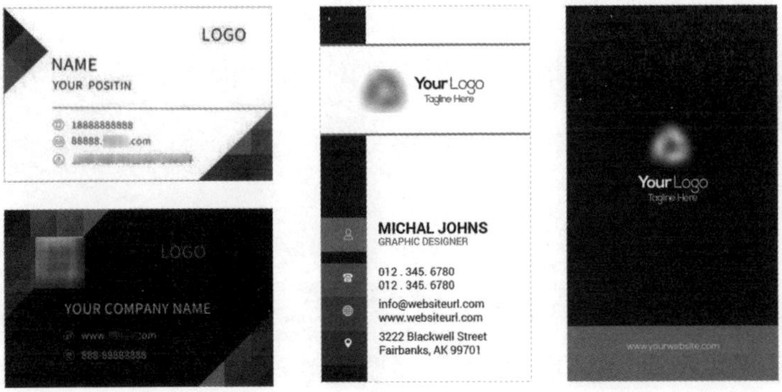

图 6–1

（2）字体字号

在制作名片时，还应考虑名片的字体字号。字体字号以美观呈现为原则，如果名片上的文字内容比较少，那么字体可以大一些，如果名片上的文字内容比较多，那么字体可以小一些。

一般来说，常用的字号有6号、7号、8号和9号等。公司名称要比其他字体大，常用的有12号、13号和14号等。名片的字体以简洁为宜，常用的字体样式有黑体、楷体、宋体、行楷以及方正黑体简体。行政部在为员工印制名片时还要注意一点，名片的颜色不宜花哨，以2～3种颜色为宜。

职场加油站

印制名片可以找广告公司或专业的名片制作公司设计并印制。如果本公司有专业的美工或设计师，也可以由本公司员工设计，将设计模板交给印制名片的公司印制，这样可以节省名片设计的费用。除此之外，也可以在网上下载名片模板，然后交由名片印制公司，让其为公司的名片排版。

6.1.2 名片的申请、印制和领取

对名片进行管理，除了要对名片的设计和制作规范进行要求外，还应规范名片的申请、印制和领取程序。

（1）名片的申请

企业中并不是所有的员工都需要名片，一般来说，部门主管、市场部和销售部人员及因工作原因需要进行对外联系的员工会需要印制名片。企业员工名片的印制一般由行政部负责，而因工作需要或名片消耗完毕需要印制名片的员工要提交名片印制申请给行政部。如下所示为名片印制申请表。

【实用模板】

名片印制申请表

申请人		印制数量	
联系电话		传真号码	
交件日期		预期费用	
印制类别	排版方式		
	名片质料		
	印刷色彩		
	印刷版面		
中文部分			
公司名称			
地址			
姓名		职务	
部门		联系电话	
传真		电子邮件	
英文部分			
Company			
Location			
Name		Position	
Department			
申请人		签字：	日期：
部门经理		签字：	日期：
行政部经理		签字：	日期：

▲名片印制申请表

申请人将名片印制申请表提交给行政部后，行政部要检查并确认申请人填写的姓名、职务、部门和联系电话是否正确，确认这些信息无误后，再签字。

名片印制申请表中的电子邮件地址一般填写企业配备的邮箱，企业没有配备邮箱的，可以填写个人电子邮件地址。

（2）名片的印制

根据申请人提交的名片印制申请表，行政部要联系印务方进行名片的印制。一般情况下，印务方会先制作名片小样，行政人员要检查名片小样上的姓名、电话号码等信息是否有误，并核对其版面排版等是否符合企业要求，确认无误后，印务方再进行印制。

印务方交货时，行政人员还要再次检查名片的规格、数量、内容以及版面，确认无误后再进行付款。需要注意，如果是印务方单方面导致印制的名片有问题，如颜色不对、纸质不符合要求等，可以要求印务方重新印制。

（3）名片的领取

名片印制好以后，行政人员要及时通知申请人领用。申请人在领取名片时，行政人员应请申请人填写名片领用登记表并签字，以作为申请人已领取名片的证明。

6.1.3 商务活动中名片的正确使用

在商务活动中，名片的使用是有讲究的，那么我们应该如何正确使用自己的名片呢？具体来说要做到以下几点。

◆ 随时携带名片

我们并不清楚什么时候会使用名片，因此，最好养成随时携带名片的习惯。特别是在工作的时间段内，不管是去其他公司拜访，还是去参加会议，都不要忘了携带自己的名片。携带名片时，要注意检查以下几点。

名片数量。检查名片数量的多少，名片的数量一定要充足，确保名片够用。

名片的类别。如果自己的名片有多种类别，那么就要分门别类地放置，这样在面对不同的交往对象时，才能准确地拿出合适的名片。

名片的外形。携带名片前，应检查名片是否完好无损，是否有褶皱、污渍以及涂改等情况，要确保携带的名片是干净无污垢的。

名片的放置。携带的名片不能随意放置在钱包或裤袋中，最好放在上衣口袋、名片夹或公文包中，并且最好固定一个名片的放置位置，这样在需要名片时，才能及时找到并递交给交往对象，否则会给人留下不可靠的印象。

◆ 递送名片

在日常人际交往中，不要吝惜你的名片，但也不能给每个遇到的人都递送名片。正确的做法是给希望建立联系的人递送名片。另外，在递送名片时也要注意察言观色，了解对方是否愿意与你结交。若对方没有意愿，那么也没必要递送名片。

递送名片的时机也很重要，一般来说，第一次见面时以及见面分别时，是递送名片的好时机。递送名片的顺序一般为“先低后高”，即双方交换名片时，应先由位低者向位高者递送名片，后者再回以自己的名片。如果是与多人递送名片，那么应依照职位高低或由近到远的顺序递送名片，避免跳跃式地递送名片。

递送名片时，应当郑重其事，将名片的正面向上，双手持握名片，上体稍向前倾，注视对方并面带微笑，同时说出：“这是我的名片，请多多指教。”注意不能直接单手持握名片，然后把名片扔给对方，这是极不礼貌的。

◆ 接受名片

当自己作为名片的接受方时，同样要以礼待人。接受名片时，如果自己是坐着的，而对方是站着的，那么首先要起身，并微笑注视对方，双手接过名片，同时说出：“谢谢。”如果自己手上有正在处理的事情，那么也要暂时放下手中的事情接受他人递送的名片。

行政前台在日常办公中，会常常遇到前来公司推销的业务员，而许多业务员都会递送名片给前台人员。面对推销人员的名片，行政前台人员也应态度谦和并道谢，以树立良好的企业形象。

◆ 存放名片

接受对方递送的名片后，不能看都不看一眼就随手扔在桌子上或塞到口袋中。应将他人的名片放在办公桌抽屉、名片夹、公文包或上衣口袋中，在放置的时候还要注意与本人的名片分开。

◆ 索要名片

在商务活动中，如果需要索要对方的名片，可以采取互换法或暗示法。互换法就是和对方主动交换名片，按常理，对方都会回一张自己的名片。如果对方没有回名片，那么可以主动询问“请问今后怎样联系您”。

面对对方索要自己名片的情况，如果自己不希望交换名片，可以回答说“名片刚用完”或“忘了携带名片”。如果自己确实没有名片，可直接告知对方自己没有印制名片。

6.2 钥匙管理

公司钥匙是重要的物件，其关系着公司财产的安全。那么怎样才能让钥匙的管理更安全、高效呢？这需要企业规范钥匙的使用权限，明确钥匙管理人员的职责。

6.2.1　公司钥匙使用情况汇总

在进行公司钥匙管理前，行政部首先要统计当前公司钥匙的位置、数量以及使用人等情况，可用钥匙使用情况汇总表进行统计。

【实用模板】

钥匙使用情况汇总表

房间号码	钥匙编号	部门（位置）	原有	配	合计	支出	留存	使用人
201	20	经理室	3		3	2	1	
	21	经贸部	3		3	2	1	
	22	外门	3	1	4	3	1	
	28	财务室	3		3	2	1	
202	16	外门	5	3	8	6	2	
	17	会客室	5		5	4	1	
	18	吸烟室	5		5	1	4	
	19	经理室	5		5	2	3	
	33	财务室防盗门	5		5	3	2	
203	13	外门	5	3	8	7	1	
	14	经理室	5		5	3	2	
	15	财务室	5		5	3	2	
204	11	办公室（外门）	5	5	10	5	5	
	34	办公室（东）	5	4	9	4	5	
	35	办公室（西）	5	4	9	3	6	
209	10	财务室	5		5	1	4	
210	6	财务室	5		5	3	2	
211	4	财务室	5		5	3	2	
	36	保险柜钥匙	3		3	1	2	
213	2	工程部（东）	5		5	1	4	
218	5	工程部	5		5	1	4	
231	7	开发部（外门）	5		5	3	2	
	8	开发部（内门）	5		5	2	3	
232	23	档案室	5	2	7	5	2	
318	1	总经理室	5	2	7	5	2	
312	24	大会议室	5		5	3	2	
……								

▲钥匙使用情况汇总表

上述钥匙使用情况汇总表适用于部门多、需要管理的钥匙数量也较多的公司。在进行钥匙统计时，行政人员可参考模板对钥匙进行编号，并为钥匙贴上标签。这样可以避免钥匙太多而混淆，同时也便于钥匙的汇总统计。

统计钥匙要统计原有钥匙的数量、所配钥匙的数量以及钥匙支出和留存的数量。通过这样的统计，就可以对钥匙的总数和留存情况做到心中有数，从而为钥匙的有效管理做好准备。

6.2.2 使公司钥匙管理规范化

对公司钥匙进行规范化管理，可从钥匙的保管、使用和配制等方面入手。

（1）钥匙的保管

公司钥匙应该由专人进行保管，如果公司的钥匙较多，那么可以分部门管理，做到责任到人。如公司大门和会议室钥匙由行政部人员进行保管，仓库和进出货闸门的钥匙由物管部人员进行保管，配电房和空调房的钥匙由物业办负责保管。针对公司钥匙和保管人较多的情况，行政部可以制作钥匙保管人登记表，在登记表中明确钥匙的保管人。

【实用模板】

钥匙保管人登记表

序号	位置	数量	保管人	所属部门	备注
1	公司大门	2	王××	行政部	
2	员工通道门	2	王××	行政部	
3	监控室	1	李××	行政部	
4	网络室	1	张××	质量管理部	
5	实验室	1	张××	质量管理部	
6	测量室	2	张××	质量管理部	
7	成品仓库	1	罗××	物流管理部	
……					

▲钥匙保管人登记表

钥匙保管人登记表的作用是明确公司保管钥匙的负责人，因此钥匙位置、数量、保管人和所属部门等信息都是不可缺少的。公司可以根据自身情况分配钥匙的保管人。

（2）钥匙的使用

确定了钥匙的保管人后，行政部要统一分发钥匙给保管人。保管人在统一领取钥匙时，行政部应让保管人签字领取。这样做的目的是明确职责。如下所示为钥匙领取登记表。

【实用模板】

钥匙领取登记表

领取日期	钥匙名称	数量	领取人部门	领取人姓名	领取人签名
2020.6.5	201	2	行政部	王××	王××
2020.6.5	202	2	行政部	王××	王××
2020.6.5	203	1	行政部	李××	李××
2020.6.5	204	1	质量管理部	张××	张××
2020.6.5	205	1	质量管理部	张××	张××
2020.6.5	206	2	质量管理部	张××	张××
2020.6.5	207	1	物流管理部	罗××	罗××
……					

▲钥匙领取登记表

从上述模板可以看出，钥匙领取登记表包括的内容有领取日期、钥匙名称、数量、领取人部门、领取人姓名和领取人签名。这里的钥匙名称指的是行政部根据钥匙位置对钥匙进行的编号。为了让钥匙领取登记表更清晰，还可以在登记表中增加“位置”栏，但要注意位置和钥匙名称一定要逐一对应。

钥匙的保管人是钥匙的直接使用人，在日常使用钥匙的过程中，行政部还应对保管人做出以下要求。

①保管人不得任意复制或随意借钥匙给其他同事。

②在日常办公中钥匙须随身携带。

③钥匙发生损毁或遗失应及时向行政部报备。

④员工离职时应归还钥匙并办理移交手续。

在日常办公中，还可能出现其他员工因工作原因需要借用钥匙的情况。因此行政部需要对钥匙的借用进行规范，明确员工借用钥匙须提前办理借用登记。

（3）钥匙的配制

公司的钥匙不能让员工随意配制。企业应规定因工作原因需要更换或配制钥匙的，应由部门负责人同意，行政部批准后才能配制。如下所示为钥匙配制申请表。

【实用模板】

钥匙配制申请表

<table>
<tr><td>申请部门</td><td></td><td>申请日期</td><td></td></tr>
<tr><td>配制区域</td><td colspan="3"></td></tr>
<tr><td>配制原因</td><td colspan="3"></td></tr>
<tr><td>配置数量</td><td></td><td>申请人</td><td></td></tr>
<tr><td colspan="4">申请部门经理意见
签字：
日期：</td></tr>
<tr><td colspan="4">行政部经理意见
签字：
日期：</td></tr>
</table>

▲钥匙配制申请表

申请人提交钥匙配制申请表后，行政部需要审核申请的配置区域和原因是否符合要求。配置钥匙后，要相应地在钥匙使用情况汇总表、钥匙保管人登记表和钥匙领取登记表中登记。

6.3 后勤服务管理

企业的每个员工都扮演者不同的角色，而行政人员则需要优化后勤管理，从而为企业开展各项工作做好服务保障。同时，主动做好后勤服务保障工作也是行政人员的工作职责。下面就来看看如何做好行政工作中的其他常见后勤服务。

6.3.1　办公室安全管理

安全管理与每一位员工都是息息相关的。定期进行安全培训，让员工履行安全职责，是保障员工在办公过程中的人身安全的重要方法。行政部可根据本企业的安全要求制定《办公室安全管理办法》，以明确员工的安全职责。在制定《办公室安全管理办法》时，可从办公室可能出现的安全隐患入手。

（1）用电安全管理

办公室的工作离不开大量的电器设备，如电脑、饮水机和打印机等。用电频繁、线路多且繁杂是办公室用电的特点，因此办公室用电安全不容忽视。针对办公室用电的情况，行政部可对用电安全作出以下规定。

①在使用同一个插线板时不可插用过多电器设备，避免插线板用电超载。

②给手机或电子设备充满电时，应及时拔掉充电器，不能将充电器一直插在插座上。

③使用各类办公设备时，应遵守操作程序，禁止违规操作，以保障用电安全。

④使用办公设备后，如打印机、碎纸机，应及时关闭电器电源，避免办公设备长时间待机。

⑤办公设备应远离可燃物，不要在办公设备旁堆砌杂物，避免引发火灾。

⑥下班后或放假时，应检查办公设备的电源是否关闭，若未关闭应马上关闭。

（2）火灾安全管理

办公室有很多纸张或小物件，这些物品大都是易燃品。因此日常工作中要做好防火工作，具体来说可有以下几点安全规定。

①办公室内禁止吸烟，如要吸烟可到吸烟区或空旷的室外进行。吸烟后应完全熄灭烟头。

②严禁员工滥用办公室配备的紧急救火设备，安全责任人要熟悉灭火器材的操作方法和应急疏散通道。

③在使用电器的过程中若出现火星、异味等异常情况，应立即停止操作，并及时报备维修。

④发现电源开关外壳或电线绝缘皮有破损情况时，应及时找维修

人员进行维修。

⑤不要遮挡或覆盖办公设备的出风口，应保持办公设备通风良好。

（3）交通安全管理

对于在经营过程中需要用车的企业来说，交通安全就尤为重要。天气、道路和驾驶员状态等都会带来安全隐患，对于交通安全，行政部可以做以下规定。

①驾驶员在驾驶途中要严格遵守交通规则，严禁超速行车、酒后或疲劳驾驶。

②驾驶员接到工作任务时，应提前做好准备，保证驾驶时有良好的精神状态。

③定期对车辆进行检查、维修和保养，发现车辆有问题后及时报修，使车辆保持良好的使用状态。

（4）其他安全管理

除了前面提到的安全隐患外，在日常办公中，还有其他比较容易忽视的安全隐患，如物品使用安全、滑到和绊倒等。针对这些安全隐患，行政部可进行以下管理规定。

①日常办公用品应妥善放置，使用后应及时归回原位，避免扎伤、碰伤他人。

②办公室地板应避免大量水渍，若地板被水淋湿，要及时清洁或设置安全提示，避免滑倒。

③员工在办公区域走动时要注意脚下，禁止在办公区域打闹，避

免绊倒事故发生。

④员工端着热水时应慢行，避免热水洒出烫伤他人。

⑤在高处取放物品时应使用稳固梯子等支撑物，不要站在不稳定的物件上取放东西，如旋转椅、纸箱等。

6.3.2 员工心理健康管理

员工心理健康的好坏会直接影响工作的成效。随着生活节奏的加快，工作压力的加大，越来越多的企业员工面临各种心理问题。对员工心理健康进行管理，一定程度上能降低管理成本，提高企业经营绩效。对员工的心理健康进行管理要从企业实际出发，具体措施有以下几种。

◆ 加强培训

对员工进行岗位技能和心理健康知识的培训，让员工提高工作能力，使岗位工作更加得心应手，减少因工作能力不足带来的工作压力。还可向员工普及心理健康知识，使员工正确认识心理健康问题，学会自我调节不良情绪。

◆ 人文关怀

行政部可对员工进行心理健康的调查。可通过建立员工诉求机制或采用问卷调查等方法来进行，如设立企业信箱，为员工发表意见或袒露情感提供平台。

了解员工的心理状况后，再有针对性地进行心理疏导，让员工的负面情绪能及时得到引导。在生活和工作上对员工给予帮助，提高员工的安全感，加强员工与企业间的情感维系。

◆ 合理激励

物质激励和精神激励是企业激励的两种手段，企业应完善薪酬制度，以保证员工拥有良好的生活保障。在物质激励的基础上，可以辅以精神激励，让员工有实现个人价值的成就感。

针对不同的员工可采取不同的激励方式，但激励必须是公平公正的。如果员工对企业的激励方式感到不满，自然会影响工作状态。

◆ 工作环境

工作环境的好坏也会影响员工的心理状态。为员工提供良好的工作环境，可以提高员工工作时的舒适感。用绿植装扮办公环境、工作中适时插播音乐以及给员工合理的休息时间等，都是提高工作环境舒适度的有效方式。

6.3.3　员工宿舍管理

对于为员工提供宿舍的企业来说，为了让员工有一个舒适的休息环境，需要对员工宿舍进行管理。行政部可设置宿舍管理员，让其负责宿舍的内务管理。在对员工宿舍进行管理的过程中，首先需要健全住宿登记制度，以便安排床位，对宿舍进行统一管理。

企业可规定员工在入住宿舍之前，应提交员工宿舍入住申请登记表，经行政部审核通过后，再由行政部统一安排房间和床位。对已安排入住的员工，要在员工住宿情况登记表中进行统计。员工入住企业宿舍后，需要对宿舍秩序进行相关规定。如下所示为某企业对员工住宿的相关规定，行政部可参考后进行住宿管理。

①宿舍床位统一由行政部安排，不准私自调换房间、床位。

②集体宿舍床位只限本人使用，住宿人员不得将床位转租或出借给其他人使用。一经发现，立即取消其住宿资格，并追究其相关责任。

③宿舍租金由公司统一支付，宿舍水电费由公司承担一部分，各宿舍员工分摊其宿舍的另一部分。其他费用由员工自行承担。

④公司宿舍不允许留宿外来人员，如有特殊情况，应先到行政部报备，等行政部备案同意后方可入住。

⑤自觉爱护公物，宿舍内由公司提供的所有物品，住宿人员有义务维护其完好。如发现恶意破坏者，维修费用由其个人全部承担并视情节严重给予纪律处分。

⑥已入住员工需退宿的，须提前 3 天到行政部注销备案，否则与在住员工一样交纳各种费用。

⑦住宿员工离职必须在离职两天内搬离宿舍，到行政部交回钥匙方可办理离职手续。

除上述内容外，对于宿舍公共环境卫生以及各种物品的使用也可以进行规定。如规定员工要保持宿舍内外环境卫生的清洁，不得在宿舍内使用或存放危险品、易燃品和违禁品等。

【实用模板】

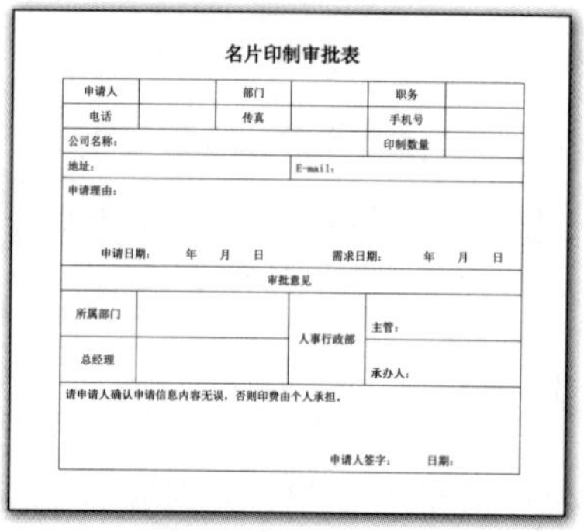
名片印制审批表

申请人		部门		职务	
电话		传真		手机号	
公司名称：				印制数量	
地址：			E-mail：		
申请理由： 申请日期： 年 月 日 需求日期： 年 月 日					
审批意见					
所属部门		人事行政部	主管：		
总经理			承办人：		
请申请人确认申请信息内容无误，否则印费由个人承担。 申请人签字： 日期：					

▲名片印制审批表

名片领用登记表

日期	部门	数量	领用人签字	金额

▲名片领用登记表

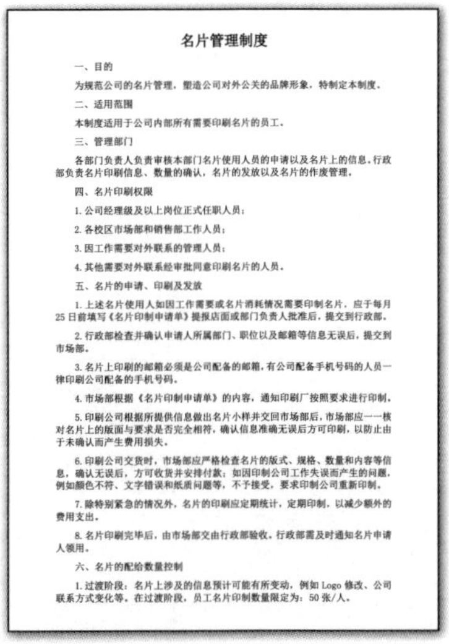

名片管理制度

一、目的

为规范公司的名片管理，塑造公司对外公关的品牌形象，特制定本制度。

二、适用范围

本制度适用于公司内部所有需要印刷名片的员工。

三、管理部门

各部门负责人负责审核本部门名片使用人员的申请以及名片上的信息。行政部负责名片印刷信息、数量的确认，名片的发放以及名片的作废管理。

四、名片印刷权限

1. 公司经理级及以上岗位正式任职人员；

2. 各校区市场部和销售部工作人员；

3. 因工作需要对外联系的管理人员；

4. 其他需要对外联系经审批同意印刷名片的人员。

五、名片的申请、印刷及发放

1. 上述名片使用人如因工作需要或名片消耗情况需要印制名片，应于每月 25 日前填写《名片印制申请单》提报店面或部门负责人批准后，提交到行政部。

2. 行政部检查并确认申请人所属部门、职位以及邮箱等信息无误后，提交到市场部。

3. 名片上印刷的邮箱必须是公司配备的邮箱，有公司配备手机号码的人员一律印刷公司配备的手机号码。

4. 市场部根据《名片印制申请单》的内容，通知印刷厂按照要求进行印制。

5. 印刷公司根据所提供信息做出名片小样并交回市场部后，市场部应一一核对名片上的版面与要求是否完全相符，确认信息准确无误后方可印刷，以防止由于未确认而产生费用损失。

6. 印刷公司交货时，市场部应严格检查名片的版式、规格、数量和内容等信息，确认无误后，方可收货并安排付款；如因印制公司工作失误而产生的问题，例如颜色不符、文字错误和纸质问题等，不予接受，要求印制公司重新印制。

7. 除特别紧急的情况外，名片的印刷应定期统计，定期印制，以减少额外的费用支出。

8. 名片印刷完毕后，由市场部交由行政部验收。行政部需及时通知名片申请人领用。

六、名片的配给数量控制

1. 过渡阶段：名片上涉及的信息预计可能有所变动，例如 Logo 修改、公司联系方式变化等。在过渡阶段，员工名片印制数量限定为：50 张/人。

▲名片管理制度

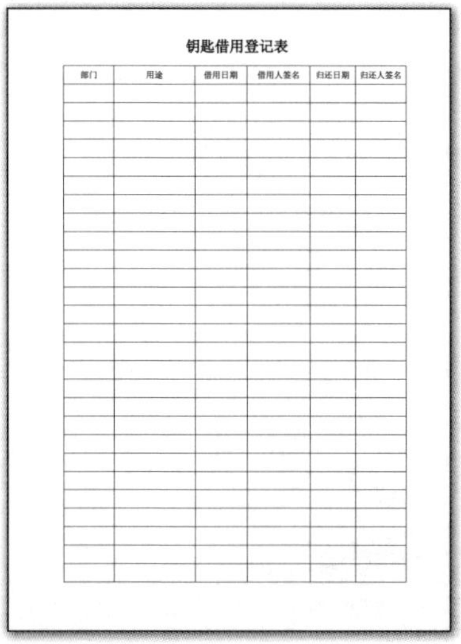

钥匙借用登记表

部门	用途	借用日期	借用人签名	归还日期	归还人签名

▲钥匙借用登记表

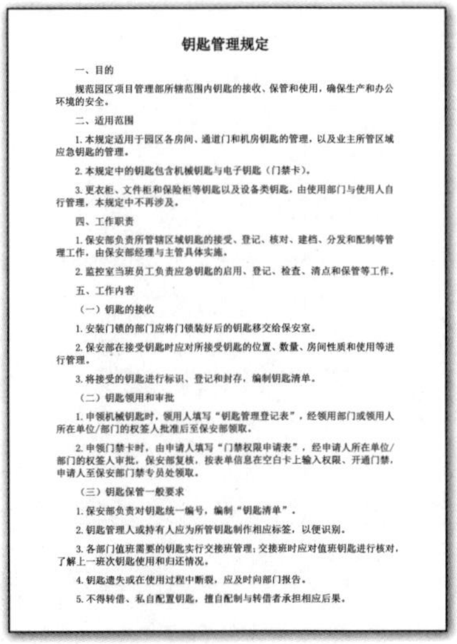

钥匙管理规定

一、目的

规范园区项目管理部所辖范围内钥匙的接收、保管和使用，确保生产和办公环境的安全。

二、适用范围

1. 本规定适用于园区各房间、通道门和机房钥匙的管理，以及业主所管区域应急钥匙的管理。

2. 本规定中的钥匙包含机械钥匙与电子钥匙（门禁卡）。

3. 更衣柜、文件柜和保险柜等钥匙以及设备类钥匙，由使用部门与使用人自行管理，本规定中不再涉及。

四、工作职责

1. 保安部负责所管辖区域钥匙的接受、登记、核对、建档、分发和配制等管理工作，由保安部经理与主管具体实施。

2. 监控室当班员工负责应急钥匙的启用、登记、检查、清点和保管等工作。

五、工作内容

（一）钥匙的接收

1. 安装门锁的部门应将门锁装好后的钥匙移交给保安室。

2. 保安部在接受钥匙时应对所接受钥匙的位置、数量、房间性质和使用等进行管理。

3. 将接受的钥匙进行标识、登记和封存，编制钥匙清单。

（二）钥匙领用和审批

1. 申领机械钥匙时，领用人填写“钥匙管理登记表”，经领用部门或领用人所在单位/部门的权签人批准后至保安部领取。

2. 申领门禁卡时，由申请人填写“门禁权限申请表”，经申请人所在单位/部门的权签人审批，保安部复核，按表单信息在空白卡上输入权限、开通门禁，申请人至保安部门禁专员处领取。

（三）钥匙保管一般要求

1. 保安部负责对钥匙统一编号，编制“钥匙清单”。

2. 钥匙管理人或持有人应为所管钥匙制作相应标签，以便识别。

3. 各部门值班需要的钥匙实行交接班管理；交接班时应对值班钥匙进行核对，了解上一班次钥匙使用和归还情况。

4. 钥匙遗失或在使用过程中断裂，应及时向部门报告。

5. 不得转借、私自配置钥匙，擅自配制与转借者承担相应后果。

▲钥匙管理规定

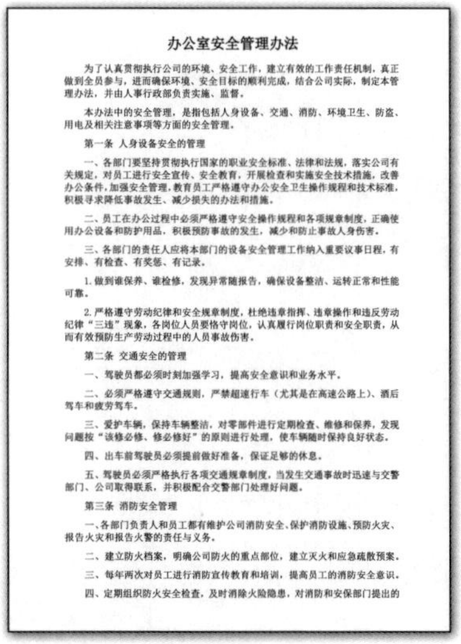

办公室安全管理办法

为了认真贯彻执行公司的环境、安全工作，建立有效的工作责任机制，真正做到全员参与，进而确保环境、安全目标的顺利完成，结合公司实际，制定本管理办法，并由人事行政部负责实施、监督。

本办法中的安全管理，是指包括人身设备、交通、消防、环境卫生、防盗、用电及相关注意事项等方面的安全管理。

第一条 人身设备安全的管理

一、各部门要坚持贯彻执行国家的职业安全标准、法律和法规，落实公司有关规定，对员工进行安全宣传、安全教育，开展检查和实施安全技术措施，改善办公条件，加强安全管理，教育员工严格遵守办公安全卫生操作规程和技术标准，积极寻求降低事故发生、减少损失的办法和措施。

二、员工在办公过程中必须严格遵守安全操作规程和各项规章制度，正确使用办公设备和防护用品，积极预防事故的发生，减少和防止事故人身伤害。

三、各部门的责任人应将本部门的设备安全管理工作纳入重要议事日程，有安排、有检查、有奖惩、有记录。

1. 做到谁保养、谁检修，发现异常随报告，确保设备整洁、运转正常和性能可靠。

2. 严格遵守劳动纪律和安全规章制度，杜绝违章指挥、违章操作和违反劳动纪律“三违”现象，各岗位人员要恪守岗位，认真履行岗位职责和安全职责，从而有效预防生产劳动过程中的人员事故伤害。

第二条 交通安全的管理

一、驾驶员都必须时刻加强学习，提高安全意识和业务水平。

二、必须严格遵守交通规则，严禁超速行车（尤其是在高速公路上）、酒后驾车和疲劳驾车。

三、爱护车辆，保持车辆整洁，对零部件进行定期检查、维修和保养，发现问题按“该修必修、修必修好”的原则进行处理，使车辆随时保持良好状态。

四、出车前驾驶员必须提前做好准备，保证足够的休息。

五、驾驶员必须严格执行各项交通规章制度，当发生交通事故时迅速与交警部门、公司取得联系，并积极配合交警部门处理好问题。

第三条 消防安全管理

一、各部门负责人和员工都有维护公司消防安全、保护消防设施、预防火灾、报告火灾和报告火警的责任与义务。

二、建立防火档案，明确公司防火的重点部位，建立灭火和应急疏散预案。

三、每年两次对员工进行消防宣传教育和培训，提高员工的消防安全意识。

四、定期组织防火安全检查，及时消除火险隐患，对消防和安保部门提出的

▲办公室安全管理办法

员工心理健康调查问卷

各位同事大家好，为能更好地树立企业文化，增强公司精神文明建设，行政部特向各位征集各方面意见，以便为大家提供更好的服务，请大家如实完整地将《员工心理健康调查问卷》填写完毕并提交，非常感谢。

Q1：您的性别

______

Q2：部门

______

Q3：职务

○ 一般职员

○ 基层管理人员

○ 中层管理人员

○ 高层管理人员

Q4：婚姻状况

○ 已婚

○ 未婚

○ 离异

○ 丧偶

Q5：学历

○ 高中或中专

○ 大专

○ 本科

○ 本科以上

Q6：在单位工作时间：

○ 少于半年

○ 半年ˇ1年

○ 1ˇ3年

○ 4ˇ6年

○ 7ˇ10年

○ 11年及以上

Q7：您认为自己的压力处于：

□ 无

□ 轻度，未影响工作、生活

□ 中度，有时伴有头痛、失眠、注意力不集中等症状

□ 严重，经常头痛、失眠、提不起精神等症状，已影响工作、生活

Q8：您的压力主要来自：

□ 工作

▲员工心理健康调查问卷

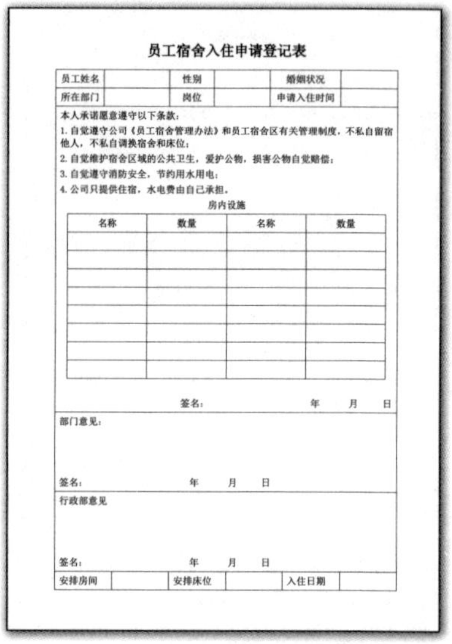

员工宿舍入住申请登记表

员工姓名		性别		婚姻状况	
所在部门		岗位		申请入住时间	

本人承诺愿意遵守以下条款：

1. 自觉遵守公司《员工宿舍管理办法》和员工宿舍区有关管理制度，不私自留宿他人，不私自调换宿舍和床位；

2. 自觉维护宿舍区域的公共卫生，爱护公物，损害公物自觉赔偿；

3. 自觉遵守消防安全，节约用水用电；

4. 公司只提供住宿，水电费由自己承担。

房内设施

名称	数量	名称	数量

签名：　　　　年　　月　　日

部门意见：

签名：　　　　年　　月　　日

行政部意见

签名：　　　　年　　月　　日

安排房间		安排床位		入住日期	

▲员工宿舍入住申请登记表

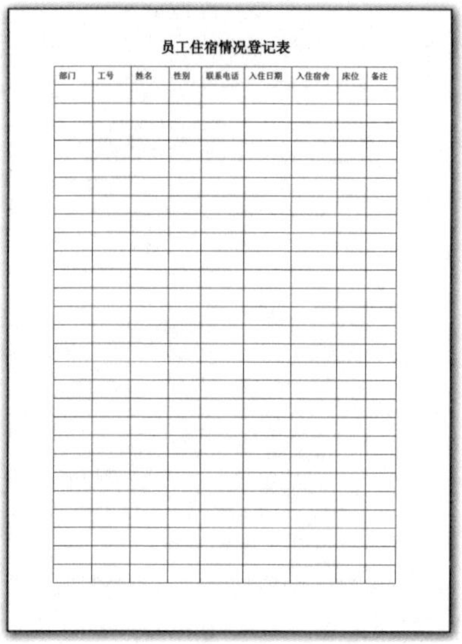

员工住宿情况登记表

部门	工号	姓名	性别	联系电话	入住日期	入住宿舍	床位	备注

▲员工住宿情况登记表

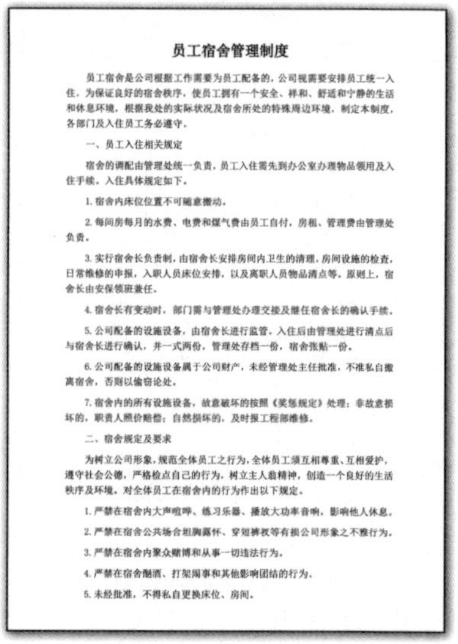

员工宿舍管理制度

员工宿舍是公司根据工作需要为员工配备的，公司视需要安排员工统一入住，为保证良好的宿舍秩序，使员工拥有一个安全、祥和、舒适和宁静的生活和休息环境，根据我处的实际状况及宿舍所处的特殊周边环境，制定本制度，各部门及入住员工务必遵守。

一、员工入住相关规定

宿舍的调配由管理处统一负责，员工入住需先到办公室办理物品领用及入住手续，入住具体规定如下。

1. 宿舍内床位位置不可随意挪动。

2. 每间房每月的水费、电费和煤气费由员工自付，房租、管理费由管理处负责。

3. 实行宿舍长负责制，由宿舍长安排房间内卫生的清理，房间设施的检查，日常维修的申报，入职人员床位安排，以及离职人员物品清点等。原则上，宿舍长由安保领班兼任。

4. 宿舍长有变动时，部门需与管理处办理交接及继任宿舍长的确认手续。

5. 公司配备的设施设备，由宿舍长进行监管。入住后由管理处进行清点后与宿舍长进行确认，并一式两份，管理处存档一份，宿舍张贴一份。

6. 公司配备的设施设备属于公司财产，未经管理处主任批准，不准私自搬离宿舍，否则以偷窃论处。

7. 宿舍内的所有设施设备，故意破坏的按照《奖惩规定》处理；非故意损坏的，职责人照价赔偿；自然损坏的，及时报工程部维修。

二、宿舍规定及要求

为树立公司形象，规范全体员工之行为，全体员工须互相尊重、互相爱护，遵守社会公德，严格检点自己的行为，树立主人翁精神，创造一个良好的生活秩序及环境。对全体员工在宿舍内的行为作出以下规定。

1. 严禁在宿舍内大声喧哗、练习乐器、播放大功率音响，影响他人休息。

2. 严禁在宿舍公共场合袒胸露怀、穿短裤衩等有损公司形象之不雅行为。

3. 严禁在宿舍内聚众赌博和从事一切违法行为。

4. 严禁在宿舍酗酒、打架闹事和其他影响团结的行为。

5. 未经批准，不得私自更换床位、房间。

▲员工宿舍管理制度

第 7 章

从全局出发控制行政管理费用

管理费用是企业行政管理部门为组织和管理生产经营活动而发生的各种费用。行政部门要对管理费用进行控制，首先要从全局出发，做好预算管理，其次要在使用过程中对管理费用进行控制。

7.1 预算管理是最有效的控制

这里的预算管理是指对行政管理费用的支出成本所做的预算。通过事先做好预算计划，并按照预算计划执行，可以有效控制行政管理费用。

7.1.1 管理费用预算的流程

总的来说，行政管理费用的预算包括编制、审核、修正和执行 4 个步骤，具体流程如图 7-1 所示。

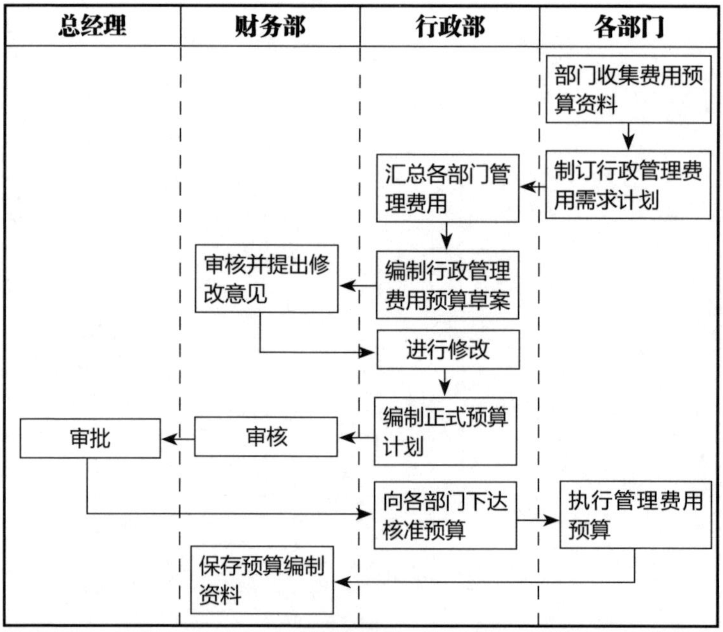

图 7-1

7.1.2　精打细算管理费用预算

行政管理费用是由多个部分构成的。根据行政管理费用预算的流程可知，在编制行政管理费用预算方案时，行政部首先要整理编制依据。编制依据包括两方面，一是企业相关制度和费用标准规定，二是行政费用的统计和汇总分析。

对行政管理费用进行统计时，首先要进行费用分类，明确行政管理费用的范围。比如可将行政管理费用分为办公费用、招待费用、食堂费用、宣传费用、宿舍费用和固定资产费用等类型。其次，进行行政管理费用统计与核对，具体可分两步进行，如图 7–2 所示。

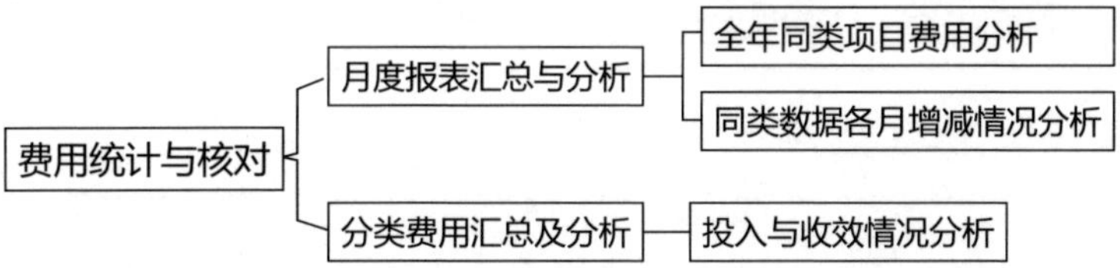

图 7–2

进行行政管理费用汇总分析时，要编制年度行政管理费用汇总表（指过去年度），然后对各类费用进行分析。可通过趋势图或各类行政管理费用支出情况对比图进行分析。

完成行政管理费用预算编制依据的整理后，接下来要做好工作立项，明确年度行政工作计划。在这一过程中，要根据企业整体的工作计划进行年度人员编制的预测，明晰费用管理的目标。

最后，要完善预算汇编，即结合管理目标对费用数据进行完善，形成费用预算表。形成预算报表后再提交上级进行审核，根据上级的要求进行调整和完善，形成最终的预算报表。

实践中，企业进行行政管理费用预算的方法有很多。下面以办公用品费用年度预算为例，来看看具体的预算过程，以帮助我们更好地理解如何进行行政管理费用的预算（以下数据为虚拟数据，在具体进行预算时企业要以实际数据为准）。

一、根据企业的制度和费用标准对办公用品月度、季度和年度费用进行估算，得到表7–1。

表7–1 办公用品费用估算

项目	第一季度			第二季度			第三季度			第四季度			月均 / 人
	1月	2月	3月	4月	5月	6月	7月	8月	9月	10月	11月	12月	¥30
月度	¥40	¥30	¥25	¥25	¥35	¥25	¥40	¥25	¥35	¥25	¥25	¥30	
季度	¥95			¥85			¥100			¥80			
年度	¥360												

二、对过去年度（假设为2019年）办公用品费用进行统计汇总，得到表7–2。

表7–2 2019年度办公用品费用统计汇总

月份	1月	2月	3月	4月	5月	6月	7月	8月	9月	10月	11月	12月
人数	20	26	24	24	30	35	35	35	30	30	28	26
金额	¥490	¥663	¥660	¥672	¥885	¥980	¥1050	¥1050	¥915	¥960	¥924	¥910
人均	¥24.5	¥25.5	¥27.5	¥28	¥29.5	¥28	¥30	¥30	¥30.5	¥32	¥33	¥35

根据表7–2的统计汇总数据，还可以计算出季度人均和年度人均办公用品费用。

三、对2020年各部门人员编制情况进行预测，得到表7–3。

表 7-3　2020 年各部门人员编制预测

部门	1月	2月	3月	4月	5月	6月	7月	8月	9月	10月	11月	12月
行政部	6	5	5	5	6	6	6	6	6	6	6	5
销售部	15	12	12	13	14	16	16	16	14	15	15	15
市场部	10	9	9	10	11	13	13	11	13	14	13	13
财务部	4	4	4	4	4	5	5	5	5	5	5	5
合计	35	30	30	32	35	40	40	38	38	40	39	38

四、根据工作计划和目标对办公用品费用进行预算。假设管理目标是减少管理费用，因此目标人均费用就要比上年度的人均费用相应减少，得到表 7-4。

表 7-4　2020 年办公用品费用预算表（初算）

类别	1月	2月	3月	4月	5月	6月	7月	8月	9月	10月	11月	12月
人数	35	30	30	32	35	40	40	38	38	40	39	38
人均费用标准	￥40	￥30	￥25	￥25	￥35	￥25	￥40	￥25	￥35	￥25	￥25	￥30
2019 年人均费用	￥24.5	￥25.5	￥27.5	28	￥29.5	￥28	￥30	￥30	￥30.5	￥32	￥33	￥35
目标人均费用	￥20	￥25	￥26	25	￥28	￥26	￥28	￥25	￥30	￥30	￥30	￥30
目标预算金额	￥700	￥750	￥780	￥800	￥980	￥1040	￥1120	￥950	￥1140	￥1200	￥1170	￥1140

五、根据预算审核意见，对办公用品费用进行调整，最后得到办公用品费用预算表（终表），如表 7-5 所示。

表 7-5　2020 年办公用品费用预算表（终表）

类别	1月	2月	3月	4月	5月	6月	7月	8月	9月	10月	11月	12月
人数	35	30	30	32	35	40	40	38	38	40	39	38

续表

人均费用标准	¥40	¥30	¥25	¥25	¥35	¥25	¥40	¥25	¥35	¥25	¥25	¥30
调整后目标人均费用	¥25	¥25	¥26	¥25	¥28	¥26	¥30	¥25	¥30	¥30	¥30	¥30
调整后目标预算金额	¥875	¥750	¥780	¥800	¥980	¥1040	¥1200	¥950	¥1140	¥1200	¥1170	¥1140
季度人均	¥25.32			¥26.36			¥28.36			¥30		
年度人均	¥27.64											

7.1.3 制订管理费用预算方案

为明确企业行政管理费用的预算方法和程序，加强企业的预算管理，企业可以制定《行政费用管理办法》，对行政管理费用进行预算管理。如下所示为某企业行政费用管理办法部分内容。

【实用模板】

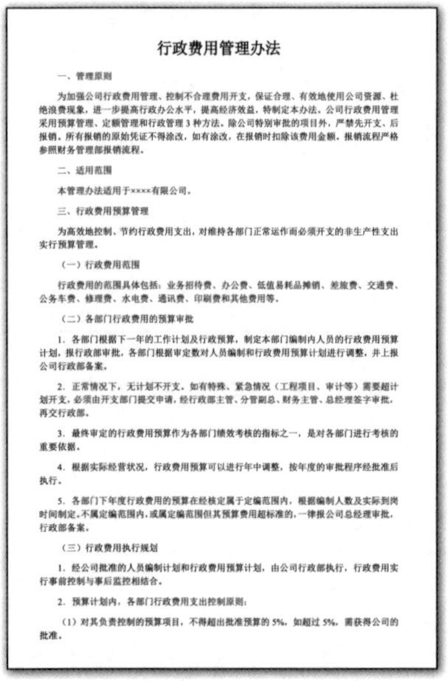

行政费用管理办法

一、管理原则

为加强公司行政费用管理、控制不合理费用开支，保证合理、有效地使用公司资源、杜绝浪费现象，进一步提高行政办公水平，提高经济效益，特制定本办法。公司行政费用管理采用预算管理、定额管理和行政管理3种方法。除公司特别审批的项目外，严禁先开支、后报销。所有报销的原始凭证不得涂改，如有涂改，在报销时扣除该费用金额。报销流程严格参照财务管理部报销流程。

二、适用范围

本管理办法适用于××××有限公司。

三、行政费用预算管理

为高效地控制、节约行政费用支出，对维持各部门正常运作而必须开支的非生产性支出实行预算管理。

（一）行政费用范围

行政费用的范围具体包括：业务招待费、办公费、低值易耗品摊销、差旅费、交通费、公务车费、修理费、水电费、通讯费、印刷费和其他费用等。

（二）各部门行政费用的预算审批

1．各部门根据下一年的工作计划及行政预算，制定本部门编制内人员的行政费用预算计划，报行政部审批，各部门根据审定数对人员编制和行政费用预算计划进行调整，并上报公司行政部备案。

2．正常情况下，无计划不开支。如有特殊、紧急情况（工程项目、审计等）需要超计划开支，必须由开支部门提交申请，经行政部主管、分管副总、财务主管、总经理签字审批，再交行政部。

3．最终审定的行政费用预算作为各部门绩效考核的指标之一，是对各部门进行考核的重要依据。

4．根据实际经营状况，行政费用预算可以进行年中调整，按年度的审批程序经批准后执行。

5．各部门下年度行政费用的预算在经核定属于定编范围内，根据编制人数及实际到岗时间制定。不属定编范围内，或属定编范围但其预算费用超标准的，一律报公司总经理审批，行政部备案。

（三）行政费用执行规划

1．经公司批准的人员编制计划和行政费用预算计划，由公司行政部执行，行政费用实行事前控制与事后监控相结合。

2．预算计划内，各部门行政费用支出控制原则：

（1）对其负责控制的预算项目，不得超出批准预算的5%，如超过5%，需获得公司的批准。

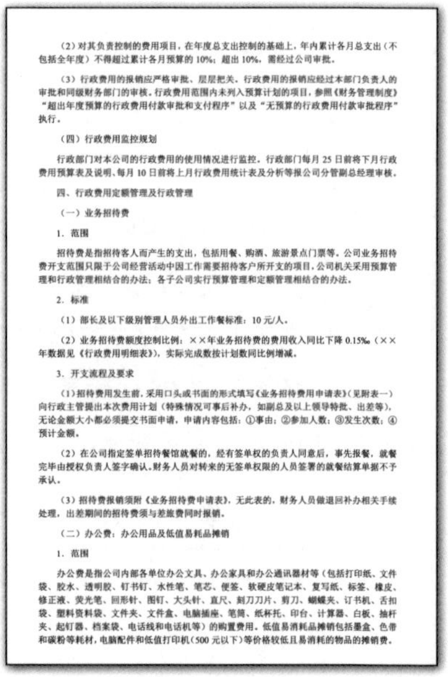

（2）对其负责控制的费用项目，在年度总支出控制的基础上，年内累计各月总支出（不包括全年度）不得超过累计各月预算的10%；超出10%，需经过公司审批。

（3）行政费用的报销应严格审批、层层把关。行政费用的报销应经过本部门负责人的审批和同级财务部门的审核。行政费用范围内未列入预算计划的项目，参照《财务管理制度》"超出年度预算的行政费用付款审批和支付程序"以及"无预算的行政费用付款审批程序"执行。

（四）行政费用监控规划

行政部门对本公司的行政费用的使用情况进行监控。行政部门每月25日前将下月行政费用预算表及说明、每月10日前将上月行政费用统计表及分析等报公司分管副总经理审核。

四、行政费用定额管理及行政管理

（一）业务招待费

1．范围

招待费是指招待客人而产生的支出，包括用餐、购酒、旅游景点门票等。公司业务招待费开支范围只限于公司经营活动中因工作需要招待客户所开支的项目，公司机关采用预算管理和行政管理相结合的办法；各子公司实行预算管理和定额管理相结合的办法。

2．标准

（1）部长及以下级别管理人员外出工作餐标准：10元/人。

（2）业务招待费额度控制比例：××年业务招待费的费用收入同比下降0.15‰（××年数据见《行政费用明细表》），实际完成数按计划数同比例增减。

3．开支流程及要求

（1）招待费用发生前，采用口头或书面的形式填写《业务招待费用申请表》（见附表一）向行政主管提出本次费用计划（特殊情况可事后补办，如副总及以上领导特批、出差等），无论金额大小都必须提交书面申请，申请内容包括：①事由；②参加人数；③发生次数；④预计金额。

（2）在公司指定签单招待餐馆就餐的，经有签单权的负责人同意后，事先报餐，就餐完毕由授权负责人签字确认。财务人员对转来的无签单权限的人员签署的就餐结算单据不予承认。

（3）招待费报销须附《业务招待费申请表》，无此表的，财务人员做退回补办相关手续处理，出差期间的招待费须与差旅费同时报销。

（二）办公费：办公用品及低值易耗品摊销

1．范围

办公费是指公司内部各单位办公文具、办公家具和办公通讯器材等（包括打印纸、文件袋、胶水、透明胶、钉书钉、水性笔、笔芯、便签、软硬皮笔记本、复写纸、标签、橡皮、修正液、荧光笔、回形针、图钉、大头针、直尺、刻刀刀片、剪刀、蝴蝶夹、订书机、舌扣袋、塑料资料袋、文件夹、文件盒、电脑插座、笔筒、纸杯托、印台、计算器、白板、抽杆夹、起钉器、档案袋、电话线和电话机等）的购置费用。低值易消耗品摊销包括墨盒、色带和碳粉等耗材，电脑配件和低值打印机（500元以下）等价格较低且易消耗的物品的摊销费。

▲行政费用管理办法

从上述模板可以看出，针对行政费用预算管理，该管理办法中主要规定了4点内容，包括行政费用的范围、行政费用的预算审批、行政费用的执行规划和行政费用的监控规划。

其中，在行政费用的预算审批内容中，该管理办法规定了“最终审定的行政费用预算作为各部门绩效考核的指标之一，是对各部门进行考核的重要依据”。在实践中，通常会以行政管理费用控制率来作为考核指标，即以实际行政管理费用除以计划行政管理费用预算的比率来作为考核指标。将行政费用预算作为考核指标也是对行政费用进行控制的一种方法，企业可以根据需要选择是否将其纳入考核范围。

7.1.4　预算调整需不需要

这里的预算调整是指在执行行政管理费用预算的过程中，对特殊情况需要增加或减少预算的管理费用进行变更。预算调整并不是必需的，也不是说只要在执行行政管理费用预算时，预算与实际不符就需要进行预算调整。实际上，进行预算调整需要满足一定的条件。一般来说，以下几种情况会需要进行预算调整。

- ◆ 现有的行政管理费用预算计划不能满足企业当前阶段工作目标的要求。
- ◆ 现有的行政管理费用预算无法顺利执行。
- ◆ 企业的市场环境或经营条件发生变化，使得行政管理费用预算的编制基础不成立。
- ◆ 按现有行政管理费用预算计划继续执行会导致预算执行结果产生重大偏差。
- ◆ 具有进行行政管理费用预算调整的其他正当理由。

对行政管理费用进行预算调整需要遵循一定的原则，一是调整后的预算方案不能偏离企业实际或年度预算目标；二是调整后的预算方案要能够在经济上实现最优化；三是调整的重点应是预算执行过程中出现的重要的、不符合常规的关键性差异。

行政管理费用的预算调整也需要按一定的流程来进行。首先，各部门要根据本部门管理费用的预算执行情况提出调整申请，填写管理费用预算调整申请表。

【实用模板】

管理费用预算调整申请表

编号：　　　　日期：　　　　部门：

管理费用预算科目	现行预算标准	拟调整标准	拟调整幅度
调整依据：			
部门经理意见	部门经理：		
行政部意见	行政主管：		
财务部意见	财务主管：		
总经理意见	总经理：		

▲管理费用预算调整申请表

管理费用预算调整申请表在部门经理签字后，首先需交行政部进行审核，审核通过后再交财务部、总经理进行审批。如果企业有多个部门都提交了管理费用预算调整申请，那么行政部可以对各部门提交的管理费用预算调整申请表进行汇总和初步审核。在编制管理费用预算调整方案后，将编制的管理费用预算调整方案交财务部进行审核，这样可以精简管理费用预算调整申请表的审批流程，此时的管理费用预算调整申请表可以去掉财务部意见和总经理意见栏。

针对行政部统计汇总后的管理费用预算调整方案，财务部要分析其合理性和可行性，并提出审核意见，最后由总经理作出最终的决策。

需要注意，对于管理费用预算调整的审核和审批期限，企业应作出明确规定，因为若审核、审批期限太长，会影响企业管理费用的执行效果。如企业可规定行政部要在3日内对各部门提交的管理费用预算调整申请表进行汇总审核，财务部要在两日内对管理费用预算调整方案进行审批。

7.2 行政管理费用预算控制要点

企业的行政管理费用的预算一般有多项，在对这些费用进行预算的过程中，要按照费用的性质进行区分，选择不同的预算方法，这样才能让预算数据合理、合规。

7.2.1 行政管理费用的类别

根据费用的变动频率，可将行政管理费用分为固定费用、相对固定费用、变动费用和偶发费用。

◆ 固定费用

固定费用是指在几年的时间内，变化很小或不会变化的费用。如企业的房屋租赁费，由于受租赁合同的约束，在合同期内，其费用一般不会改变。固定费用的预算比较简单，只需参考往年的数值做出相应的预算即可。

◆ 相对固定费用

相对固定费用是指在一定范围内，基本上保持不变的费用。费用相对固定的原因可能是企业相关制度的规定，将某一类费用进行了定额限制或费用本身的变动因素很少。如企业的水电费，虽然企业员工人数的增加或减少发生变动，但由于员工的变动对水电费的影响并不是特别大，因此其水电费相对是比较稳定的。

对于此类费用的预算，可以参照企业制度的规定或按人均水平进行数据预算。

◆ 变动费用

变动费用是指受人数、收入（业务量）或项目影响而发生变动的费用。虽然变动费用会受变动因素的影响，但其变动趋势是能够确定的，如呈线性变动或半变动。

与人数有关的变动费用。常见的有通信费、办公用品费等。对于这类费用，企业一般按照人均来规定限额，因此会随着人数的变动而发生变动。在预算时，可以根据单项人均费用和人数来确定预算金额。

与收入有关的变动费用。常见的有招待费、差旅费等。这类费用通常会随着企业收入的增长而增长。在预算此类费用时要注意，费用的增长幅度不能超过收入的增长幅度。预算时应考虑让此类费用占收入的比重逐年降低，可通过上年实际发生额来预算，但其比率要低于收入的增长率。

与项目有关的变动费用。常见的有信息咨询费、研发费和测试认证费等。此类费用会随着项目的不同而发生变动，但其单项费用基本上是比较固定的，因此可以按照单项费用的一般标准来进行预算。

◆ 偶发费用

偶发费用是偶然发生的费用，如企业更换写字楼产生的装修费用。因为企业的办公地点通常不会轻易变动，可能只会发生一次，因此这是一种偶发费用。实务中也要对这类费用进行合理的预算。

7.2.2　不同费用的预算方法

了解了不同类型费用的特点后，下面来看看各主要行政管理费用的常用预算方法，如表 7-6 所示。

表 7-6　主要行政管理费用的预算方法

费　用	预算方法
工资	根据对各部门人员流动的分析，估算各部门需要的薪酬金额，再进行汇总，编制出整体预算
员工福利	统计节假日或企业福利活动数据，确定人均福利标准，根据员工预算人数确定员工福利费
通信费	包括固定电话费、手机费，都可按人均最高报销限额来预算，如固定电话费按人均 50 元 / 月预算，手机费按人均 60 元 / 月预算
宽带费	根据历史数据进行预算

续表

费　用	预算方法
办公易耗品费	各部门根据部门工作需要，结合上年度实际用量来预测下年度需用的种类和数量，再进行汇总，参考市场价格，编制下年度费用预算
水电费	根据历史实际数据进行预算
修理费	结合生产经营实际需求和过去几年（如 3 年）平均费用水平进行预算
物料印刷费	各部门根据工作需要，结合上年度用量来预测下年度需用物料印刷数量，结合市场价格，编制年度物料印刷费预算
业务招待费	根据规定的业务招待费标准，结合年度销售计划，拟定年度业务招待费预算计划
培训费	根据年度培训计划或销售额的适当比例进行预算，如根据年培训课程计划和参会人员进行预算；按年总销售额的 1% ~ 3% 进行预算

7.3 直接节省开支的使用控制

行政管理费用的使用控制可以直接有效地节省企业费用开支。在控制的过程中，需要找到关键节点，这样才能有效控制不合理开支，加强企业费用管理。

7.3.1 把握使用控制的流程

行政管理费用的使用控制主要可分为 3 步，一是使用前的控制；

二是报销控制；三是评估考核控制，具体流程如图 7−3 所示。

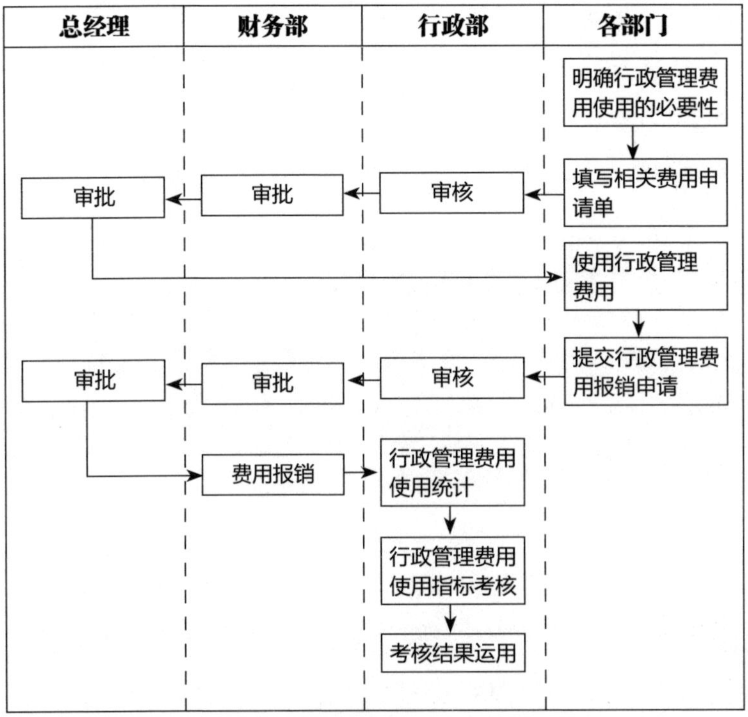

图 7−3

图 7−3 的流程中，使用前的控制主要指明确行政管理费用使用的必要性和对行政管理费用的使用采取事先申报制度。在使用行政管理费用前要明确企业各项费用的支出标准，将管理费用的支出控制在预算范围内。各部门在使用费用前，要事先进行申报，待审批通过后执行。

报销控制是指财务部要按行政管理费用开支标准进行报销，并严格履行报批手续，对于未经批准而发生的行政管理费用，应不予报销。

评估考核控制是指将行政管理费用的使用纳入考核指标，根据统计数据对费用的使用进行奖惩管理，这样可以进一步强化行政费用的管理。

在行政管理费用使用控制流程中，以下几点是控制的关键点。

◆ 以实事求是、厉行节约、先审批后使用为原则。

◆ 明确行政管理费用审批权限和层级，使审批和报销程序合理。

◆ 明确行政管理费用报销量化标准，避免报销标准模糊不清。

◆ 考核指标落实到人，减少浪费，避免不合理支出。

7.3.2 帮助员工养成节约降耗习惯

在对行政管理费用进行使用控制的过程中，企业要提倡节约意识，让员工养成节约降耗的习惯，从而有意识地节省不必要的成本开支，具体方法主要有以下两点。

◆ 加强节约宣传和培训

加强企业节约意识的宣传和培训，将节约理念融入企业文化中，逐步构建节约型的企业文化。同时让员工明白，企业的发展与员工的发展息息相关，员工的浪费实际上也增加了企业的成本，这不仅不利于企业资源的有效利用，也不利于员工长远的发展。

◆ 建立节约奖惩机制

从制度上要求员工厉行节约，可以对员工的浪费行为进行约束，让员工更好地形成节约意识，从而让员工把减少浪费当作是自己的职责和分内之事。

企业还可以从节约用水、节约用电、节约使用办公用品以及节约会议成本等方面制定节约奖惩制度。如下所示为某公司《节约奖惩管理制度》的部分内容。

【实用模板】

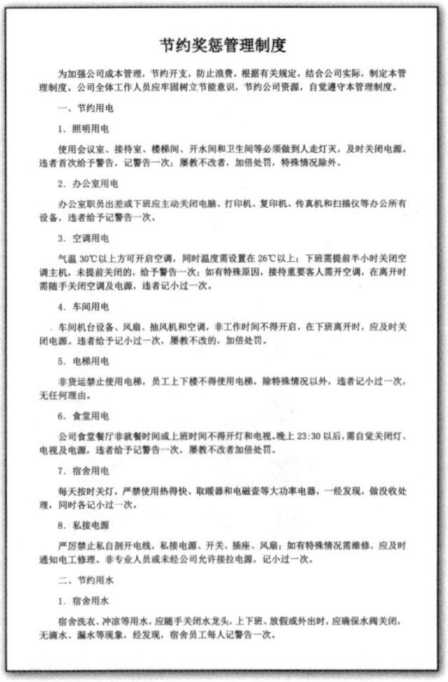

节约奖惩管理制度

为加强公司成本管理，节约开支，防止浪费。根据有关规定，结合公司实际，制定本管理制度。公司全体工作人员应牢固树立节能意识，节约公司资源，自觉遵守本管理制度。

一、节约用电

1. 照明用电

使用会议室、接待室、楼梯间、开水间和卫生间等必须做到人走灯灭，及时关闭电源。违者首次给予警告，记警告一次；屡教不改者，加倍处罚，特殊情况除外。

2. 办公室用电

办公室职员出差或下班应主动关闭电脑、打印机、复印机、传真机和扫描仪等办公所有设备，违者给予记警告一次。

3. 空调用电

气温 30℃以上方可开启空调，同时温度需设置在 26℃以上；下班需提前半小时关闭空调主机，未提前关闭的，给予警告一次；如有特殊原因，接待重要客人需开空调，在离开时需随手关闭空调及电源，违者记小过一次。

4. 车间用电

车间机台设备、风扇、抽风机和空调，非工作时间不得开启，在下班离开时，应及时关闭电源。违者给予记小过一次，屡教不改的，加倍处罚。

5. 电梯用电

非货运禁止使用电梯，员工上下楼不得使用电梯，除特殊情况以外，违者记小过一次，无任何理由。

6. 食堂用电

公司食堂餐厅非就餐时间或上班时间不得开灯和电视。晚上 23:30 以后，需自觉关闭灯、电视及电源，违者给予记警告一次，屡教不改者加倍处罚。

7. 宿舍用电

每天按时关灯，严禁使用热得快、取暖器和电磁壶等大功率电器，一经发现，做没收处理，同时各记小过一次。

8. 私接电源

严厉禁止私自剖开电线，私接电源、开关、插座、风扇；如有特殊情况需维修，应及时通知电工修理。非专业人员或未经公司允许接拉电源，记小过一次。

二、节约用水

1. 宿舍用水

宿舍洗衣、冲凉等用水，应随手关闭水龙头，上下班、放假或外出时，应确保水阀关闭，无滴水、漏水等现象，经发现，宿舍员工每人记警告一次。

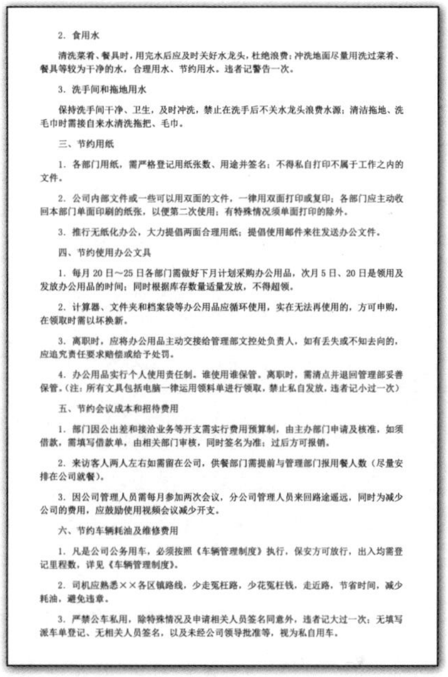

2. 食用水

清洗菜肴、餐具时，用完水后应及时关好水龙头，杜绝浪费；冲洗地面尽量用洗过菜肴、餐具等较为干净的水，合理用水、节约用水。违者记警告一次。

3. 洗手间和拖地用水

保持洗手间干净、卫生，及时冲洗，禁止在洗手后不关水龙头浪费水源；清洁拖地、洗毛巾时需接自来水清洗拖把、毛巾。

三、节约用纸

1. 各部门用纸，需严格登记用纸张数、用途并签名；不得私自打印不属于工作之内的文件。

2. 公司内部文件或一些可以用双面的文件，一律用双面打印或复印；各部门应主动收回本部门单面印刷的纸张，以便第二次使用；有特殊情况须单面打印的除外。

3. 推行无纸化办公，大力提倡两面合理用纸；提倡使用邮件来往发送办公文件。

四、节约使用办公文具

1. 每月 20 日～25 日各部门需做好下月计划采购办公用品，次月 5 日、20 日是领用及发放办公用品的时间；同时根据库存数量适量发放，不得超领。

2. 计算器、文件夹和档案袋等办公用品应循环使用，实在无法再使用的，方可申购，在领取时需以坏换新。

3. 离职时，应将办公用品主动交接给管理部文控处负责人，如有丢失或不知去向的，应追究责任要求赔偿或给予处罚。

4. 办公用品实行个人使用责任制。谁使用谁保管。离职时，需清点并退回管理部妥善保管。（注：所有文具包括电脑一律运用领料单进行领取，禁止私自发放，违者记小过一次）

五、节约会议成本和招待费用

1. 部门因公出差和接洽业务等开支需实行费用预算制，由主办部门申请及核准，如须借款，需填写借款单，由相关部门审核，同时签名为准；过后方可报销。

2. 来访客人两人左右如需留在公司，供餐部门需提前与管理部门报用餐人数（尽量安排在公司就餐）。

3. 因公司管理人员需每月参加两次会议，分公司管理人员来回路途遥远，同时为减少公司的费用，应鼓励使用视频会议减少开支。

六、节约车辆耗油及维修费用

1. 凡是公司公务用车，必须按照《车辆管理制度》执行，保安方可放行，出入均需登记里程数，详见《车辆管理制度》。

2. 司机应熟悉××各区镇路线，少走冤枉路，少花冤枉钱，走近路，节省时间，减少耗油，避免违章。

3. 严禁公车私用，除特殊情况及申请相关人员签名同意外，违者记大过一次；无填写派车单登记、无相关人员签名，以及未经公司领导批准等，视为私自用车。

▲节约奖惩管理制度

从上述模板内容可以看出，该公司针对节约用电、节约用水、节约用纸以及节约使用办公文具等作出了具体规定。企业可参考上述规定，根据自身情况，制定适合本公司的节约奖惩制度。如对于没有食堂、车间和专用电梯等设施的公司来说，则不必对车间用电、电梯用电以及食堂用电等作出规定。

7.3.3　提高行政管理费用支出的有效性

要提高管理费用支出的有效性，就要强化行政管理费用事前审核、审批程序。根据前面的行政管理费用使用控制流程，我们知道在费用支出前，要填写管理费用支出申请表。

【实用模板】

管理费用支出申请表

申请部门		紧急程度	□正常　□急　□特急	
申请名称				
申请原因				
预算金额	总额：			
	明细：			
发生时间	□已发生	□未发生	预计发生时间：　年　月　日	
是否有年度预算	□是	□否		
申请人： 签名：　　日期：				
部门意见： 签名：　　日期：				
行政部意见： 签名：　　日期：				
财务部意见： 签名：　　日期：				
总经理意见： 签名：　　日期：				

▲管理费用支出申请表

在行政管理费用事前控制流程中，行政部要规范并督促员工自觉履行行政管理费用的事前审批程序，具体做法有 3 点。

①要求员工正确填写管理费用支出申请表，确保无遗漏、无错误或表述不清等情况。

②严禁他人代为填写和提交管理费用支出申请表。

③管理费用支出申请表应由专人保管，采用统一格式，避免出现多人保管或无人管理表单的情况。

7.3.4　行政管理费用支出的报销控制

对于行政管理费用的报销程序，企业应该有明确的规范。一般来说，企业的行政管理费用应以“及时报销”为原则，即当月发生的费用应在当月报销。为了避免部门延迟报销费用，给行政管理费用的管控带来麻烦，企业可规定行政管理费用报销的期限，如以下规范。

◆ 当月发生的行政管理费用应当月报销，特殊情况下可延迟到下月进行报销。

◆ 无特殊理由的延迟报销，每延迟一个月，报销比例降低3%。

◆ 无特殊理由延迟3个月进行报销的，将不予报销。

除了可以对报销期限进行规定外，企业还可以对不予报销的情况进行规定。常见的不予报销情况有以下几种。

①报销金额与实际发生金额不符。

②报销凭证不符合要求或未提供报销凭证。

③行政管理费用报销申请单填写不合规。

为避免员工提供的报销凭证不符合要求，企业可以对提供的报销凭证作出规定。如下所示为某企业对报销单据提出的要求。

6. 报销单据的要求

6.1 对原始单据的要求

6.1.1 有发票和没有发票的，须分开填写费用报销单。

6.1.2 有费用发票的，发票必须真实、合法、准确和完整，费用报销人须对所提供的发票合法性以及与费用事项的一致性负责。

6.1.3 没有发票的单据，必须标明具体项目和实际费用，不得出现模糊、涂改和挖补的现象。

6.2 原始单据的粘贴：粘贴范围应以粘贴单的大小为界，须紧靠粘贴单顶界和右界从右往左横向粘贴，覆盖粘贴的相邻票据间须留出一定间隔距离。票据较多时，可分行粘贴，不得竖向粘贴。

6.3 原始票据必须按类别、大小规格分别粘贴，不可不分类别和规格混合粘贴。

6.4 不符合上述规定要求的报销单据，综合管理部有权退回，财务部门有权拒绝报销。

7. 费用支付单据说明

7.1. 目前在用的涉及费用报销支付单据有借款申请单、费用报销单和差旅费报销单这 3 种。

7.2 暂时未能及时取得发票或相关票据的，须填报借款申请单，按照临时借款办理；待取得相关票据以后，再根据程序进行核销。

7.3 预支、预借和报销的款额达到或超过 1 000 元的，原则上以银行转账的方式支付。特别情况下需要现金支付的，须经行政部批准。

为避免报销人员弄虚作假，企业还可作出相关处罚规定，如以下关于费用报销的处罚规定。

报销人弄虚作假，对违规、违纪金额不予报销。对已经报销的单据，除要求退回违规报销金额外，同时对报销人按照行政部的处罚，扣罚当月绩效奖金；对于报销人离职的，部门负责人承担连带责任。

【实用模板】

管理费用预算汇总表

费用名称 / 部门	办公费用	维修费用	印刷费用	网络费用	资料费用	其他费用	合计
生产部							
销售部							
研发部							
行政部							
售后服务部							
合计							

编制部门：　　　　编制日期：　　年　　月　　日

▲管理费用预算汇总表

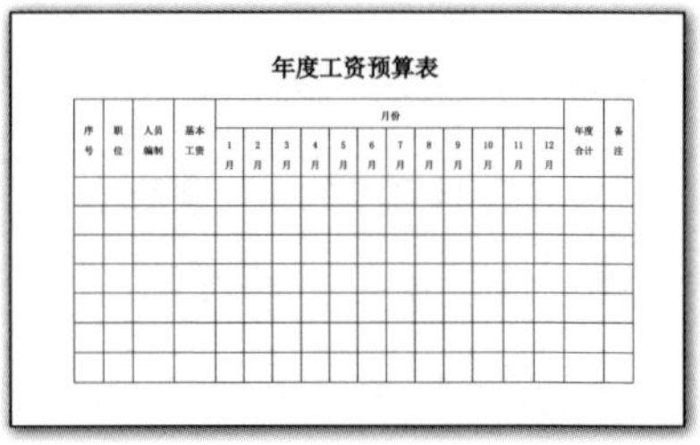

年度工资预算表

序号	职位	人员编制	基本工资	月份												年度合计	备注
				1月	2月	3月	4月	5月	6月	7月	8月	9月	10月	11月	12月		

▲年度工资预算表

行政费用年度预算表

预算项目：　　　　　　　　　　　　年　　月至　　年　　月

列项	项目	上年度核销额	本年度预算额	备注
一、	综合管理费			
	管理人员			
(1)	工资			
(2)	社保			
(3)	福利费			
二、	公共设施			
	场地租赁费			
三、	公共水电费			
1.	水费			
2.	电费			
四、	办公费			
1.	办公用品费用			
(1)	电脑耗材			
(2)	办公易耗品			
2.	交通费			
3.	车辆费			
(1)	油费			
(2)	维修保养费			
(3)	验车费			
(4)	保险费			
(5)	ETC			
(6)	其他杂项			
4.	固定电话			
5.	网络宽带费			
6.	网络设备维护费			
7.	主管人员通讯费			
8.	培训费			

▲行政费用年度预算表

年度福利费预算表

类别	项目	说明	1 月	2 月	3 月	4 月	……
福利	端午节						
福利	中秋节						
福利	春节						
福利	妇女节						
福利	元旦节						
福利	员工体检						
……							
活动	重阳节						
活动	元旦节						
活动	春节联欢						
活动	五一节						
活动	国庆节						
活动	优秀员工旅游						
活动	中秋节联欢						
活动	员工运动会						
……							
合计							

员工编制预算人数

人数 / 部门	1 月	2 月	3 月	4 月	……
行政部					
财务部					
销售部					
运营部					
工程部					
市场部					
……					

▲年度福利费预算表

年培训费用预算表

月份	培训课程	参会人群	参会人数（人）	餐费预算（元）	培训费预算（元）
1 月					
2 月					
3 月					
4 月					
5 月					
6 月					
7 月					
8 月					
9 月					
10 月					
11 月					
12 月					
总计					
				培训费用预算总计：	

预算说明：

1. 每人次培训费用=培训费用预算总计÷总人次；

2. 培训餐费按××元/人标准预算。

制表人：　　　　　　负责人：　　　　　　行政部审核：

▲年培训费用预算表

低值易耗品及办公用品需求预算表

编制部门：

第　张，共　张　　　　　　　　　　预算期间：

品名及规格	计量单位	预计单位	预算依据	需求数量	预计金额
合计					

制表人：　　　　　　　　　　审批：

▲低值易耗品及办公用品需求预算表

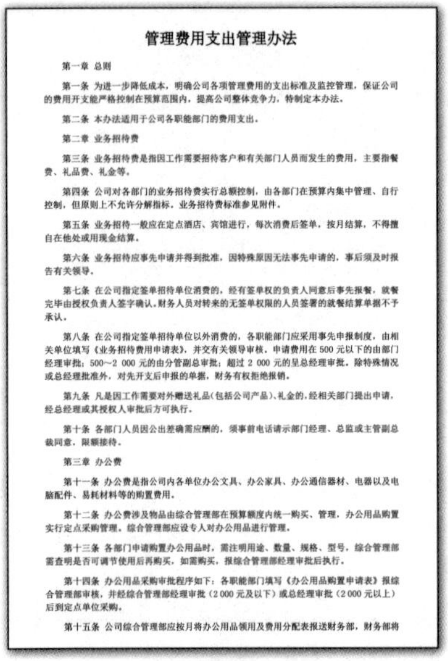

管理费用支出管理办法

第一章 总则

第一条 为进一步降低成本，明确公司各项管理费用的支出标准及监控管理，保证公司的费用开支能严格控制在预算范围内，提高公司整体竞争力，特制定本办法。

第二条 本办法适用于公司各职能部门的费用支出。

第二章 业务招待费

第三条 业务招待费是指因工作需要招待客户和有关部门人员而发生的费用，主要指餐费、礼品费、礼金等。

第四条 公司对各部门的业务招待费实行总额控制，由各部门在预算内集中管理、自行控制，但原则上不允许分解指标。业务招待费标准参见附件。

第五条 业务招待一般应在定点酒店、宾馆进行，每次消费后签单，按月结算，不得擅自在他处或用现金结算。

第六条 业务招待应事先申请并得到批准，因特殊原因无法事先申请的，事后须及时报告有关领导。

第七条 在公司指定签单招待单位消费的，经有签单权的负责人同意后事先报餐，就餐完毕由授权负责人签字确认。财务人员对转来的无签单权限的人员签署的就餐结算单据不予承认。

第八条 在公司指定签单招待单位以外消费的，各职能部门应采用事先申报制度，由相关单位填写《业务招待费用申请表》，并交有关领导审核。申请费用在 500 元以下的由部门经理审批；500～2 000 元的由分管副总审批；超过 2 000 元的呈总经理审批。除特殊情况或总经理批准外，对先开支后申报的单据，财务有权拒绝报销。

第九条 凡是因工作需要对外赠送礼品(包括公司产品)、礼金的，经相关部门提出申请，经总经理或其授权人审批后方可执行。

第十条 各部门人员因公出差确需应酬的，须事前电话请示部门经理、总监或主管副总裁同意，限额接待。

第三章 办公费

第十一条 办公费是指公司内各单位办公文具、办公家具、办公通信器材、电器以及电脑配件、易耗材料等的购置费用。

第十二条 办公费涉及物品由综合管理部在预算额度内统一购买、管理，办公用品购置实行定点采购管理。综合管理部应设专人对办公用品进行管理。

第十三条 各部门申请购置办公用品时，需注明用途、数量、规格、型号，综合管理部需查明是否可调节使用后再购买，如需购买，报综合管理部经理审批后执行。

第十四条 办公用品采购审批程序如下：各职能部门填写《办公用品购置申请表》报综合管理部审核，并经综合管理部经理审批（2 000 元及以下）或总经理审批（2 000 元以上）后到定点单位采购。

第十五条 公司综合管理部应按月将办公用品领用及费用分配表报送财务部，财务部将

▲管理费用支出管理办法

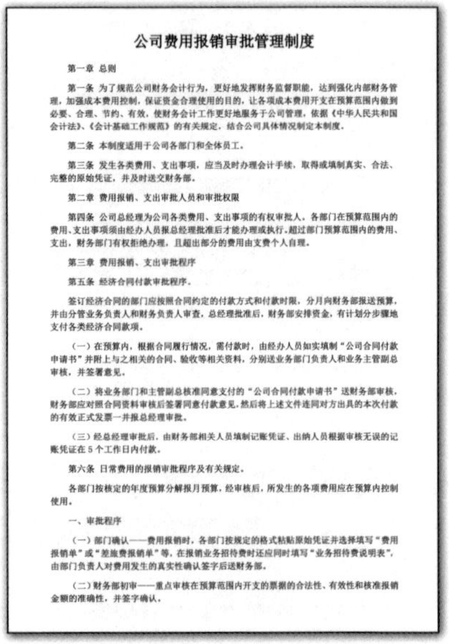

公司费用报销审批管理制度

第一章 总则

第一条 为了规范公司财务会计行为，更好地发挥财务监督职能，达到强化内部财务管理，加强成本费用控制，保证资金合理使用的目的，让各项成本费用开支在预算范围内做到必要、合理、节约、有效，使财务会计工作更好地服务于公司管理，依据《中华人民共和国会计法》、《会计基础工作规范》的有关规定，结合公司具体情况制定本制度。

第二条 本制度适用于公司各部门和全体员工。

第三条 发生各类费用、支出事项，应当及时办理会计手续，取得或填制真实、合法、完整的原始凭证，并及时送交财务部。

第二章 费用报销、支出审批人员和审批权限

第四条 公司总经理为公司各类费用、支出事项的有权审批人。各部门在预算范围内的费用、支出事项须由经办人员报总经理批准后才能办理或执行。超过部门预算范围内的费用、支出，财务部门有权拒绝办理，且超出部分的费用由支费个人自理。

第三章 费用报销、支出审批程序

第五条 经济合同付款审批程序。

签订经济合同的部门应按照合同约定的付款方式和付款时限，分月向财务部报送预算，并由分管业务负责人和财务负责人审查，总经理批准后，财务部安排资金，有计划分步骤地支付各类经济合同款项。

（一）在预算内，根据合同履行情况，需付款时，由经办人员如实填制“公司合同付款申请书”并附上与之相关的合同、验收等相关资料，分别送业务部门负责人和业务主管副总审核，并签署意见。

（二）将业务部门和主管副总核准同意支付的“公司合同付款申请书”送财务部审核，财务部应对照合同资料审核后签署同意付款意见，然后将上述文件连同对方出具的本次付款的有效正式发票一并报总经理审批。

（三）经总经理审批后，由财务部相关人员填制记账凭证、出纳人员根据审核无误的记账凭证在 5 个工作日内付款。

第六条 日常费用的报销审批程序及有关规定。

各部门按核定的年度预算分解报月预算，经审核后，所发生的各项费用应在预算内控制使用。

一、审批程序

（一）部门确认——费用报销时，各部门按规定的格式粘贴原始凭证并选择填写“费用报销单”或“差旅费报销单”等，在报销业务招待费时还应同时填写“业务招待费说明表”，由部门负责人对费用发生的真实性确认签字后送财务部。

（二）财务部初审——重点审核在预算范围内开支的票据的合法性、有效性和核准报销金额的准确性，并签字确认。

▲公司费用报销审批管理制度

第 8 章

人事管理费用成本控制

企业的生产经营离不开员工的付出与劳动，相应地企业要因使用劳动者而支付直接和间接的费用，这些费用就是企业的人力成本。员工招聘、培训以及离职等涉及的费用，都属于企业的人力成本，那么企业要如何对人力成本进行控制呢？

8.1 招聘成本的控制

招聘成本是指企业为招聘所需的岗位人才而产生的费用。在实际工作中，企业的招聘并不是一次就能完成的，往往会经历一个长期且连续的过程，因此招聘成本不容忽视。

8.1.1 预算招聘成本，把成本落到实处

控制招聘成本的首要关键就是做好招聘成本预算，让招聘所需花费更加清楚，通常在进行招聘申请时就要提交招聘成本预算，所以合理的招聘成本预算有助于快速通过招聘申请。

（1）明确招聘成本

招聘成本是指在招聘过程中所需花费的各项成本的总和，包括招聘、选拔、录用和安置等，具体介绍如表 8-1 所示。

表 8-1　企业招聘成本包含内容

成本项目	具体介绍
招募成本	招募成本是企业为了吸引和确定其所需要的内外人力资源而发生的费用，主要包括招募人员的直接劳务费用（工资与福利等）、直接业务费用（如参加招聘洽谈会的费用、差旅费、专家咨询费、广告费、宣传材料费、办公费和水电费等）以及间接管理费用（如行政管理费、临时场地及设备使用费）等
选拔成本	选拔成本由对应聘者进行人员测评与选拔，以决定录用与否时所支付的费用所构成，主要包括面试、汇总资料、测试、录用人员背景调查以及召集录用人员等的耗费

续表

成本项目	具体介绍
录用成本	录用成本是指在经过各种测评考核后，将符合要求的合格人选录用到企业时所发生的费用。录用成本包括录取手续费、调动补偿费、搬迁费和旅途补助费等由录用引起的有关费用，这些费用一般都是直接费用
单位招聘成本	单位招聘成本指的是企业为了招聘和雇佣员工而平均在他们每个人身上花去的费用，是招聘总成本与实际录用人数之比。内部成本包括招聘专员的工资福利、差旅费和其他管理费用；外部成本包括外部专家参与招聘的劳务费、差旅费等
安置成本	主要指员工进入企业后为其安排工作岗位产生的费用，如配备办公设备和用品产生的费用

（2）如何控制招聘成本

招聘必然会产生成本，学会用最小的成本开展招聘工作，正是人事工作者应当掌握的，而且招聘成本的控制是节约人力成本的重要环节，下面将介绍如何控制招聘成本。

确定招聘需求。了解企业状况是确定招聘需求的第一步，企业状况主要包括企业的人力资源储备情况以及企业的净需求状况；其次根据企业实际岗位空缺情况确定招聘需求，比如短期性缺人可以通过工作最大化、工作丰富化和安排适当加班解决，季节性缺人可以安排轮休和人员外包等。

提高选才能力。人才的甄别是招聘过程中最为重要的技能，人事工作者要提高自身人才选拔能力。首先需要明确选拔标准，必须具备的知识、工作经验、资质能力以及人格特质等；其次是衡量人才的价值，也就是判断应聘者是否能为企业创造价值，这也是较难判断的。

做好人才管理工作。招聘到合适的员工并不是最终工作，还要做好人才管理。人才管理主要包含两方面，控制人才流失率和帮助新员工融入新环境。要重视员工，减少员工跳槽情况，要通过入职培训以及后期的跟踪观察帮助员工尽快融入新环境。

选择招聘渠道。合理的招聘渠道也是控制招聘成本的重要环节，主要分为内部招聘和外部招聘两种。内部招聘成本低、招聘周期短且员工易上手；外部招聘低端岗位可以通过校园招聘，高端岗位人才可以通过猎头招聘的方式进行招聘，而对于大中型岗位或业务则可以通过网络招聘的方式进行。

行政部可以对不同招聘渠道的直接费用进行统计，从而计算出单位招聘成本。再通过对比分析，评估出不同职位应采用哪种招聘渠道会更加合适。如下所示为月度招聘情况统计表。

【实用模板】

月度招聘情况统计表

序号	招聘方式或渠道	直接费用	招聘职位	人数/人
1	人才市场现场招聘（3次）	6000	销售人员	5
2	××网络招聘	500	行政人员	2
			财务助理	2
3	校园招聘（3次）	3000	客服专员	4
			网络推广专员	2
合计	-	9500	-	15

▲月度招聘情况统计表

根据模板的数据，将月度不同招聘渠道发生的费用除以对应的人数，就可以计算出不同渠道的单位招聘成本。而用月度招聘总费用除以总人数，就可以计算出月人均招聘成本，如表8–2所示。

表 8-2　月度招聘成本分析表

序号	招聘渠道	单位招聘成本	月人均招聘成本
1	人才市场现场招聘	1 200	633.33
2	网络招聘	125	
3	校园招聘	500	

表 8-2 是比较简单的招聘成本分析表，可以看出不同招聘渠道产生的成本是不同的。人才市场现场招聘的成本明显高于其他招聘渠道，因此行政部可以考虑未来是否要减少人才市场现场招聘的次数和频率。

只统计一个月的数据，其说服力较弱，行政部可以综合数月或年度数据来评估哪种招聘渠道会更经济有效。

除了对招聘渠道的直接成本进行统计分析外，行政部还可以综合前面提到的其他招聘成本，对总的招聘成本进行系统的核算和分析。

【实用模板】

年度招聘计划及费用预算表

编号：

招聘方法/渠道：内部招聘：□岗位晋升　□岗位轮换　□内部推荐

外部渠道：□网络媒体　□校园招聘　□猎头　□现场招聘会

年度招聘费用预算　总计=______元/年　一季度 小计：__________元　二季度 小计：__________元　三季度 小计：__________元　四季度 小计：__________元

年度公司人员编制定额　__________人　目前人员配置额　__________人

年度各部门岗位设置、人员配置规划						招聘实施时间计划			
部门名称	定编人数	现有人数	申报人数	核定人数	核定招聘岗位的职位概要	一季度	二季度	三季度	四季度

制表人：　审核人：

▲年度招聘计划及费用预算表

8.1.2 招聘稳定员工也是降低成本

统计企业每年花费在招聘上的费用，会发现这笔费用并不少。而为企业招聘到稳定并且能创造价值的员工，也是降低招聘成本的一种手段。因为员工的稳定性较高，离职的概率就会降低，企业也不会因为员工的频繁离职而不断进行招聘，那么花在新员工招聘上的成本就会降低。那么招聘中要如何判断应聘人员的稳定性呢？具体有如下所示的一些方法。

（1）看应聘者的职业经历

对于有过工作经历的应聘者来说，他们都会在个人简历中填写自己的工作经历，而一个人的工作经历能看出这名员工是否稳定。招聘人员在查看应聘者的工作经历时，重点应看该应聘者更换工作的频率。如果该应聘者几乎是一年换一份工作，那么可见该应聘者在每个岗位上工作的时间都不长，由此可以反映出该应聘者的岗位稳定性不高。如果招聘该应聘者进入企业，那么在本企业长期发展的可能性也较低。

相反，如果一名应聘者每份工作的工作经历都在两年以上，那么该应聘者的岗位稳定性是相对较高的。这样的员工进入企业后，流动性也会较小。

另外，从应聘者的工作经历也可以看出该员工是否有目标和规划。如果应聘者每份工作的时间都不长，并且离职后都在一两个月内又重新进入了新的工作岗位，那么基本上可以看出该应聘者对于自己的职业没有规划。该员工进入企业后也可能因为没有目标和规划而在短期内离职。

（2）听应聘者自己的职业规划

除了可以通过应聘者的工作经历来了解其是否有职业规划外，还可以通过听应聘者讲述自己的职业规划和发展来了解。如果应聘者对自己的职业发展有明确的规划，那么表明其有稳定发展的愿望，并且规划越清晰越实际，应聘者的稳定性会越高。

一般情况下，如果面试官主动询问应聘者的职业规划，应聘者都不会回答说自己干不长久。因此面试官在听应聘者讲述自己的职业规划时，要辨别的是应聘者的职业规划是否具体，对自己的职业是否有真实的体会或感悟，而不是泛泛而谈地说自己打算在企业稳定发展。

对自己的职业发展有清晰认识的应聘者，在即将进入一家企业前，都会对目标企业和即将从事的岗位进行透彻的了解。如果应聘者能有见地地讲述出对企业或岗位工作的了解和认识，那么也说明应聘者对工作的选择很慎重，同时该员工的职业稳定性也会越高。

（3）过去职业的相关性

应聘者过往的职业经历或教育背景与本企业空缺岗位的相关性越高，那么职业稳定性一般也越高。比如某应聘者是行政管理专业毕业的，并且在行政管理岗位上已有两三年的工作经历，而当前应聘的岗位也是行政管理，那么可以判断该应聘者希望长期从事的职业也是行政管理方面的。相反，如果某应聘者是市场营销专业毕业的，其过往的工作经历比较复杂，从事过销售、市场专员、客服和酒店管理等，而现在其应聘的岗位是行政管理，那么可以判断该应聘者并没有太多行政管理方面的经验，以后是否会转行也未可知。两者相比，可见前者的职业稳定性会高一些。

8.1.3　明确用人标准，避免盲目选择

企业如果没有明确的用人标准，那么在招聘时就可能盲目选择人

才，结果导致招聘的员工不符合岗位要求，离职率高，招聘成本不断增加，招聘效果成效却不明显。

在实施招聘前就制订好详细的招聘管理方案，对招聘岗位和要求做出科学的规划。这样在实施招聘的过程中，招聘人员会对企业所需要的人才了如指掌，从而提高招聘的成功率，降低重新招聘带来的成本。

不同企业的用人标准是不同的，如某外贸企业的用人标准是有较高的英语水平及良好的沟通能力；某行销企业的用人标准是有非常强的执行力。用人标准的不同决定了企业在选择人才时的侧重点会不同，一般来说，大多数企业在选择人才时的用人标准如表 8-3 所示。

表 8-3　企业选才用人标准

用人标准	说　　明
执行力强	执行力是指员工能否保质保量完成上级交代的任务的能力。执行力的强弱关系到企业员工能否把企业的战略和规划转化成效益，因此许多企业在招聘人才时都会将执行力的强弱作为选拔标准之一
责任心强	企业都希望自己招聘的员工有很强的责任心，责任心能让员工自觉地承担责任和义务，对本职工作尽职尽责，并且发挥自身的创造力，为企业做更多的贡献
核心能力强	核心能力是指员工处理本职工作的能力，这是员工能胜任岗位工作的基础。不同岗位要求的核心关键能力是不同的，主要有专业知识、创新创造、人际合作和团队管理等能力
职业品德好	职业品德是指在职业活动中员工的行为准则，这是每个员工都必须具备的基本品质。员工如果没有良好的职业品德，即使其工作能力很强，那么企业也不应该用这种人，因为这样的人可能会为企业带来不可估量的风险甚至损失
合作能力强	企业的持续发展是全体员工一起努力的成果，许多企业的成长经历也说明了一个团队的力量远大于一个人的力量。团队的合作能力强，将大大提高工作效率，因此许多企业在招聘员工时都会判断该员工是否具有合作意识

职场加油站

需要注意，招聘人员在招聘员工时应明白，企业需要的是人才，而不是全才。不能要求员工具备各方面的能力素质，只需要求员工有一技之长，能够在工作岗位中发挥己长，创造个人价值即可。

8.1.4　招聘直接成本控制方法

直接成本是招聘过程中的一项显性花费，能很清晰明确地分摊出来，因此直接成本是比较容易控制的一项招聘成本。企业的招聘负责人可通过对比不同招聘渠道的费用标准和效果，来选择更经济有效的招聘渠道，从而控制直接成本。招聘负责人可通过网上查询或咨询招聘网站营销人员的方式了解招聘渠道的费用。

目前，有许多网站也提供免费的招聘信息发布服务，利用好这些网站也可以为企业省下部分直接成本。如在赶集网发布招聘信息，进入赶集网（http://www.ganji.com/）并登录账号后，在首页可以看到“免费发布信息”按钮，单击该按钮。在打开的页面中可选择“全职招聘”还是“兼职招聘”，如单击“全职招聘”超链接，如图 8-1 所示。

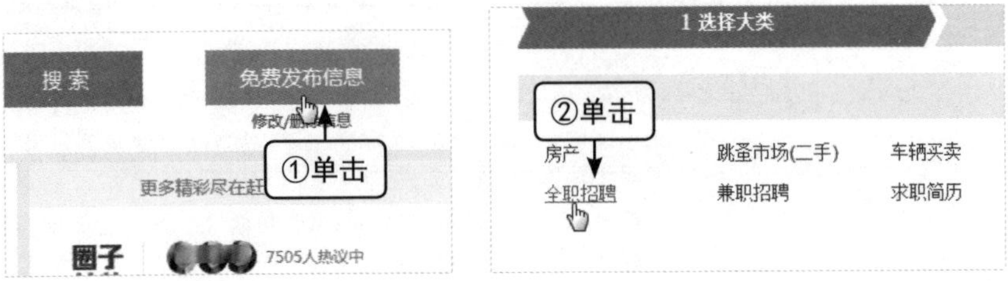

图 8-1

在打开的页面中填写招聘信息，再发布即可，如图 8-2 所示。

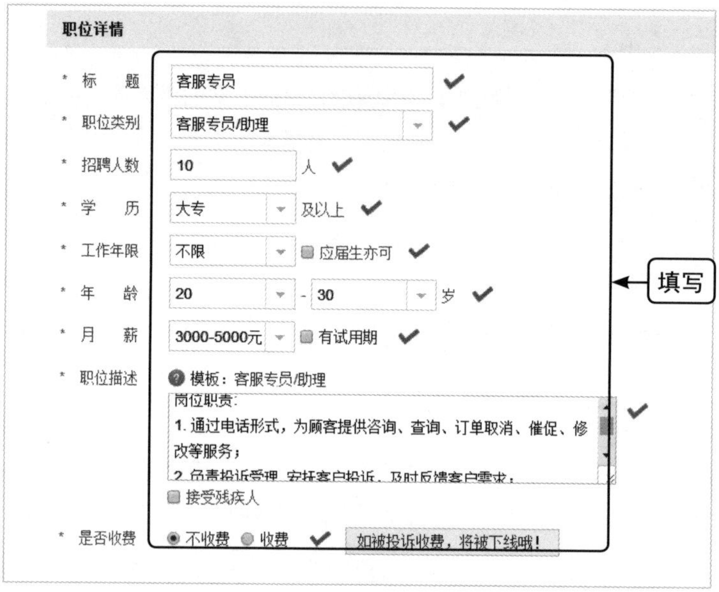

图 8-2

需要注意，提供免费招聘信息发布的网站对于招聘信息的发布都有不同的要求，需要招聘负责人在发布信息前进行了解。如 58 同城对于免费发布招聘信息有如表 8-4 所示的要求。

表 8-4　58 同城用户免费发布招聘信息要求

类　目	城　市	免费发帖数量和要求
全职招聘	全国	免费用户在未进行 58 实名认证、芝麻认证、营业执照认证或银行对公认证（以上任意一种）的情况下，首次发帖展现需支付一元，否则无法展现。完成任意一种认证后，免费发布上限为 10 条。完成支付或芝麻认证、58 实名认证后，可展现两条；完成营业执照认证，可展现 3 条；完成银行对公账号认证后，可展现 4 条。 为了维护 58 同城良好的交易环境，提高网站的信息质量，当用户行为有异常时发帖需要付费 18 元（不可退）

续表

类　目	城　市	免费发帖数量和要求
兼职招聘	全国	北京、上海、广州、深圳和成都 5 个城市免费发帖条数为一条，超出后收费 10 元 / 条；整体发帖上限为 10 条和 30 条（认证营业执照后），超出后收费 5 元 / 条。 为了维护 58 同城良好的交易环境，提高网站的信息质量，当用户行为有异常时发帖需要付费 18 元（不可退）

8.2 员工开发成本控制

开发成本是指为使员工达到岗位的预期业绩水平或为提高员工岗位技能而付出的成本，我们这里主要指对在职人员进行培训所发生的费用。培训成本的支出是许多企业的一项必要支出，其有利于提高员工知识水平和岗位技能，实际上是对人力资源的投资。

8.2.1　岗位培训费用控制的关键

岗位培训费用是指针对员工岗位所需的专业知识和技能实施培训而发生的费用，包括新员工的岗前培训和在岗员工的职能培训。对岗位培训费用进行控制有以下几点关键点。

（1）培训内容要有针对性

许多企业都明白培训的重要性，因此也在企业内部组织了各种各样的培训，但培训内容的不合理常常导致花了大力气组织培训，效果却甚微，如以下案例。

某销售公司为员工组织了营销人员培训，外聘了某营销专家作为培训导师，在培训课程上，该培训导师只是激情澎湃地反复演说“成功”“目标”“梦想”等口号。很多员工在现场都听得热情高涨、斗志昂扬，但课程结束后，受训员工并没有学到任何有用的销售技巧和经验，且在现场燃起的“喊口号”的激情也很快褪去了。

实际上，很多企业都有过与上述案例类似的经历。企业重视员工培训是一件好事，但在培训中只是喊口号，用一些美好、成功的案例来鼓舞员工，而没有考虑培训内容的实用性，这样的培训无疑是白白浪费企业的培训成本。不管是由内部员工组织培训还是外聘培训讲师开展培训，都要注重培训内容的实操性，可从以下方面检验培训内容是否真的有用。

◆ 培训内容是否能解决企业或员工存在的实际问题，是否能让员工在实际工作中去实施和运用。如果员工无法将培训的内容运用到工作中，那么就不是具有实操性的培训。

◆ 培训内容是否能对员工起到“举一反三”的引导，能否让员工掌握解决问题的方法。好的培训应有“授人以渔”的效果，即员工通过培训能掌握解决问题的要领，能让员工学到提高相关技能的方法和途径。

（2）培训前应进行沟通

企业在实施培训前应加强与员工的沟通，了解员工希望获得怎样的培训，希望提升哪方面的技能，以增强培训效果。另外，培训需求调研和计划制订也是培训前应做的准备工作。培训前按预算做好培训策划，让培训费用花得值，让培训为企业业务发展带来应有的回报，就是对培训费用的有效控制。

（3）合理安排培训活动

对于培训的时间、人数、地点、培训器材和食宿等问题，培训的组织人员应合理进行安排，以减少不必要的支出。如企业要求进行新产品培训，该培训主要针对的是市场部和销售部的员工，但行政部的培训负责人却让全体员工共同参加，而且由于企业自有的会议室太小，还临时租赁了一个大会议室。这就导致企业多花费了场地费以及员工往返公司和培训场地的差旅费等费用。

8.2.2　如何低成本培养人才

这里的低成本并不是指不投入人才发展的成本，而是指利用企业现有的资源将人才发展的成本降低。以下方法可以帮助企业用较低的成本培养出高价的员工。

◆ 激发员工自主学习

很多时候，员工之所以没有进步，是因为员工没有自我学习的意识。企业应主动激励员工学习，让员工主动完善自己，自发地去提高自身的专业技能，具体有以下方法。

①制定员工自我学习的激励措施，如鼓励员工踊跃参加各种形式的学习和培训。若通过学习或培训获得了相关资格证，或为企业的发展带来了贡献，那么给予一定的奖励或补贴。

②做好员工的发展通道，为员工提供有竞争力的职业晋升空间，让员工主动为个人发展而学习。

◆ 让员工自己当培训师

相比外聘培训师，让有能力的员工自己当培训师，不仅能进一步提高该员工的能力，还能让被培训的员工学有所用，同时也更省钱。

另外，让优秀员工当培训师也是给员工展示的机会，肯定员工的成长，激发员工继续努力，也让其他员工学习、效仿。

◆ 选择成本较低的培训方式

不同的培训机构其收取的费用都是不同的，企业可以综合不同培训机构的费用和培训效果，来选择更优质的培训机构。另外，网络培训相比线下面授培训，费用往往更低，企业可以更多地选择网络培训方式，以减少培训成本。

8.2.3 合理控制培训辅助费用

培训辅助费用是指进行培训时因使用教材、场地和设备等发生的费用。不同的培训辅助费用其控制方法有所不同，具体控制方法如表 8–5 所示。

表 8–5 培训辅助费用控制方法

辅助费用	控制方法
教材费用	1. 如果是外聘培训机构进行培训，那么尽量要求培训机构提供培训教材，且费用由培训机构承担。 2. 如果是让内部员工作为培训讲师，那么所需使用的教材可尽量使用电子版，并采用网络教学的方式，而无须打印出来。 3. 若内部使用的培训教材必须打印出来分发给员工，那么要提前统计打印份数，避免多打印。培训完成后可将培训教材回收，若下次进行同样的培训课程，可以重复利用
场地费用	1. 尽量在本企业的办公场所内实施培训。 2. 租用场地的情况下，应科学安排场地数量，避免实际场地使用情况与计划有出入，如租用了 3 个培训教室的场地，最后只用了两个场地。 3. 提前了解培训时间，避免短期培训却租用了长期场地，导致培训场地的闲置。 4. 集中进行培训，科学安排培训时间和人数，提高培训场地的使用频率

续表

辅助费用	控制方法
设备费用	1. 定期保养设备，提高培训设备的使用寿命。 2. 定期检查设备，避免培训时设备无法使用，影响培训的正常进行

8.3 员工用工成本的控制

用工成本是指企业为保证生产经营的顺利进行，为岗位员工所支付的工资、福利和食宿等费用。不少企业都抱怨用工成本高，而很多时候用工成本高的主要原因是企业没有做好人力资源的规划。企业机构臃肿、薪资设计不合理，都会导致用工成本处于高位。

8.3.1　简化机构，精简人员

企业成立后，会因为发展的需要增设部门。而随着部门的不断增多，企业可能出现工作推诿、“闲人”多和效率减缓等问题，这些问题如果长期存在，就会大大增加企业的用工成本。因此当企业发展到一定阶段后，出现机构臃肿和人员繁杂等情况时，就要考虑精简机构和人员。

企业的机构并不是越多越好，而是越精越好。许多大型企业都会经历精简机构和优化人员结构这一过程。但如果机构精简不恰当，可能会伤到企业自己，因此企业在实施机构精简和人员结构优化时，必须从自身的实际情况出发，进行科学的精简。科学精简有以下 3 点原则需要遵守。

◆ 精简的前提是保证企业能实现任务目标。

◆ 精简后要确保被精简的工作职能有其他部门负责接管。

◆ 精简要实现高效的组织运行。

在精简前，应先进行职能划分，明确部门职责，了解哪些部门或人员是需要精简的。一般来说，如果一个部门或员工不能为企业创造价值，那么就是需要"砍掉"的部门和淘汰的员工。而那些技术要求高且工作任务重的部门就是不能进行精简的部门。

比如某企业成立了市场调研部门，该部门的主要工作就是每年提供一次市场调研报告。但该部门提供的市场调研报告并没有对企业决策提供太大的帮助，且这一工作实际上是可以委托给专业的调研公司来完成的，并且调研公司提供的报告会更专业可靠。在这种情况下，该企业就可以裁撤该市场调研部门，减少该部门的用工成本。另外，企业也可以将该部门的员工薪资用于支付调研公司的调研费用。

另外，机构合并也是一种机构精简和人员结构优化的办法，机构合并是指合并那些职能相近或雷同的部门。比如某企业分别在 12 个城市设立了销售机构，但在实际开展业务的过程中，由于部分城市相隔并不远，其销售机构的业务活动区域基本上都是重叠的，如重庆和成都的两个销售机构，其业务活动区域基本上都不会只局限于成都或重庆，而是两个城市都在开展业务。在这种情况下，该企业可以将销售机构进行合并，比如缩减为 4 个销售机构，将各销售机构的销售区域扩大。对企业而言，这样的合并并不会影响其任务目标的完成，但却可以降低薪资总额以及其他管理成本。

企业在对人员结构进行优化时，可以采用"6R"策略，以保证人员结构优化后不影响企业的正常运行。"6R"的 6 个 R 分别指 Reduction、Redye、Restoration、Regeneration、Remote-control 和

Reactance。

Reduction（合理瘦身）指首先优化对企业生产经营或业务开展贡献不大的部门的人员，如后勤、总务部门的人员。这类人员类似于企业内部的“公务员”，应重质而不是重量，因此企业在优化人员时可优先考虑此类人员。

Redye（心理重染）指在进行人员优化后，对于留下来的员工要进行心理疏导，向其灌输企业的理念和目标。

Restoration（作业再造）指在进行人员精简的同时，要对受影响的作业同步进行再造或安排。

Regeneration（制度更生）指优化人员的同时对一些不合理的制度和流程进行变更，以提升工作品质和效率。

Remote-control（E化遥控）指充分利用网络技术将过去依赖人工完成的工作转化为在电脑上完成，以提高工作效率，降低企业纸张用量等办公成本。

Reactance（适时激励）指对留下来的员工实施激励措施，以平衡员工心理。人员精简后，可能会出现人少了、事多了的情况，为避免员工抱怨，可以利用激励措施来平复员工的心理。

8.3.2　降低基本工资，提高绩效工资

员工工资是企业一项很重要的用工成本，目前，大多数企业都将员工工资分为基本工资和绩效工资两部分。基本工资是保障员工基本生活需要的工资，绩效工资是根据员工绩效水平或劳动成果来确定的工资。

绩效工资与基本工资相比更能激发员工工作的热情，让员工为企业创造更多的业绩。由此可见，降低基本工资、提高绩效工资也是一种控制用工成本的手段，更能发挥按劳分配、多劳多得的效果。

而要核算员工的绩效工资就需要对员工进行绩效考核，对于大多数企业而言，绩效考核是一个很重要的管理方式，能将高绩效的员工和低绩效的员工区分开。但是无论是采取 KPI、MBO 或平衡记分卡等何种绩效考核方法，都会出现种种误差，而这正是企业在绩效考核的过程中应该注意的。

（1）绩效考核的误差类型

要使绩效评分公平，就要对绩效考核作出解释，因此管理者需要对常见的绩效考核误差类型有一定了解。

类我误差（评分者的个人偏见）。由于员工之间的个人差异（主要指年龄、性别、身体特征、家庭或经济背景和态度等），可能会有与评分人员自身的某种相似性，导致评估结果与其实际的工作绩效不相符。评分人员往往会由于某种情感因素，倾向于某些员工，这种情况一般会出现在难以定量的考核中，尤其是能力、态度等方面的考核。

分布误差。评分者常常倾向于只使用评分表的一部分——低分、高分或中间部分。有的时候一组员工确实做得一样好（或差），但是对一个群体的所有成员都给予相近的评分，并不能够准确地描述绩效，而是一种分布误差。

过分严格或宽容。当评分者不正确地给所有员工都打高分时，这种误差被称为宽松误差。当评分者以不合理的高标准来要求员工，不正确地给所有员工都打低分时，导致的误差被称为严格误差。一般来说会用类似“平均分”给每个员工打分。

晕轮效应。也被称为“晕轮”效果，这是根据对员工某一个或几个方面的性格特点形成的模糊印象来评估员工肯定是什么样的一种倾向，以偏概全。

近期效应。因为近期发生的事件导致评估人员对某些员工产生了好（差）的印象，所以在进行评分时容易产生误差。

（2）如何避免误差

误差是在所难免的，但是还是要注意尽量规避。要避免误差，需要注意以下几方面的问题。

- 要确保已经对上述几种绩效考核中容易出现的问题都有了清楚的了解，以使为避免这些问题采取有效的方法。
- 对于不同考核者评分标准的不同所造成的误差，企业可以采用图尺度评价工具与其他绩效考核工具相混合的方法。正确使用图尺度评价工具，可以较清晰地界定绩效评价标准。
- 要避免晕轮效应，需要评价者本人能够自主意识到这个问题，而加强对主管人员培训也会有助于避免这一问题的产生。
- 加强对考核者的培训，提升其综合素质，增强其规避错误的能力，同样有助于规避误差。

职场加油站

选择合适的绩效考核工具也有助于规避误差，目前普遍采用的各种考核方法包括：图尺度评价法、交替排列法、强制分步法、关键事件法、行为锚定评价法、目标管理法和混合法等。它们都有各自的优缺点，企业可以针对自身状况使用不同方法，这里不做赘述。混合法是目前采用较多、效果较好的考核方法。

能够做到精准考核员工，并将绩效考核的结果运用在员工工资发放上，就能有效控制用工成本。一般来说，根据企业的发展阶段，可以选择不同的基本工资和绩效工资比例。

对于创业期或成长期的企业而言，绩效工资的比例要更高一些。因为该阶段企业的首要目标是生存和发展，扩展业务是首要目标，因此可以将基本工资设置为 40% 以下，绩效工资设置为 60% 以上。

而对于工作成果容易量化的部门来说，如销售部、生产部等部门，还可以不设置基本工资，只设置绩效工资。在这种情况下，就更要保证绩效工资的考核标准是合理、公平的，否则就可能导致大多数员工达不到考核目标或考核目标很容易实现，使标准形同虚设。

对于稳定期的企业来说，不同层级的员工，其工资的构成比例应有所区别，一般来说，可参考以下标准。

- **一般员工：**基本工资 70% ~ 80%，绩效工资 20% ~ 30%。
- **中层管理者：**基本工资 50% ~ 60%，绩效工资 40% ~ 50%。
- **高层管理者：**基本工资 40%，绩效工资 60%。

对于销售人员来说，一般销售人员的绩效工资要占 60%以上，而中高层销售人员，如销售经理，其绩效工资的比例要低一些。

对技术人员来说，基本工资和绩效工资所占比例通常都不会太高，因为技术人员一般以项目来论工资，因此项目奖金所占的比例会较高。所以企业在为员工调整薪酬时，要从工作职能的角度来考虑，根据不同工作岗位的特性来设计工资构成比例。

员工薪酬调整是企业的大事，因此行政部要制订明确的薪酬调整方案，让薪酬调整有据可依，如下所示为某公司岗位绩效工资实施方案。

【实用模板】

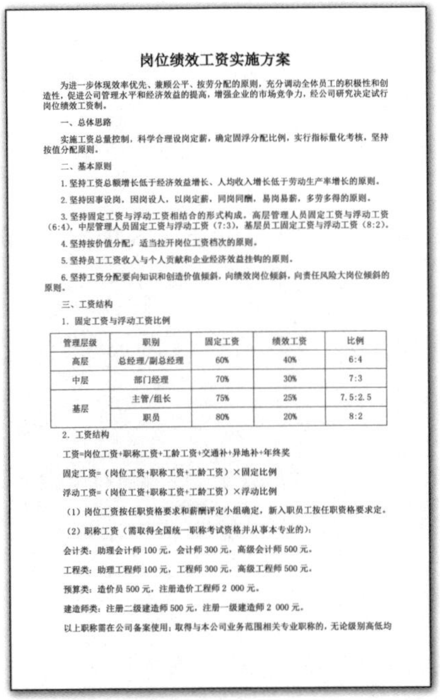

岗位绩效工资实施方案

为进一步体现效率优先、兼顾公平、按劳分配的原则，充分调动全体员工的积极性和创造性，促进公司管理水平和经济效益的提高，增强企业的市场竞争力，经公司研究决定试行岗位绩效工资制。

一、总体思路

实施工资总量控制，科学合理设岗定薪，确定固浮分配比例，实行指标量化考核，坚持按值分配原则。

二、基本原则

1. 坚持工资总额增长低于经济效益增长、人均收入增长低于劳动生产率增长的原则。

2. 坚持因事设岗，因岗设人，以岗定薪，同岗同酬，易岗易薪，多劳多得的原则。

3. 坚持固定工资与浮动工资相结合的形式构成。高层管理人员固定工资与浮动工资（6:4），中层管理人员固定工资与浮动工资（7:3），基层员工固定工资与浮动工资（8:2）。

4. 坚持按价值分配，适当拉开岗位工资档次的原则。

5. 坚持员工工资收入与个人贡献和企业经济效益挂钩的原则。

6. 坚持工资分配要向知识和创造价值倾斜，向绩效岗位倾斜，向责任风险大岗位倾斜的原则。

三、工资结构

1. 固定工资与浮动工资比例

管理层级	职别	固定工资	绩效工资	比例
高层	总经理/副总经理	60%	40%	6:4
中层	部门经理	70%	30%	7:3
基层	主管/组长	75%	25%	7.5:2.5
	职员	80%	20%	8:2

2. 工资结构

工资=岗位工资+职称工资+工龄工资+交通补+异地补+年终奖

固定工资=（岗位工资+职称工资+工龄工资）×固定比例

浮动工资=（岗位工资+职称工资+工龄工资）×浮动比例

（1）岗位工资按任职资格要求和薪酬评定小组确定，新入职员工按任职资格要求定。

（2）职称工资（需取得全国统一职称考试资格并从事本专业的）：

会计类：助理会计师 100 元，会计师 300 元，高级会计师 500 元。

工程类：助理工程师 100 元，工程师 300 元，高级工程师 500 元。

预算类：造价员 500 元，注册造价工程师 2 000 元。

建造师类：注册二级建造师 500 元，注册一级建造师 2 000 元。

以上职称需在公司备案使用；取得与本公司业务范围相关专业职称的，无论级别高低均

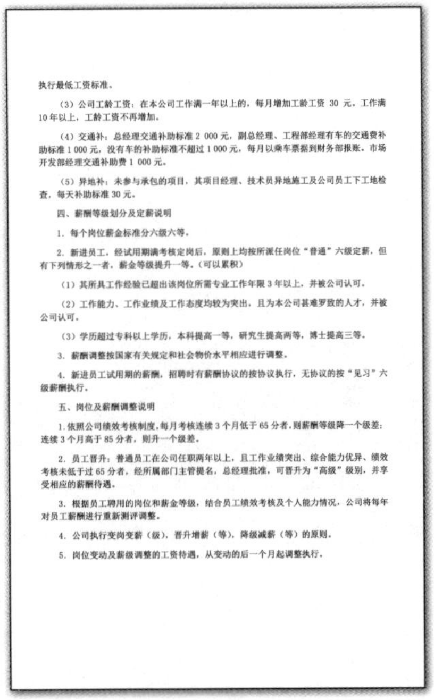

执行最低工资标准。

（3）公司工龄工资：在本公司工作满一年以上的，每月增加工龄工资 30 元。工作满 10 年以上，工龄工资不再增加。

（4）交通补：总经理交通补助标准 2 000 元，副总经理、工程部经理有车的交通费补助标准 1 000 元，没有车的补助标准不超过 1 000 元，每月以乘车票据到财务部报账。市场开发部经理交通补助费 1 000 元。

（5）异地补：未参与承包的项目，其项目经理、技术员异地施工及公司员工下工地检查，每天补助标准 30 元。

四、薪酬等级划分及定薪说明

1. 每个岗位薪金标准分六级六等。

2. 新进员工，经试用期满考核定岗后，原则上均按所派任岗位“普通”六级定薪，但有下列情形之一者，薪金等级提升一等。（可以累积）

（1）其所具工作经验已超出该岗位所需专业工作年限 3 年以上，并被公司认可。

（2）工作能力、工作业绩及工作态度均较为突出，且为本公司甚难罗致的人才，并被公司认可。

（3）学历超过专科以上学历，本科提高一等，研究生提高两等，博士提高三等。

3. 薪酬调整按国家有关规定和社会物价水平相应进行调整。

4. 新进员工试用期的薪酬，招聘时有薪酬协议的按协议执行，无协议的按“见习”六级薪酬执行。

五、岗位及薪酬调整说明

1. 依照公司绩效考核制度，每月考核连续 3 个月低于 65 分者，则薪酬等级降一个级差；连续 3 个月高于 85 分者，则升一个级差。

2. 员工晋升：普通员工在公司任职两年以上，且工作业绩突出、综合能力优异、绩效考核未低于过 65 分者，经所属部门主管提名，总经理批准，可晋升为“高级”级别，并享受相应的薪酬待遇。

3. 根据员工聘用的岗位和薪金等级，结合员工绩效考核及个人能力情况，公司将每年对员工薪酬进行重新测评调整。

4. 公司执行变岗变薪（级），晋升增薪（等），降级减薪（等）的原则。

5. 岗位变动及薪级调整的工资待遇，从变动的后一个月起调整执行。

▲岗位绩效工资实施方案

从上述岗位绩效工资实施方案可以看出，该公司对薪酬调整的基本原则进行了规定，并且对不同职级员工的固定工资和绩效工资的构成比例进行了说明，这样员工就能明确此次薪酬调整到底发生了哪些变化。行政部在制订薪酬调整方案时，可根据公司发展战略、效益、部门及个人业绩以及年终考核等变化情况来考虑是对某一类岗位任职员工进行薪酬调整，还是对所有员工薪酬进行综合调整，然后再制订具体的调整方案。

8.3.3 合理安排工作，管控加班费用

企业在生产经营过程中可能会因为各种原因需要员工加班完成工

作任务。对企业来说，加班可能引发劳动争议，也会增加用工成本。因此减少加班或避免不必要的加班是企业控制用工成本的一项重要举措。具体来看，要控制加班费，需要企业灵活运用以下几种措施。

（1）合理安排工作

很多时候，员工之所以要加班可能是因为用人单位或管理者对员工工作安排不恰当。对于员工工作的安排，管理者不仅要有短期的计划，还要有长期的计划，同时还要量体裁衣，根据员工的实际情况为其安排合适的工作，这样才能提高工作完成的效率。

另外，在为员工分配任务时一定要明确，要让员工对任务的内容、目标以及要达成的效果都做到心中有数，知道自己接下来应该做哪些工作以及什么时候要完成这项工作。

为了避免员工遗忘了某些细节，还可以提供书面的文档。将工作分配给员工后，管理者不能不管不问，要适时跟进，以更好地掌握工作的完成进度。

（2）加班界定

对于工作中的哪些情况属于加班的范畴，企业应该有明确的规定。一般来说，以下情况应属于加班。

- 因非主观原因造成不能在原定工作计划内完成工作任务，但又必须在原定工作计划内完成，导致在正常工作日延长工作时间的。非主观原因指设备故障或临时安排了紧急工作等。
- 企业临时增加的，要求在某个既定时间内完成的工作任务。
- 工作日以外，也需要继续完成的工作任务，且在休息日提供了劳动。

◆ 其他由企业安排的加班工作。

实践中，认定员工工作是否为加班主要看是否是用人单位向员工提出了加班要求。如果是员工自行加班完成未完成的工作，属于其职责范畴当中或因个人原因导致工作延时的，则不属于企业加班的范畴。

（3）建立加班申报、审批制度

加班应是员工与企业双方合意的行为，企业要对加班进行有效控制，应建立规范的加班申报和审批制度，这样才能有效避免由加班引发的争议。

作为加班的管控部门，行政部应要求计划加班的部门和员工必须办理申请、审批手续。如因特殊原因导致不能办理的，也要在事后补办，如下所示为加班申请单模板。

【实用模板】

加班申请单

填表时间：　　年　　月　　日

姓名		部门		职务	
加班类别：□工作日　□休息日　□节假日　□其他					
加班事由：					
加班时间：自　月　日至　月　日　共计　天　时					
申请人签字		部门经理审核		行政部审批	
备注：本加班申请单经行政部批准后生效，未经批准，任何员工不得随意加班					

▲加班申请单

上述加班申请单应由加班申请人填写，行政部要进行审批。审批时应重点查看申请人的加班事由，以了解此次加班是否属于加班认定的范围。

（4）通过调休降低加班费

根据法律法规的规定，企业安排员工延长工作时间的，应支付相应的工资报酬，即我们所说的加班工资。

但在休息日安排员工工作的，可优先给予调休，不能安排补休的，应支付加班费。因此，企业可通过为员工安排适当地调休来减少加班费的支出。

职场加油站

根据《中华人民共和国劳动法》第四十四条的规定，加班费的支付标准为：安排劳动者延长工作时间的，支付不低于工资的 150% 的工资报酬；休息日安排劳动者工作又不能安排补休的，支付不低于工资的 200% 的工资报酬；法定休假日安排劳动者工作的，支付不低于工资的 300% 的工资报酬。

8.4 员工离职成本的控制

对员工来说，离职可能意味着新的挑战、新的机会，但对企业来说，员工离职带来的成本是很高的。

8.4.1　员工的离职成本到底有多高

许多企业都没有盘算过员工的离职成本，因此常常对员工的离职抱着满不在乎的态度，认为员工离职后只需再招聘新员工即可。根据有关研究发现，从员工离职到招聘到新员工，再到新员工适应岗位工作，这一替换成本高达离职员工年薪的 150%。如果离职的员工是企业的优秀员工或管理人员，那么这一替换成本将更高。

总的来看，员工的替换成本是由 4 部分构成的，包括招聘成本、新员工入职培训成本、新员工发展成本和职位空缺的时间成本。这一成本可用以下公式来计算。

员工每年离职替换成本 =（招聘成本 + 入职培训成本 + 发展成本 + 职位空缺成本）×（员工数量 × 每年离职百分比）

假设企业有 100 名员工，每年的离职百分比为 10%，平均每名员工的招聘成本为 3 000 元、入职培训成本为 1 000 元、发展成本为 1 000 元和职位空缺成本为 5 000 元，那么离职成本大约为 100 000 元。由此可见，员工离职替换成本之高。

除了员工离职的替换成本外，员工离职还会带来很多隐形成本。隐形成本往往是无法衡量的，但却是不能忽视的，具体来说，员工离职会带来以下隐形成本。

- 引起其他员工产生离职想法，使企业的员工离职率升高，进一步增加员工替换成本。
- 可能导致在职员工工作激情受到冲击，进而使得工作效率降低。
- 关键岗位员工离职，在职位空缺时间段会增加其他员工的工作量，影响在职员工正常工作的进行。
- 优秀员工或管理人员离职会冲击企业文化，让在职员工对企业环境、待遇等产生不良感受。

从上述内容可以看出，一个员工离职并不是再招聘一个员工来代替那么简单。减少员工流失、控制离职成本对企业来说格外重要。

8.4.2 如何降低员工的离职成本

一个企业的员工离职率为0，这几乎是不可能的。合理的人员流动对企业来说能注入新鲜血液，但如果离职率过高，就会给企业带来消极影响。而要降低员工的离职成本，就要解决员工流失问题，特别是核心员工的流失。员工流失必然有其原因，企业要通过反思找到员工流失的原因，从而找到留住员工的办法。一般来看，导致员工流失的原因有以下几个。

◆ 薪酬问题

薪酬是大多数员工为企业效力的理由，同时，薪酬也是很多员工离职的原因。员工进入企业都希望能够获得令人满意的薪资，因此企业应完善薪酬管理制度。在给予中高级或核心人才高薪的同时，还可以尝试员工持股、带薪假期和住房津贴等薪酬福利措施，让员工明白自己不仅是为企业工作，也是为自己工作，以此来增强员工的凝聚力，从而更好地留住员工。

◆ 晋升问题

对于在企业已经工作一段时间的员工来说（比如入职3～5年的员工），相比收入的稳定性，他们此时会更看重个人的成长和职业发展的机会。如果员工在企业内部长时间得不到成长或发展，离职就会成为可能。

因此，企业应有自己的内部晋升路径，让员工对自己的职业发展方向有一个定位。针对不同类型的员工，晋升路径应有所不同。行政部也应与员工进行职业生涯和规划的面谈，了解员工的特长和能力，使员工清楚自己努力的方向。员工通过自身能力的提高实现了职业上的发展的同时，也会为企业带来贡献。除此之外，员工也能感受到自己被认可，从而更愿意留在企业。

◆ 企业文化问题

情感纽带是许多员工愿意留在企业的原因，企业与员工之间的情感纽带就是企业文化，包括企业的价值观、制度、人文环境以及行为准则等。一般来说，员工入职两年后离职的原因可能会与企业文化有关，当企业文化与员工的价值观产生冲突时，或者企业文化本身不太好，那么员工离职就在所难免。

企业文化对员工的影响是潜移默化的，企业可通过培训和团队感染等方式向员工灌输企业文化，让员工认同企业文化。另外，作为企业的管理者也要以身作则，如果企业倡导的企业文化在管理者身上没有得到体现，那么员工也不可能认同企业的文化。

8.4.3　完善员工离职管理制度

为了降低员工离职时产生的成本，企业对于员工离职应有完善的离职管理制度，以尽量减少员工离职带来的职位空缺成本和由此引发的纠纷。对于员工的主动离职，行政部应要求员工提前 10 ～ 30 天（具体时间可由企业自行规定，但一般为 10 ～ 30 天）向有关部门提出书面申请，书面申请要用到员工离职申请表。

【实用模板】

员工离职申请表

姓名		部门		职务	
入职时间			离职时间		
辞职原因					
部门审批					
		签名：		年　月　日	
行政部审批					
		签名：		年　月　日	
总经理审批					
		签名：		年　月　日	

▲员工离职申请表

员工离职申请表应首先提交给直属主管审批，待行政部和总经理批准后方可办理离职。在员工离职前，行政部要与离职员工进行面谈，了解其离职原因，以对企业今后的管理提供帮助。

员工获得离职批准后，行政部要通知员工办理离职交接手续，包括办公用品、档案资料和工作的移交等。员工办理完交接手续后，行政部要为员工统计本月考勤，用于工资结算。如下所示为离职员工交接手续表，用于审查实际交接工作的结果。

【实用模板】

离职员工交接手续表

员工姓名		性　别		所在部门	
岗位/职务		直属经理姓名		离职日期	
交接部门	交接内容		交接结果	经办人	日　期
原工作部门	原工作进展情况及相关资源				
	经手保管的部门文件、资料				
	负责工作的收、付、欠款情况				
	部门专用工具仪器				
	其他				
部门意见	直属经理签字：　　年　　月　　日				
行政部	本人离职申请				
	原办公桌及钥匙				
	办公用具（电脑、电话等）				
	其他				
档案室	图书、资料				
行政部意见	负责人签字：　　年　　月　　日				
财务部	财务部门的借支				
	应扣款项				
	其他				
财务部意见	财务部主管签字：　　年　　月　　日				
其他					

▲离职员工交接手续表

离职员工应按离职员工交接手续表的内容依次办理交接工作，对于“交接结果”需要详细说明的，可以单独制作“交接结果”附表，作为该表的附件。注意，表中的“意见”栏需各部门签署清楚，一般为“交接工作已完成”字样，企业可根据员工岗位情况制订交接项目。

【实用模板】

岗位层级招聘费用分析表

		基层岗位		基层管理岗位		中层管理岗位		高层管理岗位		总招聘人数	平均每人招聘费用
招聘渠道	费用合计	招聘人数	贡献度	招聘人数	贡献度	招聘人数	贡献度	招聘人数	贡献度		
A 渠道											
B 渠道											
C 渠道											
D 渠道											
E 渠道											
F 渠道											
……											
总计											

注：贡献度是指该种招聘渠道招聘到该类岗位的人数与一共需要招聘的人数的比值。

▲岗位层级招聘费用分析表

网络招聘费用月度统计表

序号	区域	招聘网站	月份					
			10 月			11 月		
			上月结余	支出	余额	上月结余	支出	余额

▲网络招聘费用月度统计表

招聘工作成本分析表

招聘部门		招聘组成员		
招聘周期				
计划效益分析				
效用项目	效用科目	人数	折算金额（元）	备注
计划效用	计划招聘效用			计划招聘的所有岗位的工资总额
实际效用	实际预约效用			按该岗位原增补单申请的定薪标准乘以人数计总
	实际初试效用			
	实际终试效用			
	实际到岗人力效用			按实际到岗后试用期谈定的工资总额计总
达成率	计划招聘完成率			
	招聘薪资节约率			
费用成本分析				
成本项目	费用科目	项目/人数	折算金额（元）	备注
招聘成本	宣传海报制造费用			
	招聘场地租用费			
	广告费			
	交通费			
	食宿费			
	接待费			接待储备人才
	招聘资料打印费			
	其他专项费用			猎头佣金、人才推荐奖励
面试成本	电话邀约			2 分钟/人，时间成本按 50 元/小时计
	简历筛选			8 小时/岗位，时间成本按 50 元/小时计
	面试			30 分钟/人，面试官按 100 元/小时计

▲招聘工作成本分析表

招聘成本管理规定

第一章　总则

第一条　目的

为有效控制人力资源招聘成本，合理划分招聘费用，提高招聘效率，保证招聘效果，结合事业部制公司化运作管理机制，特制定本规定。

第二条　适用范围

××××各职能部门及二级子公司（不含芜湖公司）。

第二章　操作流程

第三条　招聘费用项目

会场费、广告费、网络费和用车费等费用。

第四条　信息发布

行政部根据各单位的招聘申请，统一对外发布招聘信息，并组织各单位进行招聘。

第五条　借款

行政部依据招聘计划和费用预算，统一到财务管理部申请借款。

第六条　费用登记

1. 每次赴人才市场进行招聘时，各单位招聘负责人都应在招聘费用登记表上签名，以此作为划分招聘成本的确认依据。

2. 招聘费用登记表上应注明招聘负责人和实际招聘费用，参加招聘的人员可对其进行监督。

第七条　分摊方法

招聘费用依据参加招聘会的人数由各单位分摊，但由事业部组织并以事业部名义发布的招聘广告、网络招聘及由此发生的广告费、网络费和用车费由事业部本部承担，在招聘过程中发生的其他费用（如住宿费和业务招待费等）由各单位承担。

各单位费用支出=（招聘费用总额÷参加总人数）×各单位参加人数

第八条　分摊单位划分

招聘单位按事业部本部（包括行政部、财务管理部、品质管理部和审计监察科）、营销部、技术开发部、本部工厂、电子科技公司、MDV 公司、出口公司和模具公司 8 个单位实体进行分摊。

第九条　划账流程

1. 行政部依据招聘费用登记表编制招聘费用分摊报表。

2. 招聘费用分摊报表由招聘主管编制，并报财务管理部审核。

▲招聘成本管理规定

员工参加资格考试的奖励办法

1. 目的

为了加强公司资质建设，提升公司行业竞争力和知名度，提高员工专业技能，公司鼓励员工踊跃报名参加各种形式的学习和培训，争取通过自身的努力取得相关资格证书，以满足公司发展和自身职业发展的需要。

2. 适用范围

本规定适用北京××有限公司所有员工。

3. 职责

3.1 行政人事部负责员工资格证培训、考试的安排、证件的领取、保管和台账维护的管理工作，以及培训考试费用和奖金的审批、支付工作。

3.2 各专业员工根据公司统一安排，参加专业技能的培训、学习和考试等，并通过自身的努力学习，获取相关资格证书。

4. 相关概念

根据工程建筑施工企业的特性，要求员工获取各类专业资格证书和职称证书。具体概念如下：

4.1 职业资格证书也就是从业资格证书，是政府规定专业技术人员从事某种专业技术性工作的学识、技术和能力的起点标准和前提条件。

4.2 职称证书亦称专业技术资格证书，是在从业资格证书的基础上，用来衡量从业人员专业水平的证书。

5. 资格证书培训考试管理

为提高公司资质水平，提升公司行业竞争力和知名度，公司鼓励员工获取各类资格证书，具体方式有：

5.1 员工自行考取。由员工向公司行政人事部门申请自行报考相关资格证书，提供相关考试证明，并承诺获取证书后交由公司使用。

5.2 公司组织培训考取。符合相关技能资格考试的员工，可向公司行政人事部申请，经公司批准后，由行政人事部统一安排到公司指定劳动技能考证中心培训考试，培训考试费用报销由公司负责。员工获取的相关证书的使用权归公司。

6. 公司组织培训考取证书的使用管理

企业根据实际需要安排员工考取相关资格证书后，由公司统一领取和使用证书，公司将根据相关资格证书的有效使用范围规定如下。

6.1 职称证书：职称证书在全国范围内可承认，使用协议期满或员工离职，公司将与员工重新签订使用协议并支付相关补贴或按规定退还原件给员工。

6.2 职业资格证书：职业资格证书原则上由员工自行考取并作为入职公司的依据。鉴于证件的实用性和企业的投入，职业资格证书发证后，将由公司长期使用，不予以退还。

7. 奖励标准

公司鼓励员工踊跃报名参加各种形式的学习和培训，并通过自身的努力取得相关资格证书满足公司发展需要的，公司将给予一定的奖励和补贴，具体如下：

▲员工参加资格考试的奖励办法

培训费用管理控制办法

第 1 章　总则

第 1 条　目的

为完善培训费用管理，合理利用各类资源，有效控制培训费用，特制定本办法。

第 2 条　适用范围

本办法适用于公司总部及各分公司培训费用的管理。

第 3 条　管理职责

1. 培训发展部负责公司培训费用归口管理，负责确定培训费用的计提标准、使用范围和使用标准，负责指导和监督检查各子公司培训费用的使用情况。

2. 各分公司人力资源部负责本单位培训费用的具体管理。

3. 财务部负责培训费用的计提和报销审核工作。

第 4 条　培训费用的计提

1. 培训费用分为日常培训费用和专项培训费用。

2. 日常培训经费依据国家有关规定，按照员工工资总额的 5%计提。其中，3%为公司总部及各分公司的培训经费，另 2%归公司总部支配。

3. 专项培训费用根据特定用途设立，专款专用，由培训发展部提出，主管副总裁审核，总裁批准。下列项目可作为专项培训项目：教材开发、印刷、出版，出国学习深造，重大投资配套培训项目，非基建培训设备的购置等。

4. 培训教室、办公室和培训公寓建设、修缮费及培训基地建设费不列入培训经费，从其他相关经费中列支。

第 2 章　培训费用说明

第 5 条　培训费类别（如表 1-1 所示）

表 1-1　培训费用类别一览表

费用	途径	说明
授课费	内部费用	内部兼职讲师讲课津贴
	外训费用	外部培训机构合作费用、继续教育费用等
	外请费用	外聘培训师授课费
		网络远程学习工具费用
食宿差旅费	内部费用	内部培训实施期间食宿费用（包含煤气费）
	外训费用	内部培训师外派食宿差旅费、外派员工培训食宿差旅费
	外请费用	外聘培训师差旅费、住宿费及餐费

▲培训费用管理控制办法

××部人员优化工作实施方案

为科学核定部门各岗位设置、人员编制，有效挖掘员工潜能，结合现实情况，节约成本，提高人员工作效率、使用价值并有效控制人员总量，优化人员结构，特制定本方案。

目的：人岗匹配、超缺分流、权责明确、开源节流、提高效率。

人员优化的整体原则：

1. 稳定员工的整体心态为第一要素。

2. 阐明人员优化的利害性，达到员工认同人性优化的原则。

3. 人员匹配，权责分明、超编岗位人员分流至缺编的岗位。

4. 低调处理，不影响其他同事。

5. 速战速决。

一、职责分工

1. 总揽全局，总经理指导岗位优化和人员优化的具体开展，审定相关方案并提供指导意见。

2. 部门负责人作为部门岗位及人员优化的第一负责人，负责完成各自管理范围的定岗、定编、定员及人员优化工作，负责提出本部门岗位优化和人员优化方案。

二、前期的准备工作

1. 通过对员工的摸查，充分了解员工的工作情况、性格、特点、心态、家庭背景等，了解越多的信息对优化越有利。

2. 充分了解员工对人员优化工作的心理承受能力。

3. 员工对人员优化工作的公平、公正的认同。

4. 制度处优化员工出具调岗通知单，补偿协议等。

5. 充分了解员工的基本情况，可能会出现的问题。

6. 相关表格准备。

三、岗位及人员优化实施办法

1. 定岗，部门负责人按照"目标明确、分工协作、责权利对等"的原则，根据部门工作职责对工作任务进行分解；将任务按照类别进行分组并确定执行每组任务的岗位设置，岗位优化操作包括：原有的岗位保留、岗位新增，原有的岗位合并、原有的岗位取消。

2. 定编，本着"精简、高效"的原则确定各个岗位的用人数量，根据工作任务、工作流程及工作量的多少结合各项工作耗时情况确定每个岗位的用人数量。

▲××部人员优化工作实施方案

岗位优化设置表

部门：

序号	岗位名称	岗位优化意见	原编制人数	在职人数	调整后编制

备注：岗位优化意见栏填写为□保留　□取消　□合并

▲岗位优化设置表

员工人事优化表

部门：

序号	岗位	姓名	□晋升 □迁调 □辞退 □不变 □其他	人事调整原由	备注

制表：　　部门审核：　　副总审核：　　总经理审核：

▲员工人事优化表

加班管理规定

一、总则

为规范加班管理，提高工作效率，根据《劳动法》及相关法规，结合本公司实际情况，特制定本规定。本规定适用于公司全职工作人员。

二、加班的含义及原则

（一）含义：

加班指在公司规定的工作时间外，因本身工作需要或部门负责人指定，必须额外工作的，（加班前）须经部门负责人批准，并于当天加班后（即确定准确的加班时长后，提交加班申请）称为加班。

（二）原则：

1. 公司提倡高效率的工作，鼓励员工在工作时间内（9:00～17:30）完成本职工作任务，原则上不提倡加班，如因客户或部门负责人要求，工作周期内，确实不能完成工作的，可向部门负责人提交加班申请。

2. 如因本人原因（工作不熟练，工作时间内懈怠或做与工作无关的事务）需延长工作时间或因本人工作疏忽需返工等，不计入加班核算范围。

3. 严格控制加班时长，保证员工的休息时间（原则上，单名员工每天加班时间最多不超过 4 小时，每月累计最多不超过 50 小时，确有因工作需要超过时长规定的，需由部门负责人与行政部及财务部负责人说明原因，经行政部及财务部批准后，方可计算超时部分加班工资）。

4. 加班时间以 1 小时为单位计算，取整加班小时数，（如 3.5 小时：计 3 小时，2.8 小时：计 2 小时）加班当月，可选择当月调休或计算加班工资两种方式。当月未调休的，自动按加班计算加班工资，隔月不予调休。每天早晨 8:00 前及下午 18:00 后开始计算加班工资，晚间加班超过 2 小时的，给予 25 元的晚餐补贴。

5. 加班工资计算

周一至周五：加班工资=基本工资/（26 天×8 小时）×1.5 倍。

周六至周日：加班工资=基本工资/（26 天×8 小时）×2 倍。

说明：加班工资的核算以本人基本工资为基数，以上述计算公式为依据计算。

财务人员在核算加班工资时，需按以上公式计算，计算加班时长时（加班小时数）应扣除调休时间，并核对员工上、下班打卡时间），员工申请加班时长与上、下班打卡时间冲突的，以上、下班打卡时间为准。

6. 需要提交加班申请的员工，需在当天加班开始前经部门负责人批准方可计算加班工资。加班当天，在结束加班并确定实际加班时长（加班小时数）后，由员工自行提交加班申请。加班申请需经部门负责人及行政部批准后方可生效。

7. 调休是指：

（1）因加班产生的加班时长（按加班小时数计算），加班当月不计算加班工而选择调整休息时间的方式。

▲加班管理规定

第 9 章

行政管理费用精细化控制

办公费、差旅费以及招待费等费用都是行政办公中常涉及的费用。本章将从这几项费用出发，来讲解费用精细化管理，减少不合理的费用开支。

9.1 办公费的控制

办公费是日常行政管理工作中因购买办公消耗品而产生的费用，也是行政管理费用的重要组成部分。对办公费进行有效控制，将使企业实现很大程度上的节约。

9.1.1 办公费控制的关键点

对办公费进行控制有 5 个重要的关键点，从关键点着手，才能把力用到实处。

- **从计划开始控制：**行政部可通过制订各部门办公费计划表来对办公费进行预算控制，以保证办公费的支出按需进行。
- **办公用品采购及发放程序控制：**行政部应制订办公用品采购和发放程序，并严格执行，杜绝超计划采购或领用办公用品。行政部在发放办公用品时应进行计划核实，对于计划外的办公用品，应不予发放。
- **办公用品采购控制：**在购置办公用品时，应考虑办公用品的实用性，尽量减少不必要的办公用品的支出。在采购时，要选择性价比高的产品，以控制办公用品的购置费用。
- **办公用品使用控制：**在日常使用办公用品的过程中，应要求员工爱惜办公用品，以减少办公用品的损耗，延长办公用品的使用寿命。
- **审核监督控制：**对于各部门办公费的使用情况，行政部应进行审核监督，避免各部门未经批准超出费用标准使用办公费。对于此类行为应进行违规处理。

9.1.2　有效降低采购费的方法

采购人员在采购办公用品时应有控制成本的意识，在保证企业所需的办公用品能有效供应的前提下，降低采购成本，减少办公费支出。降低采购费用有以下方法。

◆ 集中采购

将各部门所需的办公用品集中起来采购能够增强向供应商谈判的能力。采购人员可以利用采购量作为谈判的筹码，从而争取到折扣价格和良好的服务。另外，集中采购也能减少采购的次数，提高采购效率。

◆ 改变传统采购方式

随着电商的发展，采购也与电子商务紧密联系起来。采购人员可利用网上采购平台寻找优质的供应商资源，从而一站式采购到企业所需的办公用品。网上的采购平台有很多，采购人员可根据需求选择不同的采购平台。图 9–1 所示为某采购网站首页，采购人员可通过搜索货源或供应商来提高采购的准确度和速度。

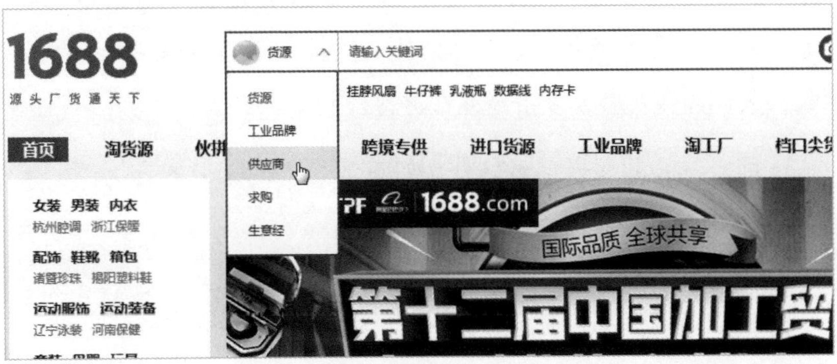

图 9–1

◆ 选择质量好的办公用品

虽然选择质量好的办公用品会提高采购单价，但其产品的使用寿命相对也会更长。相反，单价低的产品，产品的整体性能也会较低。从性价比的角度来看，前者的性价比更高，因此选择质量好的办公用品，尽管在一定程度上提高了采购单价，但也是降低采购成本的一种方法。

采购人员在选购办公用品时，不能一味追求低价格的产品，忽视产品质量和交货期等要求，而要综合考虑。

◆ 与供应商深入合作

供应商并不是越多越好，采购人员可以通过与几家供应商达成深入的合作来降低采购成本。在选择供应商时，采购人员应选择信用好且供货能力强的供应商，这样不仅能保证采购产品的质量，还能保证交货及时以及获得高水平的服务。

有了合适的供应商后，采购人员可与供应商签订长期订货合同，这样可以得到价格以及付款方面的优惠，从而降低采购成本。

9.1.3 管控办公设备修理费

当办公设备不能正常使用或发生故障时，就需要对办公设备进行维修。办公设备维修会产生维修费用，为控制设备维修费用的不合理增长，公司需要对办公设备修理费进行控制。

下面以某企业《设备维修费用管理制度》的部分内容为例，来看看控制办公设备修理费要从哪些方面入手。

【实用模板】

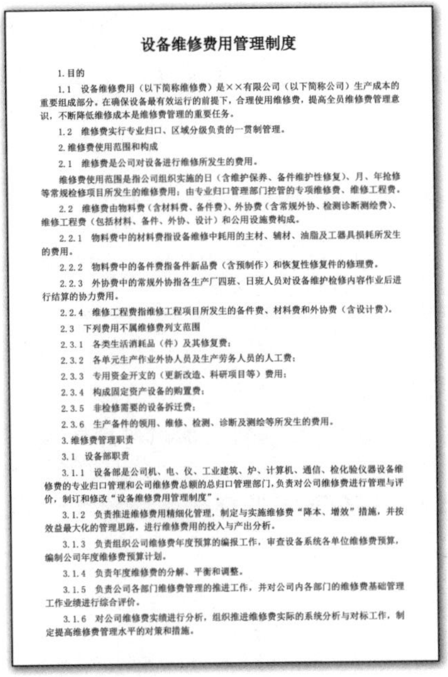

设备维修费用管理制度

1. 目的

1.1　设备维修费用（以下简称维修费）是××有限公司（以下简称公司）生产成本的重要组成部分。在确保设备最有效运行的前提下，合理使用维修费，提高全员维修费管理意识，不断降低维修成本是维修费管理的重要任务。

1.2　维修费实行专业归口、区域分级负责的一贯制管理。

2. 维修费使用范围和构成

2.1　维修费是公司对设备进行维修所发生的费用。

维修费使用范围是指公司组织实施的日（含维护保养、备件维护性修复）、月、年抢修等常规检修项目所发生的维修费用；由专业归口管理部门控管的专项维修费、维修工程费。

2.2　维修费由物料费（含材料费、备件费）、外协费（含常规外协、检测诊断测绘费）、维修工程费（包括材料、备件、外协、设计）和公用设施费构成。

2.2.1　物料费中的材料费指设备维修中耗用的主材、辅材、油脂及工器具损耗所发生的费用。

2.2.2　物料费中的备件费指备件新品费（含预制作）和恢复性修复件的修理费。

2.2.3　外协费中的常规外协指各生产厂四班、日班人员对设备维护检修内容作业后进行结算的协力费用。

2.2.4　维修工程费指维修工程项目所发生的备件费、材料费和外协费（含设计费）。

2.3　下列费用不属维修费列支范围

2.3.1　各类生活消耗品（件）及其修复费；

2.3.2　各单元生产作业外协人员及生产劳务人员的人工费；

2.3.3　专用资金开支的（更新改造、科研项目等）费用；

2.3.4　构成固定资产设备的购置费；

2.3.5　非检修需要的设备拆迁费；

2.3.6　生产备件的领用、维修、检测、诊断及测绘等所发生的费用。

3. 维修费管理职责

3.1　设备部职责

3.1.1　设备部是公司机、电、仪、工业建筑、炉、计算机、通信、检化验仪器设备维修费的专业归口管理和公司维修费总额的总归口管理部门，负责对公司维修费进行管理与评价，制订和修改“设备维修费用管理制度”。

3.1.2　负责推进维修费用精细化管理，制定与实施维修费“降本、增效”措施，并按效益最大化的管理思路，进行维修费用的投入与产出分析。

3.1.3　负责组织公司维修费年度预算的编报工作，审查设备系统各单位维修费预算，编制公司年度维修费预算计划。

3.1.4　负责年度维修费的分解、平衡和调整。

3.1.5　负责公司各部门维修费管理的推进工作，并对公司内各部门的维修费基础管理工作业绩进行综合评价。

3.1.6　对公司维修费实绩进行分析，组织推进维修费实际的系统分析与对标工作，制定提高维修费管理水平的对策和措施。

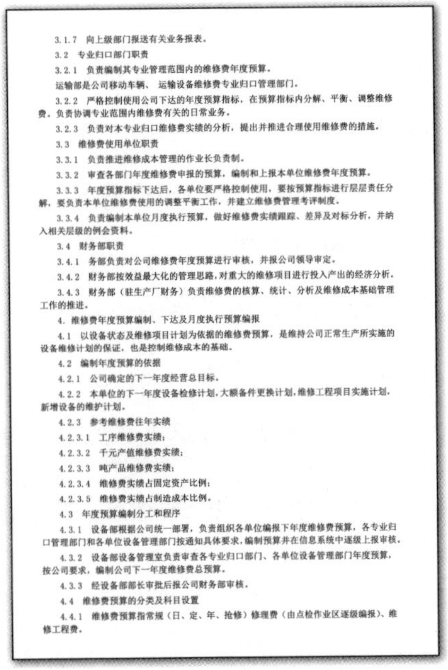

3.1.7　向上级部门报送有关业务报表。

3.2　专业归口部门职责

3.2.1　负责编制其专业管理范围内的维修费年度预算。

运输部是公司移动车辆、运输设备维修费专业归口管理部门。

3.2.2　严格控制使用公司下达的年度预算指标，在预算指标内分解、平衡、调整维修费。负责协调专业范围内维修费有关的日常业务。

3.2.3　负责对本专业归口维修费实绩的分析，提出并推进合理使用维修费的措施。

3.3　维修费使用单位职责

3.3.1　负责推进维修成本管理的作业长负责制。

3.3.2　审查各部门年度维修费申报的预算，编制和上报本单位维修费年度预算。

3.3.3　年度预算指标下达后，各单位要严格控制使用，要按预算指标进行层层责任分解，要负责本单位维修费使用的调整平衡工作，并建立维修费管理考评制度。

3.3.4　负责编制本单位月度执行预算，做好维修费实绩跟踪、差异及对标分析，并纳入相关层级的例会资料。

3.4　财务部职责

3.4.1　务部负责对公司维修费年度预算进行审核，并报公司领导审定。

3.4.2　财务部按效益最大化的管理思路，对重大的维修项目进行投入产出的经济分析。

3.4.3　财务部（驻生产厂财务）负责维修费的核算、统计、分析及维修成本基础管理工作的推进。

4. 维修费年度预算编制、下达及月度执行预算编报

4.1　以设备状态及维修项目计划为依据的维修费预算，是维持公司正常生产所实施的设备维修计划的保证，也是控制维修成本的基础。

4.2　编制年度预算的依据

4.2.1　公司确定的下一年度经营总目标。

4.2.2　本单位的下一年度设备检修计划，大额备件更换计划，维修工程项目实施计划，新增设备的维护计划。

4.2.3　参考维修费往年实绩

4.2.3.1　工序维修费实绩；

4.2.3.2　千元产值维修费实绩；

4.2.3.3　吨产品维修费实绩；

4.2.3.4　维修费实绩占固定资产比例；

4.2.3.5　维修费实绩占制造成本比例。

4.3　年度预算编制分工和程序

4.3.1　设备部根据公司统一部署，负责组织各单位编报下年度维修费预算，各专业归口管理部门和各单位设备管理部门按通知具体要求，编制预算并在信息系统中逐级上报审核。

4.3.2　设备部设备管理室负责审查各专业归口部门、各单位设备管理部门年度预算，按公司要求，编制公司下一年度维修费总预算。

4.3.3　经设备部部长审批后报公司财务部审核。

4.4　维修费预算的分类及科目设置

4.4.1　维修费预算指常规（日、定、年、抢修）修理费（由点检作业区逐级编报）、维修工程费。

▲设备维修费用管理制度

从上述《设备维修费用管理制度》可以看出，对设备维修费进行控制，可从维修费使用范围和构成、维修费管理职责以及维修费预算编制等方面入手。

企业在对办公设备维修费进行管控时，可参考上述内容，明确办公设备维修费用的归口管理部门。与模板内容不同的是，办公设备维修费的归口管理部门一般为行政部。确定办公设备维修费用的管理部门后，要明确部门职责，主要为对各部门办公设备修理费用的日常管理，包括保修期内和保修期外的设备维修费用管理。

对于办公设备维修费用的预算管理，要明确预算的编制依据，如模板是根据下一年度经营总目标和设备检修计划来确定的。明确维修费年度预算后，在办公设备维修费用控制过程中，应确保办公设备修

理费用的实际使用总金额不超过年度预算总金额。

为避免不合理的设备维修费用产生，企业还可对办公设备维修费用报销审批权限进行控制。如下所示为某企业办公设备报销审批权限的内容。

（1）办公设备维修费用单笔金额超过 1 000 元（含 1 000 元）的由行政总监负责审批。

审批程序为：经办人→部门主管→行政部经理→财务部经理→行政总监→财务报销。

（2）办公设备维修费用单笔金额在 1 000 元以下的由部门经理审批。

审批程序为：经办人→部门经理→行政部经理→财务部经理→财务报销。

9.2 员工差旅费的控制

差旅费是员工出差期间产生的费用，行政部应通过规范员工出差期间各种费用的发放和使用，来合理控制差旅费用。

9.2.1 有效控制差旅费支出

行政部在对差旅费进行控制时，首先要明确差旅费的类型。一般来说，企业的差旅费包括以下类型。

交通费。它包括出差期间乘坐城际交通工具（如汽车、火车、飞机）以及市内交通发生的费用。

车辆费用。如果出差人员是自己驾车出差，那么会产生油费、过路费以及停车费等费用。

住宿费用。指出差人员在出差期间因住宿产生的费用。

补助费用。指给予出差员工的补助，如交通补贴、餐费补贴等。

其他杂费。如行李托运费、订票费等。

针对不同的差旅费，行政部应根据业务的重要程度、出差地点以及员工级别等来制定不同的差旅费标准，以控制差旅费的支出。如下所示为某企业《出差乘坐交通工具及食宿费标准》。

【实用模板】

出差乘坐交通工具及食宿费标准

项目 职别	交通工具			食宿费标准			
				一般地区		特殊地区	
	飞机	轮船	火车	住宿	伙食	住宿	伙食
董事长、总裁、副总裁	公务舱	一等舱	软卧	按实报销			
分公司执行董事、一级分公司总经理	经济舱	二等舱	软卧	400	60	500	60
集团部门总经理、一级分公司副总经理、二级、三级公司总经理	经济舱	二等舱	软卧	300	50	400	50
集团部门副总经理、二级、三级公司副总经理	经济舱	三等舱	硬卧	260	50	360	50
集团部门主管、一级分公司部门经理	-	三等舱	硬卧	200	45	280	45
一级分公司主管、二级、三级分公司部门经理	-	三等舱	硬卧	180	45	260	45
二级、三级分公司部门主管	-	三等舱	硬卧	160	40	220	40
普通员工	-	三等舱	硬卧	150	40	200	40

注:北京、上海、广州、厦门、深圳、汕头、珠海、海南为特殊地区

▲出差乘坐交通工具及食宿费标准

企业在制定交通费和食宿费标准时，可根据企业自身情况参考上述模板调整。对于补助费用，一般按天进行规定，如可规定市辖区外的餐费补助为 40 元 / 天，市辖区内的餐费补助为 30 元 / 天。

9.2.2 差旅费报销的控制措施

为减少差旅活动的随意性，企业还应对差旅活动的报销流程进行控制，对于擅自出差产生的差旅费可规定不予报销。员工出差结束后，应根据实际情况填写差旅费报销单，以结清暂支款项。

【实用模板】

差旅费报销单

部门					电话				差调事由					单位领导审批签字	
姓名					职务										
起讫日期及地点													单据号数	原借支	日期
月	日	时	起程地点	月	日	时	到达地点	交通工具	天数	票价	报销旅费数				金额
											车船费			核销旅费数	
											途中膳补费			应交回数	
											住勤费			应补发数	
											宿费			(缴/收)款人签章	
											市内车费			备注	
											杂费				
											合计				

出纳　　　　审核

▲差旅费报销单

上述模板为常见的差旅费报销单，出差人员在填写时应注意字迹工整、清晰，且金额不得涂抹或更改。票据上的大小写金额需与差旅费报销单上的金额一致。

对于差旅费报销的单据，出差人员需要整齐粘贴在差旅费报销单背面，粘贴时应注意符合以下规范。

- ◆ 报销单据应按类别和时间顺序进行粘贴，同类型的票据要集中粘贴在一起，如交通费类的票据应粘贴在一起。
- ◆ 粘贴票据时，应将票据的正面朝上，不要正反面颠倒粘贴票据。

◆ 粘贴票据只需使用适量胶水即可，不要过多地使用胶水，注意不要使用订书机来装订。

◆ 粘贴票据应以整齐、美观为原则。大张的票据只需固定左上角即可，小张的票据应粘贴在“粘贴单”上。粘贴时应以先小后大为原则，即小张的票据应放在大张的票据的上方。

对于差旅费的报销单据，企业还可以做出具体要求，以保证票据的正规性和合法性。如下所示为某企业差旅费的报销要求。

①报销原始凭证以正式发票为准，如遇有特殊状况，只能用收据代替的，应在收据上盖业务单位公章、联系电话号码以及开票人信息等，以备核查。

②有往返车票以外的交通票据时，应列出行程详单，填写票据清单，对每一张交通票据作出说明。

③发生零星采购，需取得正式发票，如遇有特殊状况只能以收据代替的，应在收据上盖供应单位公章、联系电话号码和开票人信息，以备核查。采购工作需要一人采购，一人验收，在票据上同时签名，并注明用途。工具及未用完物品，在出差完成时，由报销人负责带回公司仓库验收。

9.2.3　减少差旅费的方法

对于差旅费的控制，除了要建立合理的报销制度外，还可以采用以下方法减少差旅费支出。

◆ 做好差旅计划安排

对于员工出差，企业应提前做好计划，这样可以提前进行差旅费规划，同时也能方便出差员工提前做好订票工作。

◆ 选择差旅服务商

对于机票、酒店的预订以及差旅费预算的控制等差旅活动，企业也可以将其外包出去，由专业的差旅服务商负责管理。这些差旅服务商会为企业提供更适合企业的差旅活动方案，还可以规范员工的差旅行为，减少企业内部浪费差旅费的不良行为发生，从而为企业节省差旅费开支。

目前，市场上的差旅服务商有很多，企业在选择差旅服务商时要注意，一定要选择正规、高质量的服务商。行政人员可进入差旅服务商官方网站了解其提供的服务内容和优势。图 9-2 所示为某差旅服务商官网上提供的差旅管理内容。

图 9-2

从图 9-2 可以看出，该差旅服务商提供了差旅预订、灵活支付、费用报销、预算控制和管理报告服务。企业可以通过网上查询的方式初步了解差旅服务商是否能满足自身差旅管理的要求，再与多家差旅服务商商洽后选择合适的差旅服务商。

◆ 在标准中设立奖励

对于出差中交通工具、住宿等标准，企业首先要保证这些标准是合理的。要注意标准并不是越严厉越好，差旅费管理的目的不仅仅是降低费用。如果差旅费标准太苛刻，虽然能节约费用，但也会影响出差员工的士气和心情，更严重的可能会导致员工离职。

为了引导员工自觉地节省差旅费，企业可以在标准中设定一定的奖励措施，从而鼓励员工节约费用。如下所示为某企业针对差旅费制订的奖励措施。

第十八条 为鼓励大家节约费用，凡住宿费在实际执行中低于本办法规定限额 50 元（含 50 元）以上的，双人住宿按节约费用的 50% 奖励。单人单间住宿的，按节约费用的 25% 奖励（含临时用工、长期租赁车辆驾驶员，不包含临时租赁车辆驾驶员）。

1. 由经办人填写差旅费节约奖励审批表，随出差报销凭证一同审批，完成后将差旅费节约奖励审批表交本部门负责人。

2. 部门负责人根据差旅费节约奖励审批表将奖励情况汇总到奖励统计表中，发办公室负责人并交差旅费节约奖励审批表（原件）。

3. 办公室汇总全中心数据报中心领导审批，在编和劳务派遣的员工纳入绩效考核管理人员，其差旅费节约奖励纳入中心绩效工资总额，由财务部核算并随绩效工资发放，其余劳务派遣人员的节约奖励由办公室按月在工资中发放。

9.3 电话通信费的控制

为加强企业电话费用的管理，避免电话费用的浪费，行政部需要对各部门的电话进行管控。

9.3.1 电话支出费的标准控制

对企业电话通信费的控制，首先要明确各部门电话费标准。

①公司职能部门的电话费标准为 100 元 / 月。

②市场部、销售部的电话费标准为 200 元 / 月。

也可规定按“实际发生电话费 × 报销比率”实报实销，但要对最高报销金额进行约定。表 9–1 所示为某企业的电话费报销标准。

表 9–1　某企业电话费报销标准

职务	总经理	副总经理	职能部门主管	销售部管理人员	销售人员	其他部门员工
最高报销额	400	300	200	300	200	100
报销比率	100%	90%	80%	90%	90%	90%

根据表 9–1，假设销售部管理人员实际发生电话费用为 280 元，那么报销金额则为 280 × 90%=252 元；若销售部管理人员实际发生电话费用为 350 元，如果按 90% 的报销比率来计算，则金额为 315 元，超

过了最高报销额，因此按 300 元进行报销。而对于超出限额的电话费用，可要求由员工本人承担。

9.3.2　明确电话通信费的报销程序

对于通信费的报销，企业应要求员工在报销通信费时填写通信费报销单，经相关负责人审批后，再由财务部办理报销。

【实用模板】

通信费报销单

员工姓名		填表日期	
通信工具类别	□固定电话　□移动电话　□其他		
使用号码			
费用（合计）		大写金额	
费用明细			
部门主管审批	签字：　日期：		
行政部审批	签字：　日期：		
财务部审批	签字：　日期：		

▲通信费报销单

员工将通信费报销单交于行政部进行审批时，行政部要根据电话通信费报销标准审核报销金额。当月产生的通信费只能在报销限额内根据相应的报销比例进行报销。

对于电话通信费报销的具体流程，企业可以根据自身情况规定。如下所示为某企业的通信费报销流程规定。

①符合话费报销条件的员工在每月15日前，填写好通信费报销单，粘贴好发票（发票必须是本人姓名及当月日期，不是本人姓名及当月日期的发票，行政部拒绝审查），将通信费报销单交行政部。行政部根据话费报销管理制度标准审查，审查无误后每月15日前统一交财务部。

②财务部收到行政部统一送来的通信费报销单据后，经复查无误后，按规定时间提交总经理批准。

③经总经理批准，财务部接到总经理批准的通信费报销单后，将话费报销金额打入报销员工的工资卡中。

可以看出，该企业对通信费的报销申请时间以及报销审查程序都有明确的规定。企业也可规定通信费报销的具体时间，如规定电话通信费采用每月集中报销、补贴的方式，报销时间为每月20～25日。

9.3.3 出差通信补贴费的控制

对于出差员工来说，其产生的通信费一般会比其他员工多，因此企业会对出差的员工给予一定的通信费补助。为了避免员工出差期间产生不合理的通信费支出，企业需要对出差通信补贴费进行管控。

在管控出差通信补贴费时，首先需要对出差通信补贴费进行界定。

企业应明确出差通信补贴费是员工因公出差产生的费用，如果在员工出差地配有办公电话，那么企业可以规定不另发通信补贴费。

对于出差通信补贴费的标准，可根据员工岗位级别每人每天或每人每月进行补贴。表 9–2 为某企业出差通信补贴标准表。

表 9–2　某企业出差通信补贴费标准

岗　　位	出差通信补贴
董事长、总经理	50 元 / 天
副总经理、总监	40 元 / 天
部门经理、业务主管、项目经理	30 元 / 天
经理级以下其他岗位	20 元 / 天

对于出差通信补贴费，可根据出差员工的实际出差天数来计算。对于超出补贴标准的通信费，由出差员工自行承担。出差通信补贴费应属于差旅费的一部分，因此可以计入差旅费一同发放。

9.3.4　利用即时通信软件降低费用

随着互联网的发展，行政部可以借助互联网的优势为企业降低电话通信费。目前，市场上有很多即时通信软件，使用这些软件联系可以节省不少通信费。企业可以利用的即时通信软件有钉钉、企业微信等。

◆ 钉钉

钉钉是阿里巴巴集团开发的，免费提供给企业用于商务沟通和工作协同的智能移动办公平台，拥有丰富的通信功能，如表 9–3 所示。

表 9-3　钉钉的通信功能

功　　能	说　　明
统一通讯录	企业通讯录：无须保存手机号码，同事再多也能快速找到。 高管保护模式：隐藏指定高管的手机号码，避免信息泄漏，安全无忧
高效沟通	消息已读未读：单聊、群聊消息支持查看谁已读未读，未读消息可转 DING 通知对方，让每一条消息都能 100% 传达。 不需加好友也可沟通：同一企业内，无须添加对方为好友，也可在企业通讯录中找到对方，并发起聊天
群发通知	放假通知、紧急事情公告等一键群发，所有人第一时间可收到，一次最多可群发通知 10 000 人。支持电话、短信和应用内 3 种通知方式，无论对方是否安装钉钉，都能第一时间传达
智能办公电话	企业付费员工免费拨打，可省去报销麻烦。接听方无法查看拨打方的手机号，有效保护隐私。专业呼入语音导航，大幅提升企业形象。移动办公流量全免，加送一倍通话时长，激活当月可免月租

钉钉的开通比较简单，企业可进入钉钉官方网站（https://www.dingtalk.com/）下载钉钉客户端并注册。

◆ 企业微信

企业微信是腾讯微信团队为企业打造的高效办公平台，其通信功能如表 9-4 所示。

表 9-4　企业微信的通讯功能

功　　能	说　　明
与微信一致的沟通体验	企业微信的沟通方式与微信一致，员工可实现零成本上手，用熟悉的方式工作
连接微信	成员可在个人微信中接收企业通知，个人微信中的聊天记录和订阅文章，都可一键快速转发到企业微信，企业微信也可转发到个人微信
公费电话	领取 1 000 分钟公费电话时长，支持多人通话，方便与客户、同事沟通工作

续表

功　能	说　明
通讯录管理	快速批量导入，统一管理；同事信息准确完善，方便查阅

注册企业微信需要通过电脑登录企业微信官网（http://work.weixin.qq.com/）进行申请注册。

9.4 会议成本的控制

企业召开会议并不是无成本的。总的来看，会议成本包括与会人员的时间成本、会议经费开支（直接成本）和效益损失成本，会议成本控制要从这 3 个方面出发。

9.4.1　计算会议的成本

不少企业每周都有各种大大小小的会议，但对于会议成本却不太关注，会议成本中的直接成本主要包括以下几项。

- ◆ 租赁会议场所、设备以及布置会议场所产生的费用。
- ◆ 复印会议所需资料产生的费用。
- ◆ 会议期间产生的茶水费和餐食费等。
- ◆ 与会人员参与会议产生的交通费。
- ◆ 与会人员参与会议产生的住宿费。
- ◆ 会议期间产生的其他费用。

根据会议规模的不同，会议产生的直接成本也会有所不同。而会议的时间成本可以用以下公式计算。

$$会议时间成本=2\times 3S\times Q\times T$$

其中，S= 与会人员平均小时工资，Q= 与会人员数量；T= 会议时长。

假设某次会议的与会人员平均小时工资为 20 元，与会人员数量为 15 人，会议时长为 3 小时，那么会议的时间成本即为 $2\times 3\times 20\times 15\times 3=5\,400$ 元。

效益损失成本是指与会人员离开原工作岗位，造成生产、管理和市场反应滞后产生的损失。

9.4.2 常见的浪费会议成本的现象

为避免浪费会议成本，企业首先要明白哪些行为可能造成会议成本的浪费。

◆ 习惯性开会

很多时候企业的有些会议实际上是不必要开的，但出于开会的习惯，于是将原本可以通过发简单的通知、电子邮件或打电话等方式解决的问题，也通过开会的方式解决。这就会导致会议成本的浪费，因此企业应避免习惯性开会。

◆ 会议频率过高

会议频率过高也是一种浪费会议成本的行为，如原本可以一周开一次的会议却天天开。控制会议频率是高效会议管理的基础。一般来说，公司全体大会可半年召开一次，而固定的部门会议可一个月召开一次。

◆ 小型会议隆重地开

对于一些小型的、没必要隆重召开的会议，企业却大张旗鼓地召开，这种行为也会造成会议成本的浪费。针对此种浪费，会议的主办部门应对会议规模进行事前控制，尽量缩短会议时长，以控制会议的隐性成本和显性成本。

9.4.3　高效召开会议，降低会议成本

节省会议时长，最大限度地提高会议效率，是降低会议成本的有效手段。那么如何才能让会议更高效呢？

◆ 遵循“凡会议，必产出”的原则

会议的主办部门要避免出现只有会议的形式，而会议结束后却没有得出结论或者没有作出决策。会议的召开应遵循“凡会议，必产出”的原则，保证每一次会议都是解决了问题的会议。

另外，对于会议产出的结果也要进行跟进和监督。如果会议结束后就认为大功告成了，而没有做出实际的行动，那么会导致更多会议的召开，从而导致恶性循环，进一步增加会议成本。

◆ 限制多余的与会者出席

在会议召开前，会议的主办方应明确会议的参与者，对于那些不能代表自己立场或者不发言的人员，应不予参会。如果一个部门内有多个管理级别的与会者，而有的管理者可能只是属于“知晓情况的员工”，并不参与决策，这时就没必要让他们放下手上的工作去参与会议。另外可以在会议结束后，让需要知晓情况的员工阅读会议记录，或通过通知、邮件等方式让他们知晓会议内容。

◆ 做好会议准备

凡是参会者，都应在会议前做好相应的准备工作，如准备与会议议题有关的资料以及发言内容等。在做好会议准备的前提下，才能让会议进行得更顺利，从而节省会议时间。

会议的主办部门也应在会议前做好时间预算，提前通知与会人员做好准备，避免会议迟到，影响会议的进行。另外，主办部门应避免碎片化安排会议和打乱员工的工作，要保证会议期间有连续的一大段不被打扰的时间。研究表明，人在被打断后至少需要 15 分钟才能重新集中精神，因此保证会议时间的连续性，让与会者都能集中精力参与会议，是保证会议高效的关键之一。

9.5 招待费的控制

企业的招待费很容易产生公私不分、浪费等问题，因此企业要加强对招待费的使用管理，避免与业务经营无关的招待费用的支出。

9.5.1 招待费的标准

企业要控制招待费用，避免铺张浪费，首先要明确业务招待费的使用范围和标准。如下所示为某企业《业务招待费管理规定》的部分内容。

【实用模板】

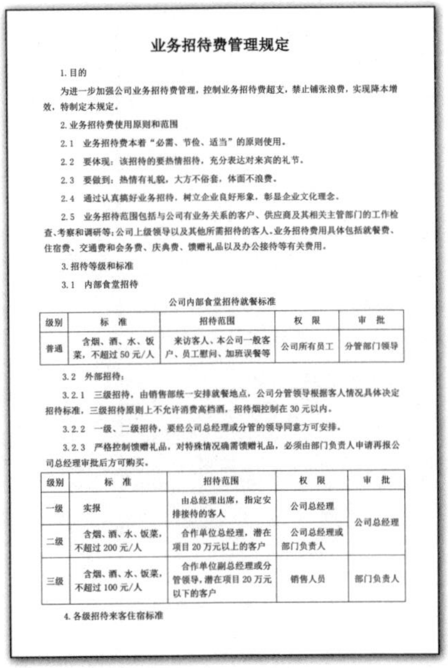

业务招待费管理规定

1. 目的

为进一步加强公司业务招待费管理，控制业务招待费超支，禁止铺张浪费，实现降本增效，特制定本规定。

2. 业务招待费使用原则和范围

2.1　业务招待费本着“必需、节俭、适当”的原则使用。

2.2　要体现：该招待的要热情招待，充分表达对来宾的礼节。

2.3　要做到：热情有礼貌，大方不俗套，体面不浪费。

2.4　通过认真搞好业务招待，树立企业良好形象，彰显企业文化理念。

2.5　业务招待范围包括与公司有业务关系的客户、供应商及其相关主管部门的工作检查、考察和调研等；公司上级领导以及其他所需招待的客人。业务招待费用具体包括就餐费、住宿费、交通费和会务费、庆典费、馈赠礼品以及办公接待等有关费用。

3. 招待等级和标准

3.1　内部食堂招待

公司内部食堂招待就餐标准

级别	标　准	招待范围	权　限	审　批
普通	含烟、酒、水、饭菜，不超过 50 元/人	来访客人、本公司一般客户、员工慰问、加班误餐等	公司所有员工	分管部门领导

3.2　外部招待：

3.2.1　三级招待，由销售部统一安排就餐地点，公司分管领导根据客人情况具体决定招待标准，三级招待原则上不允许消费高档酒，招待烟控制在 30 元以内。

3.2.2　一级、二级招待，要经公司总经理或分管的领导同意方可安排。

3.2.3　严格控制馈赠礼品，对特殊情况确需馈赠礼品，必须由部门负责人申请再报公司总经理审批后方可购买。

级别	标　准	招待范围	权　限	审　批
一级	实报	由总经理出席，指定安排接待的客人	公司总经理	公司总经理
二级	含烟、酒、水、饭菜，不超过 200 元/人	合作单位总经理，潜在项目 20 万元以上的客户	公司总经理或部门负责人	
三级	含烟、酒、水、饭菜，不超过 100 元/人	合作单位副总经理或分管领导，潜在项目 20 万元以下的客户	销售人员	部门负责人

4. 各级招待来客住宿标准

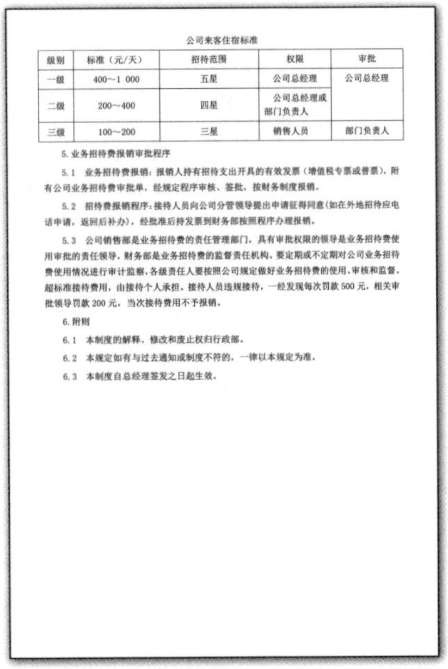

公司来客住宿标准

级别	标准（元/天）	招待范围	权限	审批
一级	400～1 000	五星	公司总经理	公司总经理
二级	200～400	四星	公司总经理或部门负责人	
三级	100～200	三星	销售人员	部门负责人

5. 业务招待费报销审批程序

5.1　业务招待费报销：报销人持有招待支出开具的有效发票（增值税专票或普票），附有公司业务招待费审批单，经规定程序审核、签批，按财务制度报销。

5.2　招待费报销程序：接待人员向公司分管领导提出申请征得同意（如在外地招待应电话申请，返回后补办），经批准后持发票到财务部按照程序办理报销。

5.3　公司销售部是业务招待费的责任管理部门，具有审批权限的领导是业务招待费使用审批的责任领导，财务部是业务招待费的监督责任机构。要定期或不定期对公司业务招待费使用情况进行审计监察，各级责任人要按照公司规定做好业务招待费的使用、审核和监督。超标准接待费用，由接待个人承担。接待人员违规接待，一经发现每次罚款 500 元，相关审批领导罚款 200 元，当次接待费用不予报销。

6. 附则

6.1　本制度的解释、修改和废止权归行政部。

6.2　本规定如有与过去通知或制度不符的，一律以本规定为准。

6.3　本制度自总经理签发之日起生效。

▲业务招待费管理规定

从上述内容可以看出，该企业明确了业务招待费用具体包括就餐费、住宿费、交通费以及办公接待等有关费用。按照不同的级别对招待费的标准做了规定，行政部在确定招待费用标准时，也可以按招待等级或规格来规定。

9.5.2　招待费的使用过程控制

对于招待费的使用，企业要从流程上进行控制。首先要求经办人在执行招待任务前，填写业务招待费申请审批单，写明招待对象、部门以及事由等，经批准后方可执行。

【实用模板】

业务招待费申请审批单

招待时间			申请时间		
申请部门			申请人		
公司陪同人员					
被接待单位					
被接待人员				总人数	
接待事由					
申请支出金额	大写：			小写：	
年度预算		累计支出		可用支出	
部门负责人意见	签字：			日期：	
行政部意见	签字：			日期：	
公司领导意见	签字：			日期：	
备注	签字：			日期：	

▲业务招待费申请审批单

企业应要求经办人若遇突发性招待任务而来不及提交业务招待费申请审批单时，也要电话请示相关负责人后再执行招待任务，且事后要补流程。

根据申请的招待费金额的不同，企业可以规定不同的审批流程。如下所示为某企业针对招待费在 1 000 元（含）以内和 1 000 元以上的审批流程规定。

单次招待费在 1 000 元（含）以内，按以下流程报批：申请人→部门总监→总经理或执行总裁；单次招待费在 1 000 元以上，按以下流程报批：申请人→部门总监→总裁。审批领导对招待费开支的合理性、真实性负责。

对于招待费的报销要进行财务方面的控制与监督。如下所示为某企业关于招待费财务的控制与监督内容。

7.1　业务招待费报销遵循谁经手谁报销的原则，不得由他人代报业务招待费。报销时所附发票必须是开有日期的正式发票，发票上原则上须有共同参与人签字证明，并在费用开支后一个月内办理报销。

7.2　500 元以上招待费不得现金支出，原则上采取转账方式或银联刷卡结算，报销时必须提供银联刷卡记录单，特殊情况需总裁同意。

7.3　业务招待费报销时须提供业务招待费申请审批单、正规发票和备用酒水核销单。500 元以上的礼品须出具购货单位（商场和酒店等）的电脑打印清单，清单列示金额与发票一致方可报销。

7.4　食堂招待费用核销时，工作餐须提供经公司行政部或项目部综合办签字确认的工作餐登记表。客餐须提供经公司行政部或项目部综合办以及接待部门签字确认的客餐结算表和消费明细表。

7.5　杜绝无票费用开支。如工作业务需要开支无票费用（如娱乐费和业务费等），一律凭申请单在批准的额度内报销。对此类无票费用，报销时需提供相关联的有效证明。

7.6　财务部应严格审查票据是否合法、金额是否准确、单据是否齐全、审批是否完整。财务部有权拒绝不符合业务招待费标准、报销流程和审批权限的业务招待费的报销。

从上述内容可以看出，招待费应由经办人申请报销，并且在申请报销时要提供业务招待费申请审批单和报销单据。财务部则要负责审查票据是否合规。

对招待费的报销进行流程控制和制度约定，能有效避免弄虚作假的报销行为。另外，针对招待费的虚报、多报等行为，企业可进行惩罚规定，如以下规定。

第十五条　接待时多报就餐人数或用餐标准，除退回报销超标准部分金额外，另罚款500 ～ 1 000元。

第十六条　凡公司人员弄虚作假报销的，一经查实，除退回报销金额外，对经办人和当事人罚款1 000 ～ 2 000元。

【实用模板】

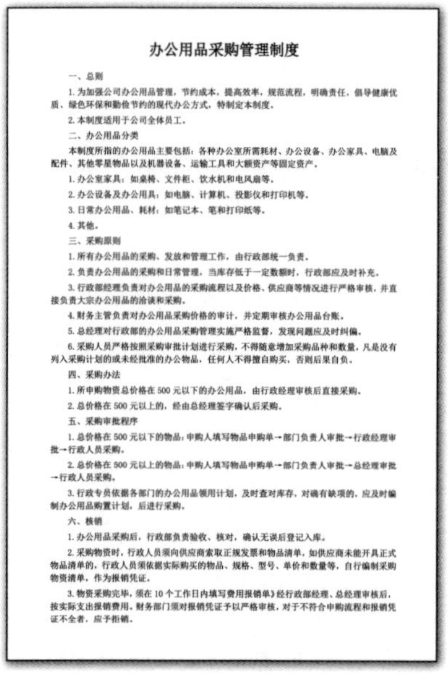

办公用品采购管理制度

一、总则

1. 为加强公司办公用品管理，节约成本，提高效率，规范流程，明确责任，倡导健康优质、绿色环保和勤俭节约的现代办公方式，特制定本制度。

2. 本制度适用于公司全体员工。

二、办公用品分类

本制度所指的办公用品主要包括：各种办公室所需耗材、办公设备、办公家具、电脑及配件、其他零星物品以及机器设备、运输工具和大额资产等固定资产。

1. 办公室家具：如桌椅、文件柜、饮水机和电风扇等。

2. 办公设备及办公用具：如电脑、计算机、投影仪和打印机等。

3. 日常办公用品、耗材：如笔记本、笔和打印纸等。

4. 其他。

三、采购原则

1. 所有办公用品的采购、发放和管理工作，由行政部统一负责。

2. 负责办公用品的采购和日常管理，当库存低于一定数额时，行政部应及时补充。

3. 行政部经理负责对办公用品的采购流程以及价格、供应商等情况进行严格审核，并直接负责大宗办公用品的洽谈和采购。

4. 财务主管负责对办公用品采购价格的审计，并定期审核办公用品台账。

5. 总经理对行政部的办公用品采购管理实施严格监督，发现问题应及时纠偏。

6. 采购人员严格按照采购审批计划进行采购，不得随意增加采购品种和数量，凡是没有列入采购计划的或未经批准的办公物品，任何人不得擅自购买，否则后果自负。

四、采购办法

1. 所申购物资总价格在500元以下的办公用品，由行政经理审核后直接采购。

2. 总价格在500元以上的，经由总经理签字确认后采购。

五、采购审批程序

1. 总价格在500元以下的物品：申购人填写物品申购单→部门负责人审批→行政经理审批→行政人员采购。

2. 总价格在500元以上的物品：申购人填写物品申购单→部门负责人审批→总经理审批→行政人员采购。

3. 行政专员依据各部门的办公用品领用计划，及时查对库存，对确有缺项的，应及时编制办公用品购置计划，后进行采购。

六、核销

1. 办公用品采购后，行政部负责验收、核对，确认无误后登记入库。

2. 采购物资时，行政人员须向供应商索取正规发票和物品清单，如供应商未能开具正式物品清单的，行政人员须依据实际购买的物品、规格、型号、单价和数量等，自行编制采购物资清单，作为报销凭证。

3. 物资采购完毕，须在10个工作日内填写费用报销单》经行政部经理、总经理审核后，按实际支出报销费用。财务部门须对报销凭证予以严格审核，对于不符合申购流程和报销凭证不全者，应予拒销。

▲办公用品采购管理制度

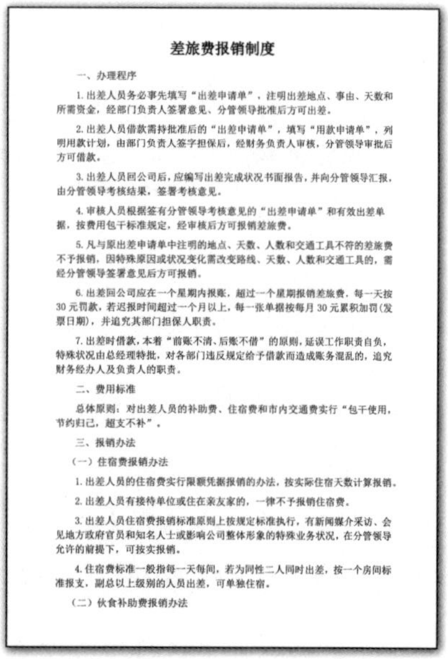

差旅费报销制度

一、办理程序

1. 出差人员务必事先填写“出差申请单”，注明出差地点、事由、天数和所需资金，经部门负责人签署意见、分管领导批准后方可出差。

2. 出差人员借款需持批准后的“出差申请单”，填写“用款申请单”，列明用款计划，由部门负责人签字担保后，经财务负责人审核，分管领导审批后方可借款。

3. 出差人员回公司后，应编写出差完成状况书面报告，并向分管领导汇报，由分管领导考核结果，签署考核意见。

4. 审核人员根据签有分管领导考核意见的“出差申请单”和有效出差单据，按费用包干标准规定，经审核后方可报销差旅费。

5. 凡与原出差申请单中注明的地点、天数、人数和交通工具不符的差旅费不予报销，因特殊原因或状况变化需改变路线、天数、人数和交通工具的，需经分管领导签署意见后方可报销。

6. 出差回公司应在一个星期内报账，超过一个星期报销差旅费，每一天按30元罚款，若迟报时间超过一个月以上，每一张单据按每月30元累积加罚(发票日期)，并追究其部门担保人职责。

7. 出差时借款，本着“前账不清、后账不借”的原则，延误工作职责自负，特殊状况由总经理特批，对各部门违反规定给予借款而造成账务混乱的，追究财务经办人及负责人的职责。

二、费用标准

总体原则：对出差人员的补助费、住宿费和市内交通费实行“包干使用，节约归己，超支不补”。

三、报销办法

（一）住宿费报销办法

1. 出差人员的住宿费实行限额凭据报销的办法，按实际住宿天数计算报销。

2. 出差人员有接待单位或住在亲友家的，一律不予报销住宿费。

3. 出差人员住宿费报销标准原则上按规定标准执行，有新闻媒介采访、会见地方政府官员和知名人士或影响公司整体形象的特殊业务状况，在分管领导允许的前提下，可按实报销。

4. 住宿费标准一般指每一天每间，若为同性二人同时出差，按一个房间标准报支，副总以上级别的人员出差，可单独住宿。

（二）伙食补助费报销办法

▲差旅费报销制度

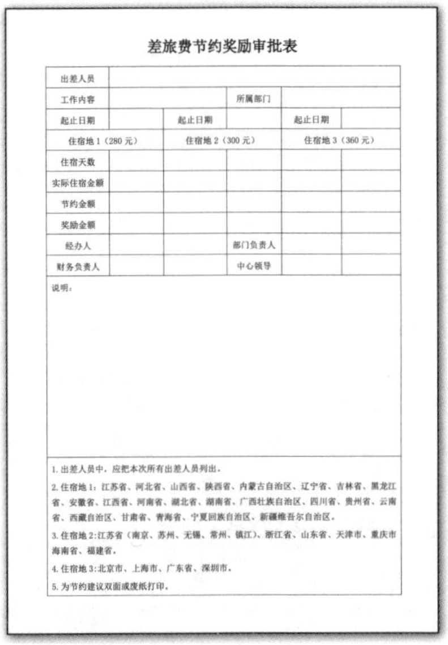

差旅费节约奖励审批表

出差人员					
工作内容			所属部门		
起止日期		起止日期		起止日期	
住宿地 1（280 元）		住宿地 2（300 元）		住宿地 3（360 元）	
住宿天数					
实际住宿金额					
节约金额					
奖励金额					
经办人			部门负责人		
财务负责人			中心领导		

说明：

1. 出差人员中，应把本次所有出差人员列出。
2. 住宿地 1：江苏省、河北省、山西省、陕西省、内蒙古自治区、辽宁省、吉林省、黑龙江省、安徽省、江西省、河南省、湖北省、湖南省、广西壮族自治区、四川省、贵州省、云南省、西藏自治区、甘肃省、青海省、宁夏回族自治区、新疆维吾尔自治区。
3. 住宿地 2:江苏省（南京、苏州、无锡、常州、镇江）、浙江省、山东省、天津市、重庆市海南省、福建省。
4. 住宿地 3:北京市、上海市、广东省、深圳市。
5. 为节约建议双面或废纸打印。

▲差旅费节约奖励审批表

差旅费节约奖励统计表

部门（正式人员）：

序号	出差人员姓名	起止日期	奖励金额（元）	备注
1				
2				
3				
4				
5				
6				
7				
8				

部门（劳务派遣）：

序号	出差人员姓名	起止日期	奖励金额（元）	备注
1				
2				
3				
4				
5				
6				
7				
8				

说明：

1. 各部门负责人统计后 OA 发办公室负责人，由办公室汇总报中心领导审批。
2. 差旅费节约奖励审批表按统计上报时间交办公室核对，存档。
3. 统计上报当月数据时间为次月 5 日前。

统计日期：　　　　　　　　制表：

▲差旅费节约奖励统计表

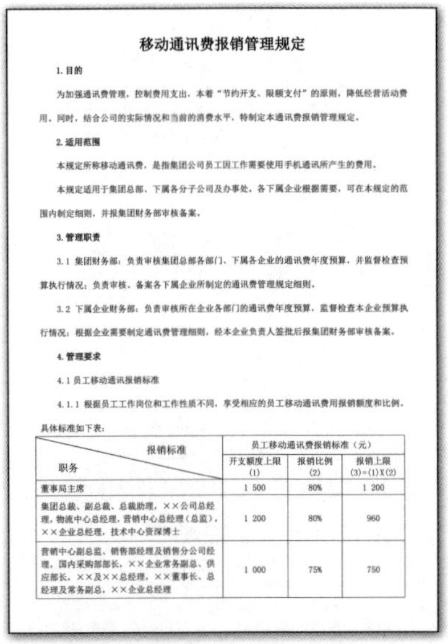

移动通讯费报销管理规定

1. 目的

为加强通讯费管理，控制费用支出，本着“节约开支、限额支付”的原则，降低经营活动费用。同时，结合公司的实际情况和当前的消费水平，特制定本通讯费报销管理规定。

2. 适用范围

本规定所称移动通讯费，是指集团公司员工因工作需要使用手机通讯所产生的费用。

本规定适用于集团总部、下属各分子公司及办事处，各下属企业根据需要，可在本规定的范围内制定细则，并报集团财务部审核备案。

3. 管理职责

3.1 集团财务部：负责审核集团总部各部门、下属各企业的通讯费年度预算，并监督检查预算执行情况；负责审核、备案各下属企业所制定的通讯费管理规定细则。

3.2 下属企业财务部：负责审核所在企业各部门的通讯费年度预算，监督检查本企业预算执行情况；根据企业需要制定通讯费管理细则，经本企业负责人签批后报集团财务部审核备案。

4. 管理要求

4.1 员工移动通讯报销标准

4.1.1 根据员工工作岗位和工作性质不同，享受相应的员工移动通讯费用报销额度和比例。

具体标准如下表：

报销标准 / 职务	员工移动通讯费报销标准（元）		
	开支额度上限 (1)	报销比例 (2)	报销上限 (3)=(1)X(2)
董事局主席	1 500	80%	1 200
集团总裁、副总裁、总裁助理，××公司总经理，物流中心总经理，营销中心总经理（总监），××企业总经理，技术中心资深博士	1 200	80%	960
营销中心副总监、销售部经理及销售分公司经理，国内采购部部长，××企业常务副总、供应部长，××及××总经理，××董事长、总经理及常务副总，××企业总经理	1 000	75%	750

▲移动通信费报销管理规定

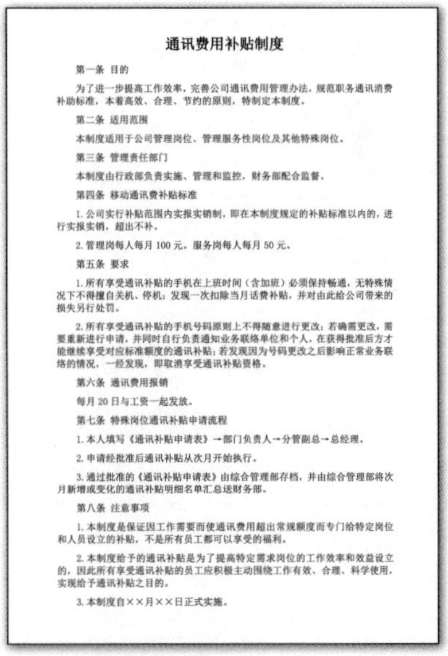

通讯费用补贴制度

第一条 目的

为了进一步提高工作效率，完善公司通讯费用管理办法，规范职务通讯消费补助标准，本着高效、合理、节约的原则，特制定本制度。

第二条 适用范围

本制度适用于公司管理岗位、管理服务性岗位及其他特殊岗位。

第三条 管理责任部门

本制度由行政部负责实施、管理和监控，财务部配合监督。

第四条 移动通讯费补贴标准

1. 公司实行补贴范围内实报实销制，即在本制度规定的补贴标准以内的，进行实报实销，超出不补。

2. 管理岗每人每月 100 元。服务岗每人每月 50 元。

第五条 要求

1. 所有享受通讯补贴的手机在上班时间（含加班）必须保持畅通，无特殊情况下不得擅自关机、停机；发现一次扣除当月话费补贴，并对由此给公司带来的损失另行处罚。

2. 所有享受通讯补贴的手机号码原则上不得随意进行更改；若确需更改，需要重新进行申请，并同时自行负责通知业务联络单位和个人，在获得批准后方才能继续享受对应标准额度的通讯补贴；若发现因为号码更改之后影响正常业务联络的情况，一经发现，即取消享受通讯补贴资格。

第六条 通讯费用报销

每月 20 日与工资一起发放。

第七条 特殊岗位通讯补贴申请流程

1. 本人填写《通讯补贴申请表》→部门负责人→分管副总→总经理。

2. 申请经批准后通讯补贴从次月开始执行。

3. 通过批准的《通讯补贴申请表》由综合管理部存档，并由综合管理部将次月新增或变化的通讯补贴明细名单汇总送财务部。

第八条 注意事项

1. 本制度是保证因工作需要而使通讯费用超出常规额度而专门给特定岗位和人员设立的补贴，不是所有员工都可以享受的福利。

2. 本制度给予的通讯补贴是为了提高特定需求岗位的工作效率和效益设立的，因此所有享受通讯补贴的员工应积极主动围绕工作有效、合理、科学使用，实现给予通讯补贴之目的。

3. 本制度自××月××日正式实施。

▲通信费用补贴制度

年度会议费台账

序号	会议类型	会议日期	会议地点	会议人数	金额
合计					

▲年度会议费台账

业务招待费超标审批表

部门			申请人		
接待人员最高级员			参与总人数		
标准金额			实际发生额		
超支金额					
超支原因					
部门负责人	签字：			日期：	
财务部审核	签字：			日期：	
总经理审批	签字：			日期：	

▲业务招待费超标审批表

会议费管理细则

1. 总则

1.1 为加强××公司（以下简称××公司）会议费的管理，规范和控制会议费支出，根据公司实际和××××有限公司相关管理制度，特制定本管理细则。

1.2 公司的会议费是指公司为管理和组织经营协调等活动而召开的会议所发生的费用。

2. 会议费分类

2.1 公司会议费根据其管理的内容，分为公司专项会议费和部门会议费。

2.2 公司专项会议费是指由办公室专项归口管理的用于在公司外部组织召开经公司领导批准并参加的公司级会议，以及各类公司层面的接待性承办会议发生的费用。

2.3 部门会议费是指公司各部门在公司外部为管理和组织本单位业务所组织的各类专业性会议发生的费用和用于有特殊意义的座谈会、茶话会等费用。

2.3.1 各部门负责的专题会议，原则上由主管部门主办，必要时由办公室组织协调或主办。主管部门负责事项：会议策划明确参会范围、会议议题，负责材料准备等；根据公司相关制度要求，做好会议记录、编制会议纪要、会议决议事项的跟进等工作。

2.3.2 办公室、各部门做好年度会议预算、建立会议费使用登记台账，记录会议费用开支明细，并对会议费用使用的合理性负责。

3. 会议费开支范围和标准

3.1 会议费具体包括会场、会议设备租赁费、会议会标制作费、会议用餐费、必须由公司承担的外单位人员差旅费（包含交通费及住宿费）及与组织会议相关的其他费用。

3.2 公司内部人员参加会议发生的差旅费列支各部门差旅费用。

3.3 公司内部的各类会议应在公司自有场所举办。如需用餐，安排工作餐或自助餐，费用不超过 80 元/人，在沪会议原则上不安排晚餐。

3.4 公司主办和承办的会议（邀请外部人员参加的）原则上在公司自有场所举办，会议在非自有场所举办、需要安排用餐和宴请的，需要一事一报。

3.5 召开各类茶话会、座谈会的标准为 40 元/人/次以内。

4. 会议费的预算管理

4.1 会议费实行专项预算管理。

4.2 经营财务部是会议费的预算综合管理部门，办公室、各部门是公司专项会议费和部门会议费预算编制/申报、具体使用控制和台账登记部门。

4.3 办公室、各部门每年按照经营财务部的统一布置编制年度预算时，同时编制由本部门作为责任者的公司专项会议和部门会议的会议计划及会议费年度预算，并按照会议费的分类将公司专项会议的预算报送办公室，将部门负责会议的预算报送经营财务部。

4.4 会议费年度预算编制的内容应包括：会议名称、会议内容、会议日期、会议天数、参加单位及与会人数、会议地点和会议需要发生的各项费用的明细预算等，填报年度会议预算计划表（具体格式见附件 1）。

4.4.1 办公室负责对专项会议的合理性、必要性及会议地点、级别、类型及性质，以及会议费用的各个明细费用项目进行审核汇编后，将会议计划及会议费用预算报送经营财务部。

4.4.2 经营财务部对办公室和各部门编制的预算审核后，纳入年度费用预算，报公司领导批准。

4.5 办公室、各部门举办年度预算外的会议，须事先办理召开会议预算追加手续，预算

▲会议费管理细则

会议费用支出明细表

1. 会议类型	□内部会议 □主办会议 □承办会议 □座谈会 □茶话会	
2. 会议名称		
3. 会议天数		
4. 会议地点		
5. 参会人数		
6. 会议费用	预算金额（元）	实际金额（元）
①会议场地费		
②会议餐费		
午餐		
晚餐		
③其他费用（详细列示）		
④会议住宿费：外部人员		
⑤会议住宿费：内部人员		
会议费合计=①+②+③+④		
差旅费合计=⑤		
超出预算说明：（未超出总预算，无须填写预算说明）		

编制人： 审核人：

▲会议费用支出明细表